本书为山东省社会科学规划研究项目："乡村振兴战略"视角下山东农村社会治理法治化有效性评估研究（18CXSXJ18）的研究成果

基层社会治理法治化评估指标及路径研究

Research on Evaluation Index and Path of Legalization of Local

SOCIETY GOVERNANCE

窦衍瑞　苗金玉 ◎ 著

知识产权出版社
全国百佳图书出版单位
—北京—

图书在版编目（CIP）数据

基层社会治理法治化评估指标及路径研究/窦衍瑞，苗金玉著. —北京：知识产权出版社，2022.9

ISBN 978-7-5130-7884-9

Ⅰ.①基… Ⅱ.①窦… ②苗… Ⅲ.①社会管理—法治—评价指标—研究—中国 Ⅳ.①D920.104

中国版本图书馆 CIP 数据核字（2021）第 238047 号

责任编辑：兰　涛　　**责任校对：**潘凤越

封面设计：春天书装·郑重　　**责任印制：**孙婷婷

基层社会治理法治化评估指标及路径研究

窦衍瑞　苗金玉　著

出版发行：知识产权出版社有限责任公司	**网　　址：**http：//www.ipph.cn
社　　址：北京市海淀区气象路50号院	**邮　　编：**100081
责编电话：010-82000860 转 8325	**责编邮箱：**lantao@cnipr.com
发行电话：010-82000860 转 8101/8102	**发行传真：**010-82000893/82005070/82000270
印　　刷：北京建宏印刷有限公司	**经　　销：**新华书店、各大网上书店及相关专业书店
开　　本：787mm×1092mm　1/16	**印　　张：**20.25
版　　次：2022 年 9 月第 1 版	**印　　次：**2022 年 9 月第 1 次印刷
字　　数：232 千字	**定　　价：**88.00 元

ISBN 978-7-5130-7884-9

目 录

导 论

中国特色社会主义进入新时代，社会主要矛盾发生变化，社会结构深刻变动，利益格局深刻调整，基层社会治理的背景更加复杂。特别是随着科学技术的广泛应用和全球化的纵深演进，代表不同利益取向的社会思潮进入活跃期，甚至对立的思潮也有了表达的平台和机会，由思想领域新趋势和新动态引发的不确定性显著增加。与此同时，随着社会流动性的增强，基层社会发展中的各种矛盾和问题不断叠加，社会“痛点”不断翻新，社会“热点”与“亮点”混杂，而冲突的“燃点”则反向降低，影响着基层治理法治化的进程。

面对新形势，要想有效解决各种影响社会稳定的矛盾与问题，必须运用法治思维和法治方式，把问题解决在基层，把矛盾化解在基层。推进基层治理法治化是治理现代化的时代要求，也是对依法治国基本方略的坚持，是维护人民群众合法权益的重要手段，也是实现基层社会和谐稳定的坚强保障。只有在法治框架之下，才能有效构建政府与社会之间的良性沟通机制，规范政府治理举措和社会自治行为，将“坚持全面依法治国，建设社会主义法治国家，切实保障社会公平正义和人民权利的显著优势”转化为治国理政的实际效能。基层社会治理法治化应当紧跟社会变迁，及时更新治理手段，全面借助共建共治共享的社会治理平台，提高社会治理社会化、法治化、智能化、专业化水平，逐步形成“社区平安共治，平安事务共管，平安成果共享”的基层社会治理新格局。

法治化是破解基层社会治理困境、促进城乡社会发展的必然选择。本研究基于前期对大量资料的查阅，结合党的历届会议精神，从理论维度分析基层社会治理法治化的科学含义，从历史与现实维度分析新时代基层社会治理法治化的目标，通过对当下基层社会治理问题进行研究，分析面临的困境，找出存在的问题，探求新时代推进基层社会治理法治化的科学路径，为基层社会治理法治化提供一定的参考借鉴。

一、为什么在社会治理法治化进程中研究基层社会治理法治化

中国共产党十八届三中全会提出“推进国家治理体系和治理能力现代化”，首次提出“创新社会治理体制”，把“社会管理”转变为“社会治理”。党的十八届四中全会指出“推进多层次多领域依法治理。坚持系统治理、依法治理、综合治理、源头治理，提高社会治理法治化水平”“全面推进依法治国，基础在基层，工作重点在基层”，并提出了“推进基层治理法治化”。党的十八届五中全会进一步提出了“加强和创新社会治理”。党的十九大拓展和丰富了党的十八届五中全会以来社会治理的内容和含义，并提出了“完善党委领导、政府负责、社会协同、公众参与、法治保障的社会治理体制，提高社会治理社会化、法治化、智能化、专业化水平”“加强农村基层基础工作，健全自治、法治、德治相结合的乡村治理体系”“加强社区治理体系建设，推动社会治理重心向基层下移，发挥社会组织

作用，实现政府治理和社会调节、居民自治良性互动”。党的十九届四中全会的主题是“推进国家治理体系与治理能力现代化”，并进一步提出“社会治理是国家治理的重要方面。必须加强和创新社会治理，完善党委领导、政府负责、民主协商、社会协同、公众参与、法治保障、科技支撑的社会治理体系，建设人人有责、人人尽责、人人享有的社会治理共同体”“构建基层社会治理新格局”。党的十九届五中全会提出“国家治理效能得到新提升”“社会治理特别是基层治理水平明显提高”的目标，是着眼于实现第二个百年奋斗目标做出的重点战略部署，是推进国家治理体系和治理能力现代化，加强和创新社会治理的重大战略举措。

把“社会管理”转变为“社会治理”，标志着我国政府开始由管理型政府逐渐向服务型政府转变，更加注重治理效果，以达到善治的目的。此后党的十八届五中全会、十九大、十九届四中全会均提出要创新社会治理体制。“社会治理”尽管与“社会管理”只是一字之差，体现的却是系统治理、依法治理、综合治理、源头治理，其实质是对国家与社会关系认识的不同。社会治理更加注重让人民群众参与进来，激发社会活力，以“完善党委领导、政府负责、民主协商、社会协同、公众参与、法治保障、科技支撑的社会治理体系”为目标取向，“建设人人有责、人人尽责、人人享有的社会治理共同体”，推动共建共治共享的社会治理模式不断进化。社会治理效能直接关系着国家治理体系和治理能力现代化水平的高低。

加强和创新社会治理，推进社会治理体系与治理能力现代化，其重点与难点均在基层。基层是社会治理的深厚基础与重要支撑，治国安邦重在基层，只有基层服务与治理能力提高，社会治理的基础才能稳定扎实，国家发展才能具有持久的动力。

目前，基层社会治理面临着诸多矛盾，城乡基层社会治理日趋复杂，基层社会治理法治化的目标不明确、路径欠缺等影响着基层社会治理法治化的进程，把基层矛盾化解纳入法治轨道是必然要求。党的十九届四中全会提出要“加强系统治理、依法治理、综合治理、源头治理”。法治作为国家治理的基本方式，既是基层社会治理的最有效手段，也是稳定基层社会正常运行的可靠工具。明确基层社会治理法治化的目标、提出法治化路径、推进基层社会治理法治化，既是解决基层社会矛盾纠纷的重要路径，也是创新社会治理、推进国家治理体系与治理能力现代化的重要保障，是全面推进依法治国的重要实践，对于推进基层社会协调发展与和谐稳定具有重要的价值。

就理论意义而言，依法治国的工作基础和工作重点都在基层，基层社会的法治化建设是全面依法治国方略在基层工作中的全面贯彻和落实，是建设法治中国必不可少的组成部分。把基层的社会治理理论与法治理论相结合，全面推进基层社会治理的法治化，为基层社会治理法治化的目标明确性与路径有效性提供理论支撑，对于促进国家治理体系和治理能力现代化，维护改革发展稳定大局，全面建成小康社会，加快法治社会建设进程都具有十分重要的意义。就实践意义而言，本书在以往学者研究成果的基础上，通过对国内外基层治理相关理论的梳理，结合党的历届会议精神，对基层社会治理过程中出现的问题进行深入研究与探讨，并寻找存在问题的根源，在一定程度上深化基层治理的理论深度与研究空间，总结我国当前基层社会治理法治化存在的问题和面临的困境，探索性地提出推进基层治理法治化建设的路径。

二、基层社会治理法治化的研究现状

（一）国内研究现状

1. 社会治理

党的十八大以来，传统的以政府为核心的一元社会管理逐渐向多元互动的社会治理过渡。党的十八届三中全会提出“推进国家治理体系和治理能力现代化”，首次提出“创新社会治理体制，提高社会治理水平”，把“社会管理”转变为“社会治理”。党的十八届五中全会提出“加强和创新社会治理”“完善党委领导、政府主导、社会协同、公众参与、法治保障的社会治理体制，推进社会治理精细化，构建全民共建共享的社会治理格局”。党的十九大进一步拓展和丰富了党的十八届五中全会以来“社会治理”的内容和含义，“要加强社会治理制度建设，完善党委领导、政府负责、社会协同、公众参与、法治保障的社会治理体制，提高社会治理社会化、法治化、智能化、专业化水平”，明确提出打造“共建共治共享”的社会治理格局。党的十九届四中全会的主题是“推进国家治理体系与治理能力现代化”，提出“社会治理是国家治理的重要方面。必须加强和创新社会治理，完善党委领导、政府负责、民主协商、社会协同、公众参与、法治保障、科技支撑的社会治理体系，建设人人有责、人人尽责、人人享有的社会治理共同体”。

2. 基层社会治理

党的十九大报告指出“加强农村基层基础工作，健全自治、法治、德治相结合的乡村治理体系”“加强社区治理体系建设，推动社会治理重心向基层下移，发挥社会组织作用，实现政府治理和社会调节、居民自治良性互动”。党的十九届四中全会提出“构建基层社会治理新格局”。

基层社会治理城乡有别，要合理把握城乡二者关系，形成良性互动。刘恒、徐武在《基层治理法治化与法律风险管理》中提到，加强和完善城乡社区治理，坚持城乡统筹，坚持城乡社区治理和农村社区治理一起研究、一起部署、一起落实，注重以城带乡、以乡促城、优势互补、共同提高，促进城乡社区治理协调发展。李皋在《基层治理七十年》中提到，在城乡融合发展的新时代，着力探索新时代城乡融合发展下的基层社会治理问题。

目前，基层社会治理面临着诸多矛盾：夏周青在《基层社会治理存在的问题和解决思路》中提出，民众对公共服务和社会管理的需求不断增长与传统社会管理体制落后的矛盾日益突出，使一些社会纠纷和社会矛盾不能及时予以解决。许晓东在《当前基层治理存在的突出问题与治理路径》中指出，基层治理的职能分散在不同层级和不同管理部门之中，导致了治理体系结构和功能的失衡，限制了基层治理主体的行动能力。陈跃、余练在《社会主要矛盾转化与基层社会治理创新探析》提出，基层社会治理中依法治理理念不够深入，依法治理机制尚不完备。

3. 基层社会治理法治化

党的十八届四中全会提出“推进多层次多领域依法治理。坚持系统治理、依法治理、综合治理、源头治理，提高社会治理法治化水平”“全面推进依法治国，基础在基层，工作重点在基层”“推进基层治理法治化”。党的十八届五中全会提到了要“完善法治保障的社会治理体制”。党的十九大在“完善法治保障的社会治理体制”的基础上进一步提出了“提高社会治理法治化水平”。党的十九届四中全会再次强调“法治保障的社会治理体制”“加强系统治理、依法治理、综合治理、源头治理”。习近平总书记指出“人类社会发展的事实证明，依法治理是最可靠、最稳定的治理”“法治是国家治理体系和治理能力的重要依托”。

由此，把基层矛盾化解纳入法治轨道是必然要求，法治是基层社会治理的必要条件。刘恒、徐武在《基层治理法治化与法律风险管理》中提到，基层治理法治化是基层治理改革与创新的必然选择，是实现基层治理现代化的重要途径。赵秀玲在《近年来中国基层治理创新趋向及其思考》中提到，依法治理创新成为基层治理大势，将法律条文、法治精神与社会实践紧密结合，创造出符合实际的基层法治模式，就显得至为重要。彭澎在《基层治理法治化的逻辑构成与结构范畴研究》中提出，推进基层治理法治化能够很好地将现代法治的理念、思维、结构和制度凝聚到基层治理的整体框架中来，将法治的治理模式植入基层治理的各个环节之中，能够真正实现基层治理现代化的宏观愿景与整体目标。唐寿东、孙英在《全面依法治国视域下基层治理法治化研究》中指出，人民群众的合法权益能受到有效保护的关键在于提高基层治理法治化的程度。

推进基层社会治理法治化，必须紧密结合基层实际，有针对性地采取有效措施。夏周青在《基层社会治理存在的问题和解决思路》中提出，要转变政府理念，由以权力管制为主的政府向以服务为主的政府转变。推动公众参与，培育公民社会，畅通社情民意的反映渠道，创新基层社会治理体制。黄浩明在《建立自治法治德治的基层社会治理模式》中提出，发挥基层社会自治的作用，正确处理好自治、法治、德治之间的协同关系，提升社区、社工和社会组织的“三社”联动能力，实现中国社会化、法治化、智能化、专业化的社会治理目标。谈小燕、杨嘉莹在《互联网+基层社会治理创新》中提出，社会治理智能化是基层治理体系和治理能力现代化的重要内容之一。赵秀玲在《近年来中国基层治理创新趋向及其思考》中提到，要加快基层治理“互联网+政务服务”建设。李春根、陈起风在《完善矛盾化解机制开创基层社会治理新局面》中提到，网格治理是化解矛盾的基本思路，现代网格治理有助于彻底解决社会治理中“看得见的管不了”“管得了的看不见”的顽疾。何晓斌等在《大数据技术下的基层社会治理：路径、问题和思考》中提到，网格化治理模式是对政府行政体系的流程化再造，为僵化的组织体系注入活力，从政府机构、业务流程、信息资源、服务与沟通渠道等方面进行了资源整合，提高了社区问题处理的速度和效率。王永浩在《推进基层社会治理实践》中提到，在疫情防控期间，基层社会也要注意依法防控、依法治理。李敏在《村规民约在基层情境治理中的法治功能分析》中提到，地方性的村规民约与普适性国家法之间存在违和之处，可以通过对地方性村规民约的改造和吸纳，在基层情境治理中以“硬法”为基础，“软法”为补充，充分发挥村规民约等地方性治理资源的效用，推动基层社会的有效治理。李林在《推进新时代“枫桥经验”的法治化》中提到，推进新时代“枫桥经验”法治化，把“枫桥经验”的核心要素纳入国家法治范畴，转换为法治精神和法治原则。

（二）国外研究现状

1. 社会治理

詹姆斯·N. 罗西瑙是治理理论的主要创始人，他认为社会治理的主体是多元的，社会治理不仅要靠政府来实现，还应包括其他社会力量的共同参与。鲍勃·杰索普认为社会治理是政府领导下的多层次、平等合作，提出用“元治理”来解决治理问题，也就是说：治理实质上取决于政府的最终决策权，由政府来组织、协调各个组织以使发挥各自不同的作用。李普赛特认为，现代社会与政治体制要稳定有序，不仅需要外部的经济发展，还需要国家与社会“冲突与一致的适当平衡”。以克林顿、布莱尔、施罗德为代表的西方政治家认为，公民社会是新治理的核心，新政的目标是“少一些统治，多一些治理”，这说明国家正在从统治走向治理。

2. 基层治理

德国学者斐迪南·滕尼斯（Ferdinand Tonnies）率先提出了“社区”的概念，被视为社区理论研究的开端。国外“社区”的概念与我国的基层较为相似。Ajala Olayinka 提出，社区治理仍是解决冲突和实现可持续发展的最有价值的策略。

国外也采取了不同措施促进基层治理。美国农业部农村商业和合作社发展局通过直接提供贷款、贷款担保、给予技术支持和培训等方式扶持乡村合作社发展，并引导其利用自身优势组织农场主参与基层治理。20 世纪 70 年代开始兴起的日本城市化热潮使得大量农村精英进入城市就业，导致农村基层治理缺乏参与主体。为此，从 20 世纪 80 年代起，政府加大农村社区建设，完善农村社区环境，吸引农村精英回乡创业和城市人口到农村定居，鼓励地方各类企业参与农村社区建设。此外，农村社区还成立自治会，讨论社区发展的公共事务，维持社区的社会秩序，活化农村社会，增强农村居民的治理能力。在韩国基层治理中，政府通常只提出指导性意见，村民根据村庄实际提出设想，召开村庄大会进行集体协商决策，自主决定村庄公共事务。

国外学者们对基层治理也有不同的理解。Rick S. 认为，随着农村人口减少，不平等现象加剧，社区联系正在瓦解，要解决美国乡村面临的问题，不仅需要资源或有效的管理，还必须对农村基层政府进行改革。De Barbieri 和 Edward W. 等认为，需要赋予基层居民自治权，使基层公民能够自己管理自己的事务。Johns Brian 和 Gould Rosemary 提出在基层治理中要认识到基层组织的重要性，真正认识到人民的力量。Miller Stephen 利用社会学研究探讨在农村社区中，非正式的治理结构通常比地方政府正式的法律法规更为重要。Walker-Munro 和 Brendan 通过案例分析研究发现实现网络治理与系统治理是提高治理的合法性与权威性的有效途径。Ross Sara 提出要创新治理方法，采用大数据收集模式治理城市各地区出现的孤岛现象。Breuillard Michele 分析了城市治理中地方政府权力职能模糊引发的问题，由此得出需要简化政府机构，提高地方决策效率的结论。

三、研究的基本思路与方法

1. 研究的基本思路

本书以“法治是社会治理最好的依托”为视角，以基层社会治理法治化有效性评估为研究对象，深入剖析基层社会治理、基层社会治理法治化的理论研究，建立基层社会治理法治化有效性评估的指标体系。同时在实证研究基层社会治理法治化实施的基础上，系统构造基层社会治理法治化的战略方向，如下图所示。

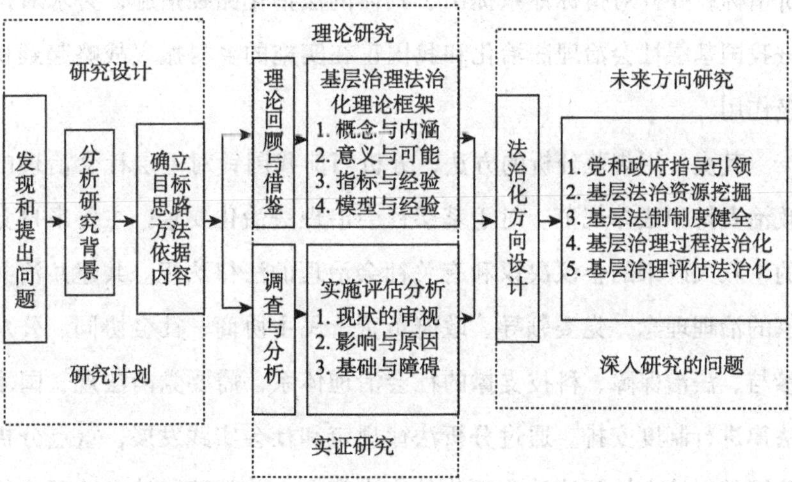

2. 研究的基本方法

首先，运用问卷调查的方法。项目组成员带领 5 名法学专业研究生设计了两套调查问卷，调查问卷主要分为两个模块：基层群众对法律基本常识的认知、对基层群众自治制度的了解以及纠纷解决方式的选择，并设计了 28 个具体问题。组织 80 多名学生，在部分农村和城市基层对居民做了法治意识的调查研究。课题组成员利用参加山东省“进企业、进项目、进乡村、进社区”攻坚行动的机会，在十几个农村进行了专题座谈调研，发放调查问卷。两次问卷调查的地域涉及山东省100多个行政村和1 827位村民以及10余个县级区域的城市居民。本次调研共发放问卷1 827份，其中男性受访者占比较高，为76.5%，女性受访者占比为23.5%。受访者家庭成员普遍在4人以上，调查过程中专门针对孤寡老人和失独家庭进行了问卷发放，后者占比为8.4%。根据实地调研分析了当前山东省基层社会治理法治化建设的困境，创新性地设计了基层社会治理法治化评价指标，并针对指标体系提出了具体的法治化路径措施，力求对推进我国基层社会治理法治化和我国正在实施的乡村振兴战略起到积极作用。

其次，用规范分析的方法，分析当前我国针对基层社会治理的政治安排和法律规范。对于基层社会治理法治化要求，主要来自党的十八大以来的会议决议和有关社会治理的法律法规。共建共治共享的治理理念，党委领导、政府负责、民主协商、社会协同、公众参与、法治保障、科技支撑的社会治理体系，需要党内法规、国家法律进行制度安排。通过分析法律规定和社会实践发展，重点分析我国基层社会治理法治化面临的突出问题，并就基层社会治理法治化、制度化、规范化提出建议，以期对我国基层社会治理起到指导作用。

最后，运用实践的方法。理论分析应当与社会实践相结合，基层社会治理研究也必须与当前我国推进的治理体系和治理能力现代化相结合。研究的整体思想是将依法治国作为治国理政基本方略的思维方式，对于实践中基层面临的问题、基层治理法治化指标体系构建、基层社会治理法治化战略路径进行具体分析，力求解决基层社会治理的现实问题。

第一章　基层社会治理法治化概述

第一节　治理与基层社会治理

一、治理

（一）治理的定义

治理是政府的治理工具，是指政府的行为方式以及通过某些途径用以调节政府行为的机制。

英语中的“治理”一词源于拉丁文和古希腊语，原意是控制、引导、操纵。长期以来，它与“统治”（government）一词交叉使用，并且主要用于与国家的公共事务相关的管理活动和政治活动中。但是，自20世纪90年代以来，西方政治学家和经济学家赋予“治理”以新的含义，不仅其涵盖的范围远远超出了传统的经典意义，而且其含义也与“统治”相去甚远。它不再只局限于政治学领域，而是被广泛用于社会经济领域，不仅在使用英语的国家中使用，而且开始在欧洲使用各种主要语言的国家中流行。

治理理论的主要创始人之一詹姆斯·N. 罗西瑙在《没有政府的治理》中提出，治理是通行于规制空隙之间的那些制度安排，或许更重要的是，当两个或更多规制出现重叠、冲突时，或者在相互竞争的过程中，利益之间需要调解时才发挥作用的原则、规范、规则和决策程序。❶

格里·斯托克认为，治理的本质在于它所偏重的统治机制并不依靠政府的权威和制裁。其对治理的讨论围绕五个论点展开。一是治理是指出自政府，但又不限于政府的一套机构和行为体；二是治理明确指出在为社会和经济问题寻求解答的过程中存在的界线和责任方面的模糊之点；三是治理明确认定在参与集体行动的机构之间的关系当中包含着对权力的依赖；四是治理是指行为体网络的自主自治；五是治理认定，办好事情的能力并不在于政府下命令或运用其权威的权力。政府可以动用新的工具和技术来掌舵和指引。❷ 这五个论点之间的关系是互补而不是竞争或冲突。其中每一论点都涉及某种困难或关键问题：与治理相关的决策过程这一复杂现实，与用来解释政府并证明其合理性的规范性准则之间的脱节。各方面的责任趋于模糊，会导致逃避责任或寻找替罪羊。既然有了自治网络，政府对社会应负什么责任便难以明确。即使政府以灵活方式控制和引导集体行动，治理仍然有可能失败。

罗茨（Rhodes R.）认为，治理意味着统治的含义有了变化，意味着一种新的统治过程，意味着有序统治的条件已经不同于前，或

---

❶ 罗西瑙．没有政府的治理：世界政治中的秩序与变革［M］．张胜军，刘小林，等译．南昌：江西人民出版社，2001：5.

❷ 格里·斯托克．作为理论的治理：五个论点［J］．国际社会科学杂志，2019(3)：23－32.

是以新的方法来统治社会。接着，他还详细列举了六种关于治理的不同定义。这六种定义是：一是作为最小国家的管理活动的治理，指的是国家削减公共开支，以最小的成本取得最大的效益。二是作为公司管理的治理，指的是指导、控制和监督企业运行的组织体制。三是作为新公共管理的治理，指的是将市场的激励机制和私人部门的管理手段引入政府的公共服务。四是作为善治的治理，指的是强调效率、法治、责任的公共服务体系。五是作为社会—控制体系的治理，指的是政府与民间、公共部门与私人部门之间的合作与互动。六是作为自组织网络的治理，指的是建立在信任与互利基础上的社会协调网络。[1]

库伊曼（Kooiman）和范·弗利埃特（Van Vliet）指出，治理的概念是指它所要创造的结构或秩序不能由外部强加，它之所以发挥作用，是要依靠多种进行统治的以及互相发生影响的行为者的互动。[2]

在治理的各种定义中，全球治理委员会的表述具有很大的代表性和权威性。该委员会于1995年对治理作出如下界定：治理是或公或私的个人和机构经营管理相同事务的诸多方式的总和。它是使相互冲突或不同的利益得以调和并且采取联合行动的、持续的过程。它包括有权迫使人们服从的正式机构和规章制度，以及种种非正式安排。而凡此种种均由人民和机构或者同意，或者认为符合他们的利益而授予其权力。它有四个特征：治理不是一套规则条例，也不

---

[1] R. A. W. 罗茨，杨雪冬．新治理：没有政府的管理［J］．经济管理文摘，2005(14)：41－46.

[2] 库伊曼，范·弗利埃特．治理与公共管理［M］．加利福尼亚：萨吉出版公司，1993：64.

是一种活动，而是一个过程；治理的建立不以支配为基础，而以调和为基础；治理同时涉及公、私部门；治理并不意味着一种正式制度，而是有赖于持续的相互作用。[1]

俞可平在《走向善治》一书中认为治理一词的基本含义是指在一个既定的范围内运用权威维持秩序，满足公众的需要。治理的目的是在各种不同的制度关系中运用权力去引导、控制和规范公民的各种活动，以便最大限度地增进公共利益。从政治学的角度看，治理是指政治管理的过程，它包括政治权威的规范基础、处理政治事务的方式和对公共资源的管理。它特别关注在一个限定的领域内维持社会秩序所需要的政治权威的作用和对行政权力的运用。作为一种政治管理方式，治理有以下四个特征：治理不是一整套规则，也不是一种活动，而是一个过程；治理过程的基础不是控制，而是协调；治理既涉及公共部门，也包括私人部门；治理不是一种正式的制度，而是持续的互动。[2]

江治强在《基层社会治理机制的构建设想和路径》中提到社会治理的生成逻辑："治理" 主要存在于公共事务和政治活动中，与"统治"相比，"治理" 更多地注重治理主体的多元化，强调治理主体与被治理主体之间的互动。从这一点看，"治理" 的实质是对公共事务决策权的制度安排，也是对传统政府绝对强权的一种挑战。治理理论产生于对国家与社会两者关系的认识。在讨论国家与社会的关系问题时有一种假设：人类需要的演变和发展使得国家与社会之间的边界从

---

[1] 全球治理委员会．我们的全球伙伴关系［R］．牛津：牛津大学出版社，1995：23.

[2] 俞可平．走向善治［M］．北京：中国文史出版社，2016：85.

二元分立，越来越发展为交叉互补的关系。尤其到了20世纪，在国家与社会之间的持续碰撞中形成了一个中间场域，即所谓的公共领域，公共领域的特点主要有如下表现。一是这个领域的公共事务反映人类共同需要，从而在整体上和长远上，有利于社会的良性运行和社会成员的共同利益；二是在公共场域中，国家权力的“统治”和全面渗透有可能出现代理失灵或权力寻租问题，因此社会自治权的崛起呼吁对国家行政权的限制；三是这个领域的公共事务单纯放手交给社会，既有可能陷入“奥尔森困境”，也有可能在公共事务治理中扩展秩序的形成将造成的社会公平的损失，甚至会带来社会自治权与国家统治权之间的对抗。社会治理理论的提出就在于解决在公共场域如何协调“社会制约权力”和“国家适度干预社会”的良性互动问题。在治理视角下，政府与社会的合作将有利于对政府的理性行为施加约束，使之适应公益性的责任要求，在政府与社会之间架起一座利益均衡与良性互动的桥梁，从而有利于公共事务效率的改进。[1]

（二）统治、管理（管制）与治理

俞可平在《走向善治》中用历史的眼光、哲学的分析、政治的远见条分缕析地阐明了统治与治理的区别。他认为“治理”（governance）与“统治”（government）从词面上看似乎差别并不大，但其实际含义却有很大的不同。[2] 很多学者认为，区分治理与统治两个概念甚至是正确理解治理的前提条件。

---

[1] 江治强．基层社会治理机制的构建设想和路径［J］．中国民政，2013（9）：13－15.

[2] 俞可平．走向善治［M］．北京：中国文史出版社，2016：85.

治理作为一种政治管理过程，也像政府统治一样需要权威和权力，最终目的也是维持正常的社会秩序，这是两者的共同之处。但两者至少有两个基本的区别。

第一，治理与统治最基本的，甚至可以说是本质性的区别就是，治理虽然需要权威，但这个权威并非一定是政府机关；而统治的权威则必须是政府。统治的主体一定是社会的公共机构，而治理的主体既可以是公共机构，也可以是私人机构，还可以是公共机构和私人机构的合作。治理是政治国家与公民社会的合作、政府与非政府的合作、公共机构与私人机构的合作、强制与自愿的合作。所以，治理是一个比统治更宽泛的概念，从现代公司到大学以及基层社区，如果要高效而有序地运行，可以没有政府的统治，却不能没有公共机构的治理。

第二，管理过程中权力运行的向度不同。政府统治的权力运行方向总是自上而下的，它运用政府的政治权威，通过发号施令、制定政策和实施政策，对社会公共事务实行单一向度的管理。与此不同，治理则是一个上下互动的管理过程，它主要通过合作、协商、伙伴关系、确立认同和共同目标等方式实施对公共事务的管理。治理的实质在于建立在市场原则、公共利益和认同之上的合作。它所拥有的管理机制主要不是依靠政府的权威，而是合作网络的权威。其权力向度是多元的、相互的，而不是单一的和自上而下的。

我们认为，与统治、管制不同，治理指的是一种由共同的目标支持的活动，这些管理活动的主体未必是政府，也不一定非得依靠国家的强制力量来实现。从本质上看，治理行政与管制行政有很大的不同。一方面，管制行政的权威主要来自政府，而治理虽然需要权威，但这个权威并不为政府所垄断。治理行政是政治国家与公民社会的合作、政府与非政府组织的合作、公共机构与私人机构的合作、强制与自愿的合作。另一方面，权力运行的向度发生变化。管制行政的权力运行是自上而下的，它运用地方政府的政治权威，通过发号施令、制定和实施政策，对公共事务实行单一向度的管理。与此不同，治理行政则是一个上下互动的过程，政府、非政府组织以及各种私人机构主要通过合作、协商、伙伴关系，通过共同目标处理公共事务，所以其权力向度是多元的，并非纯粹自上而下。社会力量在治理中的作用日益增强，也可以通过正常途径，自下而上地对政府施加影响。

治理的本意是服务。在治理行政的运行机制下，虽然政府也履行管制职责，但与传统的政府管制有着根本区别。在管制依据上，治理行政必须有法律、法规作为依据，是受严格约束的有限管制；管制行政不一定基于法律，有时甚至是官员的任意行为。在管制内容上，治理行政体现的是一视同仁，管制行政却经常是失之公允的，如对特定企业或人员给予照顾。在管制程序上，治理行政是制度化的，程序公开、透明；管制行政随意性大，容易出现暗箱操作。在管制结果上，治理行政充分考虑政府官员可能出现的非理性行为，因此有相应的救济措施；管制行政则比较欠缺。总之，治理行政中的管制也是广义的公共服务，是寓服务于管制之中的政府行为。

二、基层社会治理

（一）基层

基层是社会治理的深厚基础和重要支撑，治国安邦重在基层。

江治强在《基层社会治理机制的构建设想和路径》中提到，国家权力与社会自治场域之间的交集主要在“基层”，即与城市的交集主要在街道、社区层面，与农村的交集主要在乡镇、村层面。[1]

陈一新在《加强和创新社会治理》中提到社会治理的层级划分。我国是单一制国家，在中央、省、市、县、乡各个行政层级，既集中统一领导，又实行分级治理，具有集中力量办大事，同时又发挥各层级积极性、主动性、创造性的显著特点。加强和创新社会治理要明确从中央到省、市、县、乡各级党委和政府的职能定位，充分发挥各层级的重要作用，努力打造权责明晰、高效联动、上下贯通、运转灵活的社会治理指挥体系。当前和今后的一个时期，要特别突出强调中央、市域、基层三个层级的特殊职能和特殊作用。[2] 发挥基层桥头堡功能，坚持和发展新时代“枫桥经验”，把小矛盾、小问题化解在基层，化解在萌芽状态。治国安邦重在基层。“枫桥经验”最突出的特点就是牢牢抓住基层基础这一本源，最大限度把矛盾风险防范化解在基层，实现小事不出村、大事不出镇、矛盾不上交。树立强基固本思想，坚持重心下移、力量下沉、资源下投，建立健全

---

[1] 江治强．基层社会治理机制的构建设想和路径［J］．中国民政，2013（9）：13.

[2] 陈一新．加强和创新社会治理［N］．人民日报，2021－01－22（9）：2.

富有活力和效率的新型基层治理体系。向基层放权赋能，制定权责清单，进一步厘清不同层级、部门、岗位之间的职责边界，把更多行政执法管理和公共服务职权下放到乡镇、街道。构建网格化管理、精细化服务、信息化支撑、开放共享的基层管理服务平台。加强基层社会治理队伍建设，培育基层党组织带头人，加强对城乡社区工作者和网格管理员队伍的教育培训、规范管理、职业保障、表彰奖励，有效激发工作积极性。[1]

龚维斌在《加强和创新基层社会治理》一文中提出，基层是一个地域的概念，更是一个国家治理层级的概念。基层社会治理是指在党的领导下，运用包括政府在内的多种力量向基层辖区居民提供民生保障、公共服务、利益协调、矛盾纠纷化解、创造平安和谐舒适生活环境的活动。[2]

尹彤在《推进基层治理法治化问题研究》一文中提到，基层是社会管理中最基本的管理要素，它影响着社会的总体发展，这也印证了那句“一屋不扫，何以扫天下”的古语，若一个基层治理的法治化都做不好，偏离了正常的轨道，那何谈整个国家的法治化治理。[3]

党的十八届四中全会通过的决议提出“全面推进依法治国，基础在基层，工作重点在基层”[4]。因此，在依法治国中，基层治理法治化是其重要组成部分，也是依法治国在基层的重要体现，中央以

---

[1] 陈一新．加强和创新社会治理［N］．人民日报，2021－01－22（9）：3.

[2] 龚维斌．加强和创新基层社会治理［J］．理论导报，2020（9）：7－9.

[3] 尹彤．推进基层治理法治化问题研究［J］．新西部，2020（5）：96－97.

[4] 中共中央关于全面推进依法治国若干重大问题的决定［N］．人民日报，2014－10－29（1）：10.

此统一领导基层进行法治化建设，使各基层在自身权限内不断巩固、加深法治化建设。基层治理是国家治理体系和治理能力现代化的重要基础。

（二）社会治理

社会治理是国家治理的重要方面，良好的社会治理是社会和谐稳定、人民安居乐业的重要保障。随着社会经济的快速发展，社会利益关系日趋复杂，价值取向更加多元，利益诉求更加多样，我国社会结构正在发生深刻变化。

党的十八大以来，传统的以政府为核心的一元社会管理逐渐向多元互动的社会治理过渡。党的十八届三中全会提出“推进国家治理体系和治理能力现代化建设”，首次提出“创新社会治理体制，提高社会治理水平”，把“社会管理”转变为“社会治理”[1]。治理概念及理论引入政党纲领及改革路线，标志着执政党对改革方向及举措的认识进一步深化，对政治运行规律及目标的把握进一步深化，意味着执政及施政理念的丰富与发展。国家治理理念的具体内容包括民主治理、法治治理以及分享协同治理，要树立发扬民主、尊重民众智慧及自发创造的观念，培育并发展公民各种形式的自我管理、自我教育、自我服务、自我监督，确立公民自治、基层自治、社会自治的意识。依法治理的理念要求在思想上接受法治原则及精神的指引，确立以法限权、依法用权及权利保障的理念，培养以法治化、制度化的方式的施政行为习惯和思维方式；分享协同治理的理念要

---

[1] 中共中央关于全面深化改革若干重大问题的决定［N］. 人民日报，2013－11－16（1）：1，12.

求政府摒弃政府包办及垄断思维，确立多中心治理、协同治理的指导思想，养成平等协商、民主讨论的思想意识和工作方法，面向社会挖掘多系统治理资源，发挥社会多主体的潜力和积极性，推动施政理念及施政方式从“对社会治理”向“由社会治理”转变。党的十八届五中全会提出“加强和创新社会治理”“完善党委领导、政府主导、社会协同、公众参与、法治保障的社会治理体制，推进社会治理精细化，构建全民共建共享的社会治理格局”[1]。党的十九大报告进一步拓展和丰富了党的十八届五中全会以来社会治理的内容和含义，“要加强社会治理制度建设，完善党委领导、政府负责、社会协同、公众参与、法治保障的社会治理体制，提高社会治理社会化、法治化、智能化、专业化水平”，明确提出打造“共建共治共享”的社会治理格局。[2] 党的十九届四中全会的主题是“推进国家治理体系与治理能力现代化”，提出“社会治理是国家治理的重要方面。必须加强和创新社会治理，完善党委领导、政府负责、民主协商、社会协同、公众参与、法治保障、科技支撑的社会治理体系，建设人人有责、人人尽责、人人享有的社会治理共同体”[3]。

我们认为，尽管社会治理与社会管理只是一字之差，体现的却是系统治理、依法治理、源头治理、综合施策，其实质上是对国家与社会关系认识的不同。社会治理更加注重让人民群众参与进来，

---

[1] 习近平．中共中央关于制定国民经济和社会发展第十三个五年规划的建议［N］．人民日报，2015－11－04（1）：14．

[2] 习近平．决胜全面建成小康社会　夺取新时代中国特色社会主义伟大胜利［N］．人民日报，2017－10－28（1）：14．

[3] 习近平．中共中央关于坚持和完善中国特色社会主义制度　推进国家治理体系和治理能力现代化若干重大问题的决定［N］．人民日报，2019－11－06（1）：8．

激发社会活力，以实现党委领导、政府负责、民主协商、社会协同、公众参与、法治保障、科技支撑的社会治理体系为目标取向，建设人人有责、人人尽责、人人享有的社会治理共同体，推动共建共治共享的社会治理模式不断进化。社会治理效能直接关系着国家治理体系和治理能力现代化水平的高低。

张文显等在《推进自治法治德治融合建设，创新基层社会治理》中认为，社会治理与国家治理一样是独立的治理领域。社会治理与国家治理是相对应的概念，包括马克思在内的大多数思想家都承认国家与社会的二元关系。普遍法治化的政治秩序只有在社会排除政治任意性干预的前提下，才成为可能和必要。改革开放以来，中国共产党既高度重视国家治理，也十分重视社会治理，提出了“社会治安综合治理”“社会管理”“社会治理”“社会自治”等概念，提出建设社会主义和谐社会、建设法治社会。这些都是社会治理理论与实践的重大创新，给社会释放了更多自主治理的空间。社会治理主要指基层社会治理，既不是高层社会，也不是上层社会的治理。高层社会和上层社会都属于国家治理范畴，社会治理主要指基层社会治理。❶

江治强在《基层社会治理机制的构建设想和路径》中介绍了社会治理的生成逻辑，认为社会治理作为一股思潮产生于20世纪六七十年代在西方兴起的新公共管理运动中，但对于何为社会治理并无一致认识。❷

---

❶ 张文显，徐勇，何显明，等．推进自治法治德治融合建设，创新基层社会治理［J］．治理研究，2018，34（6）：5－7.

❷ 江治强．基层社会治理机制的构建设想和路径［J］．中国民政，2013（9）：13－15.

马亮提出，社会治理的核心在于明确为谁治理、如何治理和谁来治理的问题。要坚持以人民为中心的社会治理理念，并用人民群众满意不满意、答应不答应作为衡量社会治理效能的主要依据。要不断加大社会治理资源投入，持续增强社会治理能力。[1]

（三）基层治理与社会治理的辩证关系

对于国家治理效能来说，社会治理，特别是基层治理水平是一个重要方面，只有不断提高防范、化解重大风险的能力，有效应对各类突发事件，才能确保人民群众享有更多、更实在的获得感、幸福感、安全感。

基层治理，即针对基层的治理，基层是治理的载体。各种与治理相关的政策、制度均是自上而下制定的，但治理制度是否有效运行，治理水平的高低却是自下而上的反映。党的十八届三中全会将治理主要分为三个方面：国家治理、政府治理、社会治理。[2] 国家治理是具有最广泛、最深厚容量的社会关系的治理形态；政府治理以行政权的行使为主；社会治理则涉及社会公共领域，比较复杂。社会治理与基层治理具有共同性。基层治理是所有治理在基层中的反映，基层治理中的社会治理只是其中一部分。但与国家治理、政府治理相比，社会治理是三者中最贴近基层的。社会治理也主要服务于基层，所以，社会治理需要以基层为重点。要实现良好的治理就需要法治化，同样，若要实现社会治理法治化，则需要以基层为重点。

---

[1] 段丹洁．国家治理效能得到新提升［N］．中国社会科学报，2021－01－25（1）：2.

[2] 中共中央关于全面深化改革若干重大问题的决定［N］．人民日报，2013－11－16（1）.

（四）基层社会治理

基层社会治理是由基层政府、社会组织、社区居民委员会、社区居民、农村村民委员会、农村居民等多元主体共同参与管理社区公共事务、满足社区居民需求、优化社区秩序的过程。

加强创新社会治理，推进社会治理体系与治理能力现代化，其重点与难点均在基层，基层是社会治理的深厚基础与重要支撑，治国安邦重在基层，只有基层服务与治理能力提高，社会治理的基础才能稳定扎实，国家发展才能具有持久的动力。党的十九大报告指出“加强农村基层基础工作，健全自治、法治、德治相结合的乡村治理体系”“加强社区治理体系建设，推动社会治理重心向基层下移，发挥社会组织作用，实现政府治理和社会调节、居民自治的良性互动”❶。党的十九届四中全会提出“构建基层社会治理新格局”“健全党组织领导的自治、法治、德治相结合的城乡基层治理体系”“推动社会治理和服务重心向基层下移，把更多资源下沉到基层，更好提供精准化、精细化服务”“坚持和完善共建共治共享的社会治理制度”，强调“完善党委领导、政府负责、民主协商、社会协同、公众参与、法治保障、科技支撑的社会治理体系，建设人人有责、人人尽责、人人享有的社会治理共同体”❷。把这些重要部署落实到基层社会治理中，关键是要构建基层社会治理新格局，努力让人民群众成为社会治理的最广泛的参与者、最大的受益者、最终的评判者。

---

❶ 习近平．决胜全面建成小康社会　夺取新时代中国特色社会主义伟大胜利［N］．人民日报，2017－10－28（1）：10－14.

❷ 习近平．中共中央关于坚持和完善中国特色社会主义制度　推进国家治理体系和治理能力现代化若干重大问题的决定［N］．人民日报，2019－11－06（1）：8.

党的十九届五中全会提出“国家治理效能得到新提升”“社会治理特别是基层治理水平明显提高”❶ 的目标，是着眼于实现第二个百年奋斗目标做出的重要战略部署，是推进国家治理体系和治理能力现代化、加强和创新社会治理的重大战略举措。我们要全面把握新发展阶段的新任务新要求，坚定不移贯彻新发展理念，着力构建基层社会治理的新格局。习近平总书记强调：“基础不牢，地动山摇。只有把基层党组织建设强、把基层政权巩固好，中国特色社会主义的根基才能稳固。‘十四五’时期，我们要在加强基层基础工作、提高基层社会治理能力上下更大功夫。”❷“基层是一切工作的落脚点，社会治理的重心必须落实到城乡、社区。”❸

张文显等在《推进自治法治德治融合建设，创新基层社会治理》一文中写到，习近平总书记高度重视基层社会治理。他在浙江省担任省委书记时就曾指出，要把基层治理作为重中之重，和谐社会是民主法治的社会，基层历来是民主政治的发源地和试验田，民主精神的培育，民主素质的锻炼，民主实践的操作，都是在基层产生，在基层发展，在基层得到检验。人民群众的素质、觉悟越高，民主素养越高，基层民主机制越健全，社会就越和谐稳定。担任总书记和国家主席之后，习近平同志一贯重视基层基础工作，指出“推进改革发展稳定的大量任务在基层，推动党和国家各项政策落地的责任

---

❶ 中国共产党第十九届中央委员会．中共中央关于制定国民经济和社会发展第十四个五年规划和二〇三五年远景目标的建议［N］．人民日报，2020 - 11 - 04（1）：3.

❷ 习近平．在基层代表座谈会上的讲话［OB/OL］．(2020 - 04 - 28)［2020 - 11 - 15］. https：//baijiahao. baidu. com/s? id = 167825 7282019428998&wfr = spider&for = pc.

❸ 习近平．社会治理的重心必须落实到城乡、社区〔EB/OL〕．(2016 - 03 - 05)［2018 - 04 - 05］. http：//politics. people. com. cn/n1/2016/0305/c1024 - 28174494. html.

主体在基层，推进国家治理体系和治理能力现代化的基础性工作也在基层”❶。

孙柏瑛在《开放性、社会建构与基层政府社会治理创新》中认为，基层社会治理是整个社会治理体系中的关键一环，它具有的双重性质使其成为国家治理的社会基础。一方面，基层本身代表社会的基本构成。基层包含形形色色的社会组织，聚集各种各样的社会力量，体现方方面面分散的利益。基层是相对中央或上级机关而言的，常使用在政府组织自上而下的动员和嵌入的意义上。现实的基层实际上就是社会存在的载体，是共同体成员行为、关系、网络，乃至秩序“生于斯，长于斯”的地方，是多元力量交织与竞争所在。另一方面，基层是国家政权力量与社会自发力量的交汇点与互动场域。国家权力要想延伸、渗透并获得有力支持，必须在这个平台上发挥动员力量、吸纳精英、代表利益、维持秩序等功能，从而获得领导权。❷

张国磊和张新文在《基层社会治理的政社互动取向：共建、共治与共享》中认为，基层社会治理是指由党委领导、政府负责、社会协同、群众参与社会公共事务，以实现公民利益最大化、促进社会公平正义、推动社会健康有序发展的过程。❸

吕雅琴在《切实提升基层社会治理水平》中指出，基层是人民

---

❶ 张文显，徐勇，何显明，等．推进自治法治德治融合建设，创新基层社会治理［J］．治理研究，2018，34（6）：5－7.

❷ 孙柏瑛．开放性、社会建构与基层政府社会治理创新［J］．行政科学论坛，2014，1（4）：10－15.

❸ 张国磊，张新文．基层社会治理的政社互动取向：共建、共治与共享［J］．内蒙古社会科学（汉文版），2018，39（3）：131－137.

群众生活、休憩的家园，是经济社会发展和民生领域突出矛盾和问题的汇集地，是社会治理的深厚基础和重要支撑，也是落实党和国家各项方针政策的“最后一公里”。所以，基层既是我们党长期执政最坚实的力量支撑，是落实以人民为中心的发展理念、化解各种矛盾纠纷最直接的平台，也是提升国家治理效能最重要的基础。[1]

龚维斌在《加强和创新基层社会治理》中提出，基层社会治理与基层政府治理既有联系也有区别，共同点都是对基层公共事务的治理，不同点在于治理主体和治理对象有差异。基层社会治理的主体强调的是社会力量，基层政府治理的主体是政府。基层社会治理需要政府的支持和引导，但更多强调的是社会力量的参与，而不是政府直接治理，更不是包办代替。从治理对象来看，基层政府治理主要涉及政府职能范围内的事项，而基层社会治理主要是社会领域的事务，两者有交叉，但是侧重点不同。因此，基层社会治理具有很强的社会性和自治性，需要在党组织的领导下实行自治、法治、德治相结合。基层社会治理的特点是直接面对群众，事务琐碎、复杂，甚至艰巨繁重，是社会治理的基础和重心。基层社会既为人们生产生活提供地域空间，也为社会治理提供基础单元——人们的生老病死、衣食住行、文化娱乐等都发生在这里。随着城镇化和市场化的深入推进，城乡人员流动、各种利益关联交汇、多种服务需求旺盛，以党政机关和各类企事业单位为基础的社会治理模式很难适应社会发展的要求，城乡基层自然成为人们居家生活、公共服务的最基础平台，成为社会交往、利益关联的最前沿阵地，成为社会问

---

[1] 吕雅琴. 切实提升基层社会治理水平［N］. 西安日报，2021-01-04（6）：1.

题和社会矛盾预防化解的最源头防线。[1]

桑玉成在《着力构建基层社会治理新格局》中介绍了基层社会治理新格局的重要性和坚持基层社会治理的宝贵经验，提出构建基层社会治理新格局是适应社会主要矛盾转化和建设社会治理共同体的必然要求。当前，我国社会主要矛盾已经转化为人民日益增长的美好生活需要和不平衡不充分的发展之间的矛盾，人民不仅对物质文化生活提出了更高要求，而且在民主、法治、公平、正义、安全、环境等方面的要求日益增长，更加重视知情权、参与权、表达权、监督权，参与社会治理的意愿更加强烈。这就要求我们加强和创新基层社会治理，聚焦人民群众需求的增长点，找准各方利益的结合点，更好满足人民群众多层次、差异化、个性化的需求，不断增强人民群众的获得感、幸福感和安全感。[2]

自改革开放以来，随着经济社会的快速发展，基层社会的复杂程度日益提升，人民群众的利益诉求日趋多样，城市和农村社会治理都面临许多新问题、新挑战。

夏周青在《基层社会治理存在的问题和解决思路》中提出，民众对公共服务和社会管理的需求不断增长与传统社会管理体制落后的矛盾日益突出。随着单位制的逐步解体，基层社会的各类矛盾和冲突日益复杂，社区管理、物业管理、信访、拆迁、征用、民生保障等方面的问题和纠纷大量出现，而传统社会管理体制机制落后，使一些社会纠纷和社会矛盾不能及时予以解决。[3]

---

[1] 龚维斌．加强和创新基层社会治理［J］．理论导报，2020（9）：7－9．

[2] 桑玉成．着力构建基层社会治理新格局［J］．新华月报，2020（7）：53－55．

[3] 夏周青．基层社会治理存在的问题和解决思路［J］．中国党政干部论坛，2015，（12）：94－95．

许晓东在《当前基层治理存在的突出问题与治理路径》中指出，“碎片化”限制了基层治理主体的行动能力，“碎片化”问题成为当前基层治理面临的现实困境，其产生的主要原因是条块分割的政府管理体制。按照科层制的专业分工与层级节制原则，基层治理的职能分散在不同层级和不同管理部门之中，形成了以“块”为单元的属地管理和以“条”为线的部门管理两种分割的管理模式，导致了治理体系结构和功能的失衡，限制了基层治理主体的行动能力。❶

江治强在《基层社会治理机制的构建设想和路径》中提出，长期以来，国家权力在基层全面渗透，形成了国家权力层层下移并依托乡镇（街道）政权、企事业单位和高度行政化的基层自治组织运作的社会管理格局。

从这一角度看，中国基层社会治理面临的形势，主要有以下四个方面。

其一，正在推进的政社分开与政府职能转变改革，使国家权力从基层事务中逐步收缩，基层政府与社会自治组织之间的权责边界逐步清晰，同时基层自治组织行政化趋势仍未根本改变，乡镇（街道）基层政府负担仍然偏重，行政职责普遍存在向城乡社区转嫁。界定基层政府与基层社会之间的权力关系，行政权与自治权实现良性互动仍是基层社会治理不可回避的重大任务。

其二，社会自治组织、民间组织蓬勃发展，进入社会治理框架内的治理主体更为多元，各类社会组织迅速产生，由此提升了人们在公共事务决策中的参与性和自我管理、自我服务的能力，但是社

---

❶ 许晓东，当前基层治理存在的突出问题与治理路径［J］. 国家治理，2020，26（2）：9.

会组织发育相对滞后，同时具有较强的行政化色彩，富有公信力的社会志愿机制尚未形成，尚不足以承担政府剥离的社会职能，也不具备协同政府扩大群众参与社会治理的功能，从而决定了推进基层自治组织、社会组织去行政化，培育具有与政府组织同等能力的社会组织，成为发展基层社会治理机制的核心要素。

其三，基层治理中政府承担有限责任，国家保障基层群众依法享有自治权，基层自治开启了中国社会走向民主政治的通道。同时，基层民主实践中仍然存在部分群众权利意识不足、基层民主流于形式等问题，有的基层社会中的精英分子在发展社区公共服务、村改居、城镇化等过程中通过左右选举、与市场化主体合谋等方式侵害群众利益以及垄断、占据和挥霍基层群众所有的公共资源，造成了一些基层社会矛盾。基层治理机制的形成必须考虑如何扩大群众的自愿参与，使公共事务的管理与基层群众利益之间建立内在根本联系，以此调动群众参与的主动性和积极性。

其四，城乡一体化的迅速发展和国家对人口控制的放松，带来了史无前例的人口大流动，随之产生的问题是，有些进城务工人员、流动人口等城市边缘群体被排除在城市的主流生活和属地化的社区管理体制之外，特别是一些城市中的“城中村”处于城市管理体制的“真空”地带，城市居民享有的权利和各类社会保障服务，这些城市“边缘人”作为公民应当享有，却无法享有，同时也被动地放弃了合法的基层民主政治权利；农村人口流出地造成的“空壳村”也使基层民主实践陷入困境。这些问题尚未有现成的制度安排予以有效应对。[1]

---

[1] 江治强．基层社会治理机制的构建设想和路径［J］．中国民政，2013（9）：13－15.

学术界主要从国家中心论与社会中心论两个路径展开研究，前者强调依托政府行政力量，通过制度化供给方式提升基层组织的治理能力，以期实现巩固基层政权的国家治理目标；后者则强调依托基层社会自治力量，通过政府与社会力量合作的方式提升基层社会的自主治理能力。换言之，基层社会治理是国家行政权力主导下基层社会自治的过程，也是构建国家与社会、政府与社会的新型互动关系过程。

雷瑞鹏表示，创新社会治理，特别是改革和创新基层治理模式、提升基层治理水平，需要牢牢把握科技变革与社会变革的交互关系，发挥技术的社会变革和社会应用的现实作用。一方面，加快从传统管理到现代治理的理念转变，发挥科技创新作为非制度因素的重要作用。另一方面，继续推动治理权力下放，坚持在政府领导和科技支撑的前提下，打造以多元、服务、协作为核心的基层治理系统，加强基层治理的行动部门与行动主体之间的相互联系和相互协作。利用新兴技术打造高效精准的基层服务治理网络，为日益增长的社会需求提供新思路。❶

胡国胜表示，基层社会治理主要是指在党的领导下，运用多方力量向基层所在区域民众提供民生保障、公共服务、利益协调、矛盾化解等服务，创造平安、和谐、舒适的生活环境。创新基层治理模式，更多的不是创新，而是要不断总结各地鲜活的治理经验，根据基层特点，借鉴和推广基层治理经验，提升基层治理水平。❷

马亮提出，增强社会治理能力，加快“放管服”改革的推进和

❶ 段丹洁．国家治理效能得到新提升［N］．中国社会科学报，2021－01－26（1）：2.

❷ 同①。

完善，使上级“放得下”，基层“接得住”，真正夯实基层组织的治理基础。提升基层组织的治理能力，使其能够适应社会治理现代化的迫切要求。要坚持社会治理的群众路线和公众参与，使村民成为社会治理的主力军。发挥人民群众的聪明才智，营造公众参与的氛围，创造公众参与的条件，吸引更多人参与社会治理事业，才能使社会治理持续创新并行稳致远。[1]

陈跃、余练在《社会主要矛盾转化与基层社会治理创新探析》中提出，社会主要矛盾转化决定了基层社会治理创新的方向。社会主要矛盾从人民日益增长的物质文化需要同落后社会生产的矛盾转向人民日益增长的美好生活需要和不平衡不充分的发展之间的矛盾表明，基层社会治理创新应该不断增大和调整供给，努力满足更多人对美好生活的需要。实现更多人对美好生活的需要是基层社会治理创新的目标。经济基础决定上层建筑，经济的快速发展导致人民群众的需求发生重大变化，基层社会治理应该从人民群众最关心最直接最现实的利益问题入手，以群众需求导向为核心，把实现更多人对美好生活的需要作为基层社会治理创新的重要目标。实现更加全面而均衡的发展是基层社会治理创新的重要任务。基层处于国家治理的“最后一公里”，国家在注重全面而均衡的发展时，基层社会治理应该在落实好全面而均衡的发展上下功夫，发动好群众、组织好群众和服务好群众，使全面而均衡的发展政策落实到城乡社区，落实到不同人群。[2]

---

[1] 段丹洁. 国家治理效能得到新提升［N］. 中国社会科学报，2021-01-25（1）：2.

[2] 陈跃，余练. 社会主要矛盾转化与基层社会治理创新探析［J］. 理论探索，2020（4）：84.

基层社会治理城乡有别，要合理把握城乡二者的关系，形成良性互动。刘恒、徐武在《基层治理法治化与法律风险管理》中提到，加强和完善城乡社区治理，坚持城乡统筹，坚持城乡社区治理和农村社区治理一起研究、一起部署、一起落实，注重以城带乡、以乡促城、优势互补、共同提高，促进城乡社区治理协调发展。[1] 李皋在《基层治理七十年》中提到，在城乡融合发展的新时代，着力探索新时代城乡融合发展下的基层社会治理问题。[2]

（五）农村基层社会治理

湛礼珠在《制度贫困、实践创新与农村基层治理转型——基于国内几种主要乡村治理模式的对比分析》中提到，农村基层社会治理制度贫困主要体现在村民自治创新与现有制度供给之间的不匹配。新形势下，“乡政村治”的农村基层社会治理模式面临诸多不适应，其通过基层政府、自治组织和村民三大主体的治理困境而显现。由此，乡村治理模式创新广泛兴起，并经历了由丰富治理内容、强化制度落实到加强制度供给的转变。在此过程中，农村基层社会治理精准化、系统化和内生化特点不断凸显，但同时存在创新经验可复制性弱，以及内生性动力建构不足的问题。未来应以因地制宜、整体推进和加强内生性动力建构拓展的策略实现乡村多元共治。[3] 体制层面，国家治理体系和治理能力现代化是全面深化改革的重要战略

---

[1] 刘恒，徐武．基层治理法治化与法律风险管理［M］．北京：中国法制出版社，2019：31．

[2] 李皋．基层治理七十年［M］．北京：中国民主法制出版社，2019：103．

[3] 湛礼珠．制度贫困、实践创新与农村基层治理转型：基于国内几种主要乡村治理模式的对比分析［J］．中共福建省委党校（福建行政学院）学报，2020（6）：111－118．

部署，在此基础上，要求“建立健全党委领导、政府负责、社会协同、公众参与、法治保障的现代乡村社会治理体制”。健全自治、法治、德治相结合的乡村治理体系是新时代村治模式改革创新的主流方向。因此，发挥各类非政府法律性组织、乡贤议事性组织等的作用十分必要。

梅雪在《乡村振兴背景下“治理有效”的法治进路研究》一文中提到，乡村治理是我国社会治理体系的重要组成部分。党的十九大召开以来，党中央提出了乡村振兴的发展战略，按照产业兴旺、生态宜居、乡风文明、治理有效、生活富裕的总要求，建立健全城乡融合发展体制机制和政策体系，加快推进农业农村现代化。将乡村振兴上升到国家战略的高度，党在新的历史时期对乡村建设提出了重要要求，为构建乡村社会治理体制提供了遵循、指明了方向。乡村治理法治化有利于维护乡村社会秩序和谐稳定，为乡村振兴战略提供法治保障。如何用法治手段对乡村社会进行有效治理，推动乡村振兴战略健康有序进行，成为摆在我们面前的重要任务。[1]

我们认为，研究乡村治理、治理有效与法治化，绕不过对“治理”这一核心概念的解读。“治理”来源于古典拉丁文和古希腊语中的“掌舵”一词，本意是指导、统治或操纵的行动和方式。在治理行政的运行机制下，政府也履行管制职责，但与传统的政府管制有根本区别，更多的是强调多元主体、多种模式的相互作用。“乡村社会治理”概念自20世纪90年代提出以来，相关研究

---

[1] 梅雪．乡村振兴背景下“治理有效”的法治进路研究［J］．智库时代，2020（13）：8-9.

颇丰。很多学者都提出自己的观点，但是至今仍没有形成统一的概念。多数学者认为，其实质就是管理好乡村的公共事务，保障人民的权利，推动乡村社会健康有序的发展。作为实现国家治理体系、治理能力现代化和乡村振兴战略的重要前提，治理有效性发挥关键作用。有学者结合我国社会主义民主政治鲜明特色和乡村振兴战略的时代语境，认为治理有效能够加强党和政府对乡村工作的领导，通过发挥基层党组织的领导核心作用，形成多元治理主体良性互动，从而凝聚、带动乡村治理的共识和力量，以较低的治理成本实现乡村和整个社会的最大化和可持续发展。结合治理有效的内涵要求与现阶段乡村治理现状，建设法治乡村，促使乡村社会治理转入规范化、法治化的道路是乡村振兴战略实现的重要途径和目标。

（六）城市治理

城市治理是国家治理的重要内容。构建符合中国城市特点的基层社会治理体系，有助于完善和发展中国特色社会主义制度，推进国家治理体系和治理能力现代化。社会治理的主要目标是提高社会的凝聚力和向心力，使全体人民都能分享到改革发展的红利，有幸福感、获得感和安全感。超大型城市在应对城市基层社会治理、创新基层管理体制机制方面，更是面临着独特挑战。超大城市治理的重点、难点在基层。

第二节　基层社会治理法治化

一、法治的一般含义

党的十八届四中全会首次以全面推进依法治国为主题，明确了建设社会主义法治国家的基本方略和战略目标。[❶] 张中秋在《法治及其与德治关系论》一文中提出，法治是指法律主治。中国古代也有依法律统治。但古代的“法治”内涵与现代的法治大为不同。中国古代的“法治”是君主统治天下的工具，是皇帝意志的反映，为统治者服务。现代意义上的法治起源于西方，是现代民主政治的产物。[❷] 尹彤在《推进基层治理法治化问题研究》一文中提到，通俗地说，法治就是法律治理，它与法制的区别在于，它不仅追求形式上的治理制度及其实施的法治化，更着重实际操作中的法律至上的含义；它注重法律的权威性以及对国家权力的制约与对公民权利的保障；它是与人治相对立的，它强调法律应该位于权力之上，要求国家机关权力的来源以及行使有法可依；它的基础是民主政治，最根本的目的在于制约国家权力，以确认和保障公民的权利和自由，实现公民对国家事务的决定权和管理权。我国自 1949 年开始进行法治化建设，虽然其间有曲折、坎坷，但纵观全局是不断进步、向上

---

❶ 中共中央关于全面推进依法治国若干重大问题的决定 [N]. 人民日报，2014－10－29 (1).

❷ 张中秋. 法治及其与德治关系论 [J]. 南京大学学报（哲学·人文科学·社会科学版），2002 (3)：237－244.

的，它始终把法律放在了最高的权威上，秉持着法治与民主的良好关系，进一步自我完善。[1]

1999 年 3 月 15 日，第九届全国人民代表大会第二次会议通过了《中华人民共和国宪法修正案》，第一次将“依法治国，建设社会主义法治国家”载入了国家的根本大法。从此，我国社会主义法治的建设和发展有了坚实有力的法律保障。

但是，什么是法治，如何实现法治，人们的认识并不一致，甚至大相径庭。有人曾这样描述，目前中国社会对法治概念的不同理解：高层领导人讲法治，是治国方略，即将法治作为一种治理国家的手段；法学家心目中的法治是法律至上：一些执法人员司法人员讲法治是以法治民，主张和默认权大于法；而许多老百姓认为法治就是规规矩矩地守法。显然，概念的歧义对目标的实现有害，甚至可能是致命的。因此，我国要实现依法治国及社会治理法治化的战略目标，首先要科学地认识和准确地把握法治的基本内涵或底蕴。最早明确提出法治概念并给予具体阐述的是古希腊学者亚里士多德。他指出，法治应包含两重意义：已成立的法律获得普遍遵从，而大家遵从的法律又应该是良好的法律。世界级权威的法律辞典《牛津法律大辞典》对法治的表述是：“一个无比重要的、但未被定义、也不是随便就能定义的概念，它意指所有的权威机构，立法、行政、司法及其他机构都要服从于某些原则，这些原则一般被看作是表达了法律的各种特征，如正义的基本原则、道德原则、公平和合理诉讼程序的观念，它含有对个人至高无上的价值观念和尊严的尊重。”

---

[1] 尹彤．推进基层治理法治化问题研究［J］．新西部，2020（5）：96－97．

我国学者孙笑侠则认为可以从以下五个角度分析法治概念：①法治是一种宏观的治国方略；②法治是一种理性的办事原则；③法治是一种民主的法制；④法治是一种文明的法律精神；⑤法治是一种理想的社会状态。

统观上述各家界定，结合法治的基本理论，我们从国家（政治）制度的含义上，大致上可以将法治的含义归纳为如下四个方面。

第一，法律至上。法律至上即法律具有至上权威。法律高于任何权力、法律高于任何其他规范、法律高于任何个人。马克思曾经阐明过法律的至上地位，“对资产者来说，法律当然是神圣的，因为法律本来就是资产者创造的，是经过他的同意并且是为了保护他和他的利益而颁布的。……而主要的是，法律的神圣性……秩序的不可侵犯性，是他的社会地位的最可靠的支柱。”也就是说，在整个社会和国家的调整机制中，要使法律成为整个社会调整规范中的最高规范。“党必须在宪法和法律的范围内活动”这一政治原则的确立，就是对宪法和法律最高规范地位的确认，符合法治要求。政党的规范主要是政策，倘若没有确立这一政治原则，那就会出现政策大还是法律大的问题。其他的社会规范形式，如伦理规范、宗教规范、民间社会组织章程等，按法治要求，都应无一例外地遵守和服从法律规范。因此，“法律至上”是法治要求的首要体现。与“法律至上”的法治要求相关联，应确立以法作为治国理政之根本和依据，而不以人的意志为根本和依据。诚然，法律也是一种人的意志体现，但这种意志是公众意志。公众意志一旦法律化、制度化，就成为行为准则，任何个人、集团都不能随意改变。❶ 因此，在法治社会中，一切国家行为、集体行为、个人行为，都必须按照法律运作。这并不意味着法治排斥人的能动性，只要人的能动性的发挥限制在法律规定的范围内就是合法的。

第二，法律实体内容应当包含、体现、具备民主、自由与人权、公平与正义等要素，确保人的尊严，这是法治的根本目的之所在，是法治的灵魂。为了实现其价值目标，尤其是保障自由与人权，必须有约束、限制国家权力的法治制度。这些制度主要有：(1) 以约束公权力为核心的分权制衡制度。即对所有的公权力在合理配置其权力结构、规模、范围、强度的同时，应相应地确立对其进行制约的具体规定。"公权力"包括政府权力、司法权力、政党权力、议会权力、军事权力，等等。因为任何一种公权力，都存在着腐化、异化之可能，如果不对其进行控制和约束，极可能对民主与人权构成危害和威胁。(2) 以发展人权为核心的权利制度。在法律上对人的权利承认、尊重和保护的实质就是对人本身的承认、尊重、保护。法治的进步主要表现在对思想自由权、政治自由权、言论自由权、人身自由权、宗教信仰自由权、财产权、生命健康权、劳动权、受教育权、平等权、住宅权、继承权、名誉权、荣誉权、隐私权、诉讼权及接受公平审判等权利的宣告与保护。这一体系的充实程度直接反映着一个国家法治化的程度与水平。(3) 司法独立。法治社会中负有维护法律尊严使命的司法机关必须独立才能公正、中立地行使职权，因此，司法独立成

❶ 牛津法律大词典〔K〕. 北京：光明日报出版社，1988：790.

为法治社会的基本标志之一。

第三，法律的形式必须具备明确的公开性、普遍性、确定性、可行性、不矛盾性、稳定性及法不溯及既往等。法治意味着法律必须在社会政治经济生活中起主导性的调整作用，法律必须是公开的普遍性规则，应调整一般人的行为。“剥离一切技术细节，法治意味着政府在其一切行为中都受事先颁布的确定规则的拘束——这些规则使得人们有可能相当确定地预测当局在既定情形下，将如何使用其强制力，有可能以此为基础规划个人事务。”它的最基本的价值内涵就是法律面前人人平等。每个人，不分种族、性别、出身、宗教信仰、财产状况、职业职务，在法律面前一律平等。同事同处、同罪同罚，任何人都不能享有凌驾于法律之上的特权。法律的内容，至少是它的中心含义，不应该是模糊不定、自相矛盾的，而应该是明确的、无歧义的。尽管事实上法律不可能完美无缺，人们在适用法律时会产生不同理解，但是应该最大限度地维护法的确定性，以便增强社会交往中的理性因素，保证社会关系的稳定和社会的秩序感与安全感。任何一个神智健全的立法者，制定的法律应当是可行的，没有任何理由去制定一个无法实行的法律，在现实的立法活动中要防止这种法律被微妙地、善意地加以制定。法律应当具有稳定性，不能朝令夕改，并且应当规定禁止通过溯及既往的法律，频繁改变的法律和溯及既往的法律具有同样的危害性，二者都表明立法的动荡性和任意性。

第四，政府必须依法办事。一方面，法律要规范和约束政府权力，政府及其活动要合法。政府受法律约束的状况是评价一国法治状况的重要标准。法治意味着政府必须依法设立，政府必须依法行使职权；政府机构及官员从事了违法行为，不能享受豁免权；政府应对因其违法行为而致人的损害给予赔偿等。另一方面，法律还要赋予行政机关以明确的权力，使政府能够有效地维护秩序。权力之于社会具有必要性，特别是随着社会生活的复杂化和专业分工的细化，仅由议会立法很难适应社会发展的需要，必须由行政机关对法律的基本原则加以具体化并对各种新的社会领域进行探索性立法。加强行政机关在法律实施过程中的必要权力，也是法治的必然要求，但是，也要保证行政机关自己制定的各种规定不得与议会立法相冲突。强调政府必须依法办事，并不是说权力的限制和加强仅指行政机关，事实上，任何享有权力的机构，如立法、司法、军事等机关，都有可能滥用权力，因此，加强权力制约，要求法律权威，依法办事，是对所有权力机构而言的。

中国正处于前所未有的历史变革期，法治理念和架构为这一历史变革提供了信仰支持和制度模式，在一定程度上能够满足社会由计划经济走向市场经济、由人治走向法治、由传统走向现代的客观需要，对中华民族的伟大复兴具有历史性的重要意义。首先，法治是建设社会主义市场经济的需要。古希腊、罗马有发达的简单商品经济，人们在其上建立了法治社会；中世纪商品经济衰落，法治也随之衰落；现代市场经济的高度发展与西方法治发展相一致。计划经济具有权力特征，全国的原料分配、产品流通、人员配备、对外贸易等由行政权力直接或间接干预。市场经济是权利经济，市场经济要求主体的地位平等，要求自由、自主地决定其经济行为并对行为后果承担责任，要求权利的充分保障；市场经济要求人们行为的高度规范化、高度可预测性，因此，要求的是规范的权威，而不是人的权威、权力的权威。总之，市场经济的内在要求是自由、平等、权利的立法，要求法律的至上权威。法律一旦对权力失控，会给社会带来巨大的人为灾难。而这一切唯有依靠法治才能有效避免。其次，法治是实行社会主义民主的需要。要实行民主必须先有法治。中国要实行民主，必须大力推进法治建设。而法治的一个基本内涵是实行“良法之治”，良法必须以保障自由、平等、权利等基本人权、维护人的尊严为根本宗旨。从自由、权利与民主的关系上讲，民主是手段而不是目的，民主必须有助于人的自由与权利的实现，民主应当成为保护和保障自由、权利的屏障，民主政府应当接受对其活动范围的法律限制，从而防止其不适当地干预个人的自由和权利。民主制度只能在法治的机制内生成、发展、完善。中国一百多年的变革史昭示我们，必须坚定不移地推进法治建设才是实现社会主义民主的根本途径。最后，法治是保障公民民主权利、自由并实现人的全面发展的需要。在法治的框架内，法律既明确规定了人的行为界限，也为每个人在这个界限内享受自由提供了保障，尤其是保护这种自由不受他人和政府的干预和侵犯。近代以来，以自由主义政治哲学为指导思想的法治充分适应了自由市场经济和民主政治发展的需要，体现法治精神的各种人权文件和各国宪法，在保护公民权利和个人自由方面发挥了不可替代的巨大作用。同时，法治对于实现人的全面发展也是至关重要的。人的全面发展需要为每个人提供平等的发展机遇和竞争环境。保证人人平等的自由发展，唯一的方法还是大家共同制定良法，并共同遵守，实行法治。

二、基层社会治理法治化

基层治理法治化是指在坚持党的领导、人民当家做主、依法治国有机统一的前提下，在县级以下（县级、乡级、村、社区等）行政区域推进依法执政、严格执法、公正司法、全民守法，将经济、政治、文化、社会等各项工作纳入中国特色社会主义法治体系，促进国家治理体系和治理能力现代化。党的十八届四中全会提出“推进多层次多领域依法治理，坚持系统治理、依法治理、综合治理、源头治理，提高社会治理法治化水平”“全面推进依法治国，基础在基层，工作重点在基层”“推进基层治理法治化”❶。党的十八届五中全会提到了要“完善法治保障的社会治理体制”❷。党的十九大在“完善法治保障的社会治理体制”的基础上进一步提出了“提高社会治理法治化水平”❸。党的十九届四中全会再次强调“法治保障的社会治理体系”“加强系统治理、依法治理、综合治理、源头治理”❹。习近平总书记指出，“人类社会发展的事实证明，依法治理是最可靠、最稳定的治理”“法治是国家治理体系和治理能力的重要

---

❶ 中共中央关于全面推进依法治国若干重大问题的决定［N］．人民日报，2014－10－29（1）：8－10.

❷ 中共中央关于制定国民经济和社会发展第十三个五年规划的建议［N］．人民日报，2015－11－04（1）：14.

❸ 习近平．决胜全面建成小康社会　夺取新时代中国特色社会主义伟大胜利［N］．人民日报，2017－10－28（1）：14.

❹ 中共中央关于坚持和完善中国特色社会主义制度　推进国家治理体系和治理能力现代化若干重大问题的决定［N］．人民日报，2019－11－06（1）.

依托”[1]。

基层社会治理中法治的三层内涵分别为政府、村民委员会和居民委员会、基层群众提供保障，同时也制约着三方的行为，使三者在基层社会治理中形成动态均势。三层内涵缺少其中一层，就容易导致一方权力独大，甚至权力的滥用。只有法治的三层内涵同时调节，才能保证基层治理规范有序。

郁建兴、任杰在《中国基层社会治理中的自治、法治与德治》中提出法治之于基层社会治理的意义，需明确以下重要内涵。[2] 第一，基层社会治理中的法治必须遵守法律条文，但它更重要的是指法的精神，是指包括村规、民约在内的一整套规则体系。孟德斯鸠在《论法的精神》中指出：“人受气候、宗教、法律、施政原则、先例、习俗等多种因素的支配，其结果是由此形成了一种‘普遍精神’……只要民族精神和政体不相违背，立法者就应该尊重这种民族精神。”[3] 由此可见，基层社会治理中的法治主要是一种群众共识，它不追求成文法意义上的普遍性，它强调每个自治单位的特殊性、差异性和自主性。苏力在《法治及其本土资源》中指出，基层社会的法治之路必须注重利用中国本土的资源，注重中国法律文化的传统和实际。只有充分凝聚农民意志的法律和共识，才能在基层社会发挥法治精神的效力。第二，法治也必须体现对基层政府行为

---

[1] 习近平在中央全面依法治国工作会议上强调　坚定不移走中国特色社会主义法治道路　为全面建设社会主义现代化国家提供有力法治保障［J］．中国人大，2020（22）：7－8.

[2] 郁建兴，任杰．中国基层社会治理中的自治、法治与德治［J］．学术月刊，2018，50（12）：64－74.

[3] 孟德斯鸠．论法的精神：上卷［M］．许朋龙，译．北京：商务印书馆，2013：358.

的制约。就中国基层社会治理现状而言，这一层内涵和法治作为调节人与人之间的关系同等重要，甚至更重要。郝亚光、徐勇在《让自治落地：厘清农村基层组织单元的划分标准》中提出，自村民委员会产生以来，这一基层群众自治组织承担了大量行政职能，成为“第六微型政府”或“五级半政府”[1]。据不完全统计，国家法律赋予村民委员会的法定职能超过100项。村民委员会行政化倾向严重，村民委员会的自治功能被淡化，村民自治被“悬空”，甚至一度被有的学者宣告“自治功能缺失”。更有甚者，20世纪90年代，很多基层政府存在对农民“乱收费、乱罚款、乱摊派”的行为。在这样的背景下，法治具有保障村民委员会、居民委员会和基层群众自治的性质，与保障基层群众自主权和约束基层政府行为同样重要而且紧迫。最后，基层社会治理中的法治还要在政府和民众之间约束村民委员会和居民委员会的行为。尤其在农村，村民委员会虽然是一个自治单位，但在某些自治不自足情况下，村民自治被理解为三年一次的民主选举。民主选举后，村里的实际掌权者就变成了村主任。在经济社会转型时期，村主任往往由村里的“能人”担任，形成了“能人治村”格局。这批“能人”权威强大、权力集中，在缺乏必要约束的情况下，有可能演变成“村霸”，甚至黑社会组织。这样的例子时有发生。因此，基层社会治理中的法治还应约束村民委员会行为，发挥民主监督的作用。

尹彤在《推进基层治理法治化问题研究》中提到，基层治理法治化，就是在坚持我国社会主义法治建设基本经验的前提下，在各

---

[1] 郝亚光，徐勇．让自治落地：厘清农村基层组织单元的划分标准［J］．探索与争鸣，2015（9）：52－56.

项工作与领域中，依据法律来管理本行政区域内的事务，进而规制公民的行为，使得公民周围的基本生活与事务都纳入规范化的轨道中。这也是法律至上原则的贯彻，此外，为了更好地把握基层治理法治化的内涵，我们可以从以下三点理解。第一，党的领导是它的保证，因为法治的基础是民主政治，而党始终坚持民主集中制原则，坚持全心全意为人民服务，充分发挥基层党组织的战斗堡垒作用以及基层党员、领导干部的先锋模范作用，这是实现基层治理法治化的基础；约束和规范公权力是它的重点，对于权力的制约是必不可少的，基层政府必须严格依照法律行使权力，牢记法定职责必须是，法无授权不可为。第二，基层司法机关则要坚持司法独立，使司法权不受其他权力的干涉。第三，要通过各种监督机制进一步制约公权力的行使。激发基层社会的活力是它的关键，人民是社会历史实践的主人，是实践的创造者，激发基层的活力，就是要激发人民的活力，使民众信法、守法，同时，政府组织也要为人民群众留有一定的自治空间，鼓励人民群众自我约束、自我管理，保障其自治权利。[1]

把基层矛盾化解纳入法制轨道是基层治理的必然要求，法治是基层社会治理的必要条件。“法律要发挥作用，需要全社会信仰法律。”[2] 郁建兴、马斌在《社会治理重在法治化》中提出，基层治理法治化是法治获得权威的基本条件，人民群众亲身体验到法治的存在，享受到法治带来的利益，才能真心地拥护法治改革。[3]

---

❶ 尹彤．推进基层治理法治化问题研究［J］．新西部，2020（2）：96－97．

❷ 中共中央文献研究室．习近平关于全面依法治国论述摘编［M］．北京：中央文献出版社，2015：89．

❸ 郁建兴，马斌．社会治理重在法治化［J］．浙江人大，2015（7）：26－28．

郁建兴、马斌在《社会治理重在法治化》中提出，法治是社会治理的根本，也是社会治理创新的圭臬。推进社会治理现代化，就是根据全面推进依法治国的总要求，以法治为保障，在法治框架中构建制度化、规范化的合作治理机制。❶

夏美武在《基层社会治理要注重“四化”》中认为，法治化是基层社会治理精细化的根本保障。全面依法治国是党领导人民治理国家的基本方略，是中国特色社会主义的本质要求和重要保障。在国家治理体系现代化的影响下，基层社会治理法治化已经成为解决风险社会挑战的必然抉择。从精细化与法治化关系的角度看，精细化治理一定是法治化的，将绣花功夫落实到法治链条当中是实现精细化社会治理的基础。同时，社会治理精细化应置于合法有效的法律规范框架之下。基层社会精细化治理就是通过规则的系统化和具体化，运用程序化、标准化等手段，使组织管理单元精确高效和持续协作运行。网络化与城镇化冲击着传统社会治理基础，尤其是风险社会带来的不确定性与不信任性撞击着社区治理的基础，为应对风险社会带来的巨大挑战，必须从战略层面推进基层社会法治建设，让依法治理及时有效地跟进和补充进来，推动法治力量和执法资源向基层下沉，健全城乡社区公共法律服务体系建设，积极开展城乡基层法治示范点建设。❷

赖明才在《社会治理创新新思维：社会化、法治化与信息化》中提到，坚持依法治理是改进社会治理方式的重要目标，推动全社会树立法治意识、推进多层次多领域依法治理、建设完备的法律服

---

❶ 郁建兴，马斌．社会治理重在法治化［J］．浙江人大，2015（7）：26－28.

❷ 夏美武．基层社会治理要注重“四化”［N］．安徽日报，2018－10－30.

务体系、健全依法维权和化解纠纷机制是推进社会治理法治化的重要途径。目前还有一些具体问题需要解决：一是依法维权效率偏低和成本较高问题，导致群众依法维权意愿不强，由于判案周期较长和执行难产生的时间效率问题，律师费和诉讼费等各种投入产生的金钱成本问题，“有事找政府”“找领导才管用”等还是大部分群众的常态思维；二是基层工作人员法律素养不足，导致执法不规范现象较为普遍。当前，在加快推进城市建设、征地拆迁等工作中，确实还存在工作程序和方法有瑕疵的问题，留下了“后遗症”，甚至比较极端的情况是，有些工作人员对法律的了解还没有个别信访群众深入透彻；三是实践个案中法理与情理交织，这是对基层治理法治化的突出挑战。[1]

赵秀玲在《近年来中国基层治理创新趋向及其思考》中提到，依法治理创新成为基层治理大势，依法治埋中国基层，法律文件及其法治思想固然重要，但最终还要落实到行动，还要贯彻到制度创新，否则也只是皮壳，甚至皮毛，难以起到根本作用。因此，将法律条文、法治精神与社会实践紧密结合，创造出属于符合实际的基层法治模式，就显得至为重要。[2]

彭澎在《基层治理法治化的逻辑构成与结构范畴研究》中提出，推进基层治理法治化能够很好地将现代法治的理念、思维、结构和制度凝聚到基层治理的整体框架中来，将法治的治理模式植入基层治理的各个环节，能够在农村构建法治化的基层治理规则，能够真

---

[1] 赖明才．社会治理创新新思维：社会化、法治化与信息化［J］．重庆行政，2015，16（6）：53－55．

[2] 赵秀玲．近年来中国基层治理创新趋向及其思考［J］．福建论坛（人文社会科学版），2017（8）：132－141．

正实现基层治理现代化的宏观愿景与整体目标。基层治理法治化体系具有鲜明的治理要素与法治元素，具有自身独特的逻辑构成和结构范畴。[1]

唐寿东、孙英在《全面依法治国视域下基层治理法治化研究》中指出，随着经济社会的繁荣发展，人民群众的法律意识明显增强，更加关注基层社会的公平正义和法治。人民群众的合法权益能够受到有效保护的关键在于提高基层治理法治化的程度。基层政府工作的出发点和落脚点就是要维护好群众利益，推进基层治理法治化，健全矛盾化解和依法维权机制，使人民群众能用法律手段维护自身权益，矛盾纠纷及时化解，不断提高基层治理的能力。[2]

推进基层社会治理法治化，必须紧密结合基层实际，有针对性地采取有效措施。夏周青在《基层社会治理存在的问题和解决思路》中提出，第一，转变政府理念。“执纪者必先守纪，律人者必先律己”。在基层社会治理框架下，政府理念的转变至关重要，由权力管制为主的政府转型为以服务为主的政府。要改变传统社会管理模式下，政府偏重于管制而忽视服务的情况。各级政府公务员要树立政府是为人民服务而存在的价值理念，各尽已责，切实为群众做好服务。第二，推动公众参与。程序正义是最基本的正义，要从流程上为基层社会治理减压。公民参与的程度直接决定社会治理的深度和广度，即要按照以人为本的要求和发展社会主义民主政治的方向，培育公民社会，推动公众参与，畅通社情民意的反映渠道，创新社

---

[1] 彭澎．基层治理法治化的逻辑构成与结构范畴研究［J］．政法论丛，2017（2）：67－75.

[2] 唐寿东，孙英．全面依法治国视域下基层治理法治化研究［J］．天津行政学院学报，2017，19（5）：39－47.

会治理体制。[1]

黄浩明在《建立自治法治德治的基层社会治理模式》中提出，发挥基层社会自治的作用，正确处理好自治、法治、德治之间的协同关系，提升社区、社工和社会组织三社联动能力，促进中国社会和谐建设，确保人民的基本权益。实现中国社会化、法治化、智能化和专业化的社会治理目标。[2]

赵秀玲在《近年来中国基层治理创新趋向及其思考》中提到，要加快基层治理“互联网+政务服务”建设。由于互联网思维的快速发展和深入人心，在基层治理中也得到了广泛应用。通过互联网技术连接社区与公益事业。通过“互联网+政务”新模式，不仅提高了服务效率，还在政府与人民群众之间建起平等关系，这是真正意义上的“由民做主”和“为民服务”[3]。

李敏在《村规民约在基层情境治理中的法治功能分析》中提到，地方性的村规、民约与普适性的国家法之间存在违和之处，可以通过对地方性村规民约的改造和吸纳，在基层情境治理中以“硬法”为基础，“软法”为补充，充分发挥村规民约等地方性治理资源的效用，推动基层社会的有效治理与依法治理。[4]

李林在《推进新时代“枫桥经验”的法治化》中提到，推进新

---

[1] 夏周青．基层社会治理存在的问题和解决思路［J］．中国党政干部论坛，2015，(12)：94-95.

[2] 黄浩明．建立自治法治德治的基层社会治理模式［J］．行政管理改革，2018，(3)：39-44.

[3] 赵秀玲．近年来中国基层治理创新趋向及其思考［J］．福建论坛（人文社会科学版），2017（8）：132-141.

[4] 李敏．村规民约在基层情境治理中的法治功能分析［J］．广西民族大学学报（哲学社会科学版），2019，41（2）：108-114.

时代"枫桥经验"法治化，就是要在习近平新时代中国特色社会主义思想的引领下，根据中国特色社会主义进入新时代的新形势、新要求、新目标，把"枫桥经验"的核心要素纳入国家法治范畴，转换为法治精神和法治原则。新时代法治化语境下的"枫桥经验"是历史经验与现实法治的统一、个别治理与普遍规则的统一、实践探索与理论创新的统一，是在党的领导下探索和拓展中国特色社会主义法治道路的一个生动典型和实践缩影。[1]

基层社会治理模式亟待创新以适应变化的社会经济环境，互联网、信息通信技术手段为基层大数据社会治理模式提供了可能性。何晓斌等在《大数据技术下的基层社会治理：路径、问题和思考》中提出，网格化治理模式是对政府行政体系的流程化再造，为僵化的组织体系注入活力，从政府机构、业务流程、信息资源、服务与沟通渠道等方面进行了资源整合。通过即时通讯记录工具、整合式数据系统等大数据技术手段的赋能，细化网格管理内容，明确各类事务的部门责任，实现部门间信息的互通整合，加强与各相关部门的协调沟通、分拨调度，利用由上级政府监督执行的监督、考核和激励措施，提高社区问题处理的速度和效率。[2] 李春根、陈起风在《完善矛盾化解机制　开创基层社会治理新局面》中提出，网格治理是化解矛盾的基本思路，现代网格治理有助于彻底解决社会治理中"看得见的管不了""管得了的看不见"的顽疾。[3]

---

[1] 李林，推进新时代"枫桥经验"的法治化［J］. 法学杂志. 2019（1）：916.

[2] 何晓斌，李政毅，卢春天. 大数据技术下的基层社会治理：路径，问题和思考［J］. 西安交通大学学报（社会科学版），2020，（1）：97－105.

[3] 李春根，陈起风. 完善矛盾化解机制　开创基层社会治理新局面［J］. 中国行政管理，2019（4）：14－15.

三、“枫桥经验”法治化

李林在《推进新时代“枫桥经验”的法治化》中提出，在法治视角下，新时代“枫桥经验”是中国特色社会主义法治体系和全面依法治国在基层社会治理的具体实践，在许多方面折射出植根于中国社会文化土壤的原创性、本土性的法治精神和法治本质，彰显出社会主义法治道路、理论、制度和文化的中国特色和实践特征。在时间范畴上，“枫桥经验”虽然是55年前产生的一个历史性概念，但新时代的“枫桥经验”却是一个与时俱进的现实性概念，具有丰富的新时代内涵和鲜明的新时代特征。在空间范畴上，“枫桥经验”虽然是浙江省枫桥镇地方治理的经验和概念，但是在法治中国建设的背景下却蕴含着许多普适性法治规则和法治方式，具有新时代中国法治发展和法治创新的普遍性和全国性意义。在存在范畴上，“枫桥经验”虽然主要是一个地方治理实践的具体个案、具体样本和具体经验，但是在经验产生知识、实践催生理论的意义上，它又具有促进新时代中国法治精神理性和法治原则理论成长的创新性价值和实践意义，是中国特色法治原生态的社会基因和法治土壤。[1]

李林指出，新时代“枫桥经验”呈现出六个新变化：一是基本理念从以维稳为重点向以人民为中心转变；二是基本目标从“小治安”向“大平安”转变；三是基本定位从预防、化解矛盾向基层社会治理转变；四是基本路径从群防、群治向构建自治、法治、德治

[1] 李林．推进新时代“枫桥经验”的法治化［J］．法学杂志，2019，40（1）：9－16，63．

相结合的社会治理模式转变；五是基本手段从“三防”向健全人防、物防、技防、心防“四防并举”的社会风险防控体系转变；六是基本方式从传统方式向“传统+智能”治理方式转变。这六个新变化可以归结为六个关键词：人民为中心、大平安、基层社会治理、“三治结合”“四防并用”“传统+智能”。

从法治化角度看，上述新时代“枫桥经验”的六个方面的新变化大致可以概括为以下四个方面的核心要素。①人民是新时代“枫桥经验”法治化的主体和中心。②“大平安”是新时代“枫桥经验”法治化的价值目标。③“基层社会治理”法治化是新时代“枫桥经验”法治化的主要适用范围。新时代“枫桥经验”来自基层实践，其法治化成为国家意志后，也主要适用于基层社会治理。一方面，法治化的“枫桥经验”并不仅仅适用于“枫桥”这个具体地方的基层社会治理，其法治化的精神要义、基本原则、基本规范、基本程序、主要方式方法等也可以在全国各个地方的基层社会治理中复制、推广和适用，具有适用主体和实施空间范围上的普遍性与可适用性；另一方面，法治化的“枫桥经验”又不只适用于地方和基层的社会治理，它的法治原则、民主机理、共治机制、调解手段、平安目标、法治思维和法治方式等对于国家层面推进全面依法治国、建设法治国家、法治政府和法治社会，对于建设平安中国和法治中国、推进国家治理体系和治理能力现代化，同样具有重要的推广意义和应用价值。新时代“枫桥经验”不仅是“枫桥”的成功个案，也是地方基层社会治理法治化的生动实践，更是全国良法善治的普遍模式，是党领导人民管理国家、治理社会的原创性、普遍性经验。④“三治结合”“四防并用”“传统+智能”等是新时代“枫桥经验”法治化借助运用的基本手段、方法和平台。在方法和操作层面上，新时代的“枫桥经验”，新就新在基层社会治理理念、治理方法和治理手段等的系统运用和创新发展；新就新在把法治思维、法治方式与其他多种治理方法手段有机结合起来，统筹应用于基层社会建设和治理，推动基层社会治理的法治化、民主化、现代化和系统化，把基层社会治理能力提高到新水平，把“枫桥经验”提升到新层次。

第三节　我国基层社会治理经验及法治化的意义

一、我国基层社会治理经验

经过长期探索实践，我们在基层社会治理中形成了一套相对稳定且行之有效的制度，积累了宝贵经验。构建基层社会治理新格局，应坚持长期以来形成的宝贵经验：

（一）坚持党建引领社会治理

中国共产党领导是中国特色社会主义最本质的特征，是中国特色社会主义制度的最大优势。加强和创新基层社会治理，需要各个主体共同参与，党的领导始终是根本保证。长期以来，正是在党的坚强领导下，我国基层社会治理始终坚持中国特色社会主义方向，各种社会主体以多种方式参与基层社会治理，基层社会治理体系和治理能力的现代化水平不断提升，社会长期保持稳定。党的基层组织在基层社会治理中发挥着引领带动作用。基层党建与基层社会治理相融合，在基层党组织的带动下开展基层群众自治实践，保证了基层群众自治有活力、有秩序。

（二）坚持自治、法治、德治相结合

自治是基层社会运行的重要方式和依托，是基层社会充满活力的重要源头。自治不但有利于激发群众的积极性、主动性、创造性，增强社会认同，而且有利于减少矛盾冲突、增进社会和谐。在长期实践中，我们不断增强基层群众自治活力，探索创新基层群众自治实现途径，努力做到民事民议、民事民办、民事民管。法治是社会治理现代化的重要标志，在基层社会治理中具有重要保障作用。我们努力用法治思维推进社会治理，用法治方式破解难题，引导社会成员养成在法治轨道上行使权利、解决纷争的习惯，努力使循法而行成为全体公民的自觉行动。德治在基层社会治理中发挥道德引领作用。道德是社会关系的基石，是人际和谐的基础。我们积极培育和践行社会主义核心价值观，发挥中华优秀传统文化优势，通过身边榜样示范、乡规民约约束、生活礼俗教化，引导群众明是非、辨善恶、守诚信、知荣辱，为推进基层社会治理现代化凝聚强大精神力量。

（三）不断丰富基层社会治理内容和形式

长期以来，我们在基层社会治理中积极拓宽群众参与社会治理的范围和途径，不断丰富内容和形式。深入开展以居民会议、议事协商、民主听证等为主要形式的民主决策实践，以自我管理、自我

服务、自我教育、自我监督等为主要目的的民主治理实践，以村务公开、居务公开、民主评议等为主要内容的民主监督实践，让群众成为基层社会治理的参与者、受益者，全面推进基层群众自治制度化、规范化、程序化，引导人民群众依法行使民主权利。健全社区管理和服务机制，推行网格化管理和服务，发挥群团组织、基层群众性自治组织以及其他社会组织作用，实现政府治理和社会调节、居民自治的良性互动，夯实基层社会治理的基础。

二、我国基层社会治理法治化的意义

（一）有利于夯实党的执政基础和坚持人民主体地位

党的十八届四中全会提出“治理”这一政治命题，最重要的特征在于治理主体的多元化，社会组织和社会自治力量均可以在法治化的框架内参与到基层社会治理中，是民主化的制度理念和制度设计，有利于进一步夯实党的执政基础。基层社会治理又是以公共服务为目标，以社会问题为导向，突出人民群众在国家和社会治理中的主体地位，依法保障人民在党的领导下，依照法律规定，参与国家和社会治理。治理法治化保障的是人民权利，体现的是以人民为中心的治理理念，维护的是人民的主体地位。

（二）有利于国家的长治久安

中国共产党是在基层群众的支持与拥护下成立的，因此，人民群众的支持与拥护是我党长期执政、国家长治久安的关键性因素。

中国共产党始终坚持以维护广大人民群众的根本利益为核心，不仅与群众间保持着良好的党群关系，而且将人民群众紧密地团结在一起。水能载舟，亦能覆舟。基层如水，是国家治理的根本，是提升社会治理效率及质量的关键部分，通过基层在民众中有效渗透，能够更加深入地了解民众需求，更好地做好服务工作。随着我国经济社会的快速发展，社会主要矛盾的转化是我国社会发展过程中的必然产物。随着经济生活水平的提升，人们的需求也逐步增强，物质方面的提高已经无法满足人们的现有需求，更要有对高水平的精神文化生活的追求，尤其在大数据时代到来之后，人们获取信息更加便捷，对健康、安全、生活环境、民主权利等方面更加关注，同时学会了运用法治手段来阐释自身需求。而基层是与民众最为接近的地方，只有通过不断创新基层社会治理，更好地满足民众需求，为民众的根本利益提供有力保障，才能进一步提升民众的满意度，获得民众的衷心拥护。因此，注重基层的有效治理，奠定良好的基础，推动社会管理和服务向基层下沉，才能够实现基层社会治理的进一步创新，为国家长治久安奠定坚实基础。

（三）有利于顺应经济社会发展形势

党的十八届三中全会强调，创新社会治理手段需要积极构建预防和化解矛盾的有效机制，因此，基层政权依法构建和化解社会矛盾机制是社会治理创新的重点内容。[1] 当前我国社会阶层分化日益明显，行业间的收入差距不断拉大，社会流动速度加快，导致

[1] 中共中央关于全面深化改革若干重大问题的决定［N］. 人民日报，2013－11－16（1）：12.

社会矛盾层出不穷。我们应当清醒地认识到，在全面深化改革阶段，基层社会出现了许多新变化、新问题、新情况，如经济发展带来基层社会阶层的细化，导致利益的多元冲突；城市化发展增加了基层社会的流动性，使得社会治理呈现开放性与多元化趋势；外来文化的冲击使得基层社会的价值出现某些领域真空的情形，价值观越来越多元。与此同时，一些社会治理难题若不及时解决，就会影响基层社会稳定与经济社会发展。因此，推进基层治理的法治化具有基础性地位和作用。

（四）有利于保障实现全面依法治国、建设法治社会

党的十八届四中全会在《中共中央关于全面推进依法治国若干重大问题的决定》中指出，“全面推进依法治国，基础在基层，工作重点在基层”，并提出了“推进基层治理法治化”的要求。[1] 党的十九大报告则进一步提出：“打造共建共治共享的社会治理格局。加强社会治理制度建设，完善党委领导、政府负责、社会协同、公众参与、法治保障的社会治理体制，提高社会治理社会化、法治化、智能化、专业化水平。”[2] 必须坚持运用法治的手段解决面临的问题，把问题解决在基层，把矛盾化解在基层。因此，把基层社会治理纳入法治化轨道是为改革发展稳定大局保驾护航的必由之路，是推进法治社会建设的必然要求。只有把依法治国各项要求落实到城乡各个基层组织，成为人民群众“身边的法治”“家常的法治”“管用的

---

[1] 中共中央关于全面推进依法治国若干重大问题的决定［N］. 人民日报，2014－10－29（1）：10.

[2] 《党的十九大报告辅导读本》编写组．党的十九大报告辅导读本．北京：人民出版社，2017：48.

法治”，推进全面依法治国才能获得不竭的发展动力，法治建设才会有坚实的支撑。

习近平总书记在2014年深化平安中国建设工作会议上所作的重要指示中强调，要“发挥法治的引领和保障作用，提高平安建设现代化水平”[1]，坚持运用法治思维和法治方式解决矛盾和问题。运用法治思维和法治方式推进创新社会治理工作，既是全面推进依法治国的迫切需要，也是社会治理工作性质特点的内在要求。基层稳则国家稳，基础牢则国家安。基层治理法治化是解决基层改革、发展、稳定问题的总开关，是破解基层发展的大事、难事、急事的总钥匙。只有把依法治国各项要求落实到每一个基层组织、每一个民众，成为大家意识中、骨子里的自觉行动，各种问题才会迎刃而解。让公权力的行使者严格执行国家的各项法律法规，建立健全相应的规章制度，依规办事，依法治理；让老百姓在家门口就能享受到高质量的“一站式受理、一厅式办公”的法律服务，实现“预防纠纷找公正、化解纠纷找调解、法律服务找律师、弱势维权找法援”，不断强化法律在维护群众权益、化解社会矛盾中的权威地位，用法治引领、指导、推进社会治理，聚焦公众安全感、人民群众满意度，才能确保人民安居乐业、社会安定有序、国家长治久安。

有人的地方就会有矛盾，有矛盾的地方往往会不稳定，基层作为与大众接触的最前线，合理、恰当地处理好矛盾是保证社会稳定和谐的方式方法。基层治理法治化能够有效地将各种矛盾进行一定

---

[1] 习近平就深人推进平安中国建设作出重要指示强调［EB/OL］.（2014－01－03）［2015－01－02］. http：//politics. people. com. cn/n/2014/1103/c70731－25966363. html.

程度的合理处理，保护基层群众利益，保证社会的稳定发展。此外，基层社会也是各阶层、各利益团体以及各种文化交汇的地方，良好的引导与管理对提升大众素质有一定的帮助，进一步促进着社会秩序的和谐稳定。

（五）有利于维护人民群众合法权益

以人民为中心，保障群众的合法权益、让人民满意，这是推进基层社会治理的最终目标。因此，基层治理法治化必须坚持以人为本，在关注民生、惠及民利、维护民权、保障民安上做文章。以服务促管理，要让人民满意，让普通老百姓能更多地享受到改革发展的成果。基层群众希望自身的合法权利得到尊重和保障，同时希望能够得到行政机关提供更为公平的公共法律服务，如积极参与征地拆迁、村民选举等涉及切身利益的法律事务和得到政府的法律援助等公共法律服务。因此，基层社会治理法治化需要实现行政机关行政决策的程序化和法治化，并不断提升行政机关提供公共法律服务的能力。

随着我国经济社会的不断发展，公民权利意识逐渐觉醒，维权意识增强，但是基层社会治理手段仍然单一，容易出现群体性事件。化解矛盾，保障群众利益，必须正确处理维护公民合法权益和维护社会稳定的关系，强化法律对维护公民合法权益的权威。公民的合法权益能否受到公正对待和保障、合法权益能否得到有效保护，取决于基层社会治理法治化程度的高低。新时代背景下的基层社会治理，要求社会治理主体运用法治手段来规范公共权力的行使，切实保障群众的合法权益，维护社会公平正义。保证基层社会稳定，才能保证国家发展的长治久安。让基层组织的公共权力接受公民的监督，建立健全各项公共事务的规章制度，保证一切事项都在法治的轨道上运行，用法治推动基层社会治理。

要处理好维稳和维权的关系，完善对维护群众切身利益具有重大作用的制度，强化法律在化解矛盾中的权威地位。党的十九届四中全会通过的《中共中央关于坚持和完善中国特色社会主义制度 推进国家治理体系和治理能力现代化若干重大问题的决定》指出，“加快保障和改善民生、推进社会治理体制 创新法律制度建设。”[1] 通过创新预防和化解社会矛盾体制、改革行政复议体制、改革信访工作制度，为创新社会治理提供制度保证。随着人民群众的民主意识、参与意识的不断增强，人们越来越关注日常生活中的法治，越来越关注社会各领域的公平正义。而人民群众的合法权益能否受到公平对待，合法利益能否得到有效保护，直接取决于基层治理法治化程度的高低。因此，新形势下的基层社会治理，就是要运用法治来规范公共权力行使，保护老百姓合法权益，维护社会公平正义，“把权力晒在阳光下”，进而依靠人民群众有序参与其中，从而实现好、维护好、发展好最广大人民的根本利益。

近年来，我国坚持以人民群众“答不答应”“高不高兴”“满不满意”作为评价社会治理效果的最高标准，通过法治化手段将人民群众与国家机关各部门紧密联系在一起，激发人民群众的治理热情与国家机关的责任感，增强群众的满意度。基层是国家最小的社会

[1] 本书编写组．党的十八届四中全会《决定》学习辅导百问［M］．北京：党建读物出版社，学习出版社，2014：10.

单位和治理末梢，从基层做起，把握好基层管理的目标和进程，对我国全面建设法治社会有巨大的作用。

（六）有利于促进国家现代化治理体系和治理能力的提升

基层人民群众是国家方针政策落实的主体，对促进我国的整个社会良好发展具有基础性作用。任何政治活动的开展都离不开基层群众的支持与拥护，基层社会治理是党和国家依法治国的重要基石。只有构建基层社会的多元化治理新格局，才更利于促进国家治理体系及治理能力的提升，有助于完善和发展中国特色社会主义制度，推进国家治理体系和治理能力现代化。

2017年9月20日，习近平总书记在会见全国社会治安综合治理表彰大会代表时指出："要坚定不移走中国特色社会主义社会治理之路，善于把党的领导和我国社会主义制度优势转化为社会治理优势，着力推进社会治理系统化、科学化、智能化、法治化，不断完善中国特色社会主义社会治理体系，确保人民安居乐业、社会安定有序、国家长治久安。"[1] 中国特色社会主义社会治理需要完善中国特色社会主义治理体系，尤其是社会治理系统化、科学化、智能化和法治化。改革发展稳定的大量任务以及党和国家各项政策落地主要都在基层，因此，国家治理体系和治理能力现代化的主战场也大都在基层。

社会治理是国家治理的重要组成部分，而基层社会治理是实现社会稳定的内在要求。党的十八届三中全会提出全面建成法治国家

[1] 习近平会见全国社会治安综合治理表彰大会代表［EB/OL］.（2017-09-19）［2018-02-03］. http://www.gov.cn/xinwen/2017-09/19/content_5226189.htm.

的宏伟目标，这就要求政府要依法行政，建成法治政府；社会要依法治理，建成法治社会。基层社会治理法治化建设首先要求基层政权要依法办事。虽然我国基层党政机关、居民委员会和村民委员会等单位没有强大的公共权力，但它们能接触到国家最广泛的群众，能了解群众间最普通的纠纷和矛盾，因此，基层政权要善于利用法治思维解决矛盾问题。

党的十八届三中全会将完善中国特色社会主义制度、推进国家治理体系和治理能力现代化确定为全面深化改革的总目标，基层治理是国家治理体系的重要组成部分，是国家治理能力的基础环节。[1]法治是现代文明国家的共同特征，可以说，没有“国家治理体系和治理能力”的“法治化”，就没有“国家治理体系和治理能力”的“现代化”。根据基层层出不穷的新情况、新问题，回应基层群众的新要求、新期待，通过总结、提炼基层实践探索中行之有效的好做法、好经验，深入开展法治教育和法治实践，不断坚持系统治理、依法治理、综合治理、源头治理，已然成为国家治理体系和治理能力现代化的题中之意。

治理现代化是我国从改革开放以来的不断追求，从中央到地方都在不断完善各自的管理能力及管理水平。治理体系现代化从基层方面来说，需要基层管理体系完备，机制完善；治理能力现代化从基层方面来说，需要基层管理权力规范化、制度化，监督透明化、有力化，因此，基层治理法治化是实现现代化的助力。基层作为国家的一个组成元素，其治理法治化对于推进整个国家的发展都是很

[1] 中共中央关于全面深化改革若干重大问题的决定［N］. 人民日报，2013-11-16(1).

有必要的，因此，基层治理法治化的实现是现代化的重要抓手。基层社会治理法治化也为促进基层治理创新实践转化提供法治保障。基层治理实践往往先于治理制度，好的治理实践成果需要制度化的方式转化和推广。法治为基层治理成果提供了可延续的保障，法治建设是关系到基层社会治理全局的重大问题。

（七）有利于保障公民在社会治理中的法律主体地位

为实现基层社会治理法治化，我国基层治理对国家提出了很多新要求。如进一步完善现行的两部基层自治法律，并尽快制定《社会组织法》，使其成为社会组织活动的基本保障规范。在法律中明确公民在社会治理体系中的主体地位；赋予公民主体性表达权、主体性创设权、主体性参与权以及主体性监督权，增进公民主体性地位保障设计，以法治推进以公民为主体的社会治理体系进程。公民意见表达构成社会舆论的基本表现形式，社会治理体系的完善，应以推进社会表达机制和公共舆论平台建设为先，包括将媒体纳入社会治理体系，增强社会媒体作为公民意见表达及诉求传递的角色定位和功能。电视、广播、报纸要贯彻公民立场和公民路线，专注于倾听、传递公民呼声，表达公民意愿和利益诉求，使媒体成为维护公民主体表达权利的基础平台；法律要尊重、保障公民首创、独创精神，赋予个体公民发起、创立多种形式社会组织的权利，并且允许公民按照权利实现的要求，就组织的宗旨、目的、活动内容展开创设；进一步完善劳动、环保等社会权利体系，以维护公民权利为中心，保障公民在动议参与、流程参与、结果参与环节中的主体性权利，加大对社会治理事前、事中、事后的全过程参与；要强化公民主体性监督地位，重视个体监督诉求，畅通监督平台和监督渠道，建设以保障主体性监督为内核的强有力的监督反馈机制。这些要求最终能够保障基层群众通过多渠道参与社会治理，保障公民在社会治理中的法律主体地位。

（八）有利于明确公民在社会治理中的具体参与规则

为了将公民地位和作用落到实处，应当在法律中明确公民的参与权利、参与方式等相关的配套规定，规定公民意见表达、发起动议、流程协商、公开讨论等治理平台及制度，确立政府及工作部门面向社会治理的服务机制、协作机制、信息共享机制和科学化监管机制，使公民参与社会治理具有可操作性。正如哈贝马斯所言："协商民主的成功之处不在于有集体行动能力的全体公民，而在于相应的沟通及其程序化、制度化，以及制度化的审议程序与非正式的公共舆论之间的相互作用。"❶ 因此，要将协商治理融入民主治理进程，以公民参与权、知情权和监督权的保障为主线，开发传统协商平台及新兴网络协商平台，加强公民对社会事务、公共事务的充分讨论和深入协商，建设以公民利益表达及实现为中心的包容型、开放型的社会治理机制；在基层自治法律中要增加公民主体地位的保障和公民参与的内容，引进竞选机制和公开表达信息平台，完善议事决策流程，将选举治理、日常治理相结合，充分激活公民的参与意愿。社会治理法律既要细化日常议政的保障举措，明确意见征询、充分讨论、公开公示等制度安排，又要围绕公民诉求设置行政、司

❶ 哈贝马斯．在事实与规范之间［M］．童世骏，译．上海：上海三联书店，2003：368.

法等监督渠道，建立反馈及时、保障有力的监督机制，纠正社会治理内部和外部可能发生的侵犯公民权益、违反民主自治运行要求的行为。总之，法治要成为公民自主化、社会化与民主自治的制度保障，通过设置民主决策、公开公示等基本规范，发布公民治理架构、治理章程、治理流程的指导性意见，依法保障并维护以公民为主体的社会治理体系的独立、公开、自律。

（九）有利于优化社会治理的政府配合及制度环境

从现代治理理论来看，政府部门只有尊重公民及其联合组织的治理主体地位，发挥其治理功效和功能，并且确立与公民及其组织的平等协商、对话协作关系，才能在良性互动中有效实施社会治理。社会治理制度环境的优化体现在法律体系完善、制度供给、适度监管及必要的公共服务等方面，包括政府要营造宽松包容的准入环境，助推发展的支持保障环境，平等对话的交往协商环境等。因此，政府要以法治契约的方式确定与社会及公民治理主体的关系，清晰界定政府权力与社会治理之间的范围和界限，排除政府对社会事务的包揽及不当干预行为，建设公民自主治理的法治保障机制。按照尊重公民治理地位、信任公民治理能力的精神，改革现行的社会组织审批登记和管理制度，为公民社会治理的加快发展与繁荣创造前提条件。同时要求转变政府工作模式，延伸并拓展以公民为导向的工作机制和工作方法，继续巩固并完善多种形式的公民对政府决策的参与制度，建立政府部门与公民及其社会组织定期、常规化、制度性的交流和意见反馈制度，不断改进与社会治理相关的政府决策及配合机制。要建立健全公民参与社会治理的扶持体系和发展激励机制，在资金资助、税收、信贷、场地、用地、资源、人才、待遇等方面出台扶持办法，建立多领域社会组织发展专项基金和扶持基金，加大对社会治理的保障扶持力度。要加快政府职能转移的规范化进程，探索公民及其社会组织承担转移职能的多样化形式，推动形成公民及其他社会主体竞相发展、协同增效的治理格局。

第二章 基层社会治理法治化存在的问题及原因

第一节 基层社会治理法治化存在的主要问题

一、基层社会治理主体存在的问题

基层社会治理变革的是管理方式，从简单的双向主导与控制转向多元的合作与伙伴的关系。实现基层社会治理多元共治的首要特征是主体多元化，要求多元主体积极参与，形成 1 + 1 > 2 的合力，多元主体是基层社会有效治理的必要条件。基层社会的法治化治理离不开基层社会各阶层、多领域成员的有序、积极参与。党的领导作用、政府的主导作用、基层村民委员会、居民委员会的自治作用以及各类社会组织的积极参与、互相协作，基层社会治理才能取得良好的治理成效。但目前基层社会治理主体还存在一些问题，如存在结构失衡现象，主体之间权责不清等。

（一）治理主体结构有些失衡

第一，村民委员会和居民委员会自治有些扭曲。村民委员会和居民委员会“两委”自治是基层治理法治化的基础。自中华人民共和国成立以来，我国推行的基层群众自治制度，不仅是人民当家作主最有效、最广泛的途径，也是对基层社会自治的积极探索。[1] 基层社会组织的自我组织和自我管理，是维持社会和谐稳定和社会正常秩序的自动调节机制。[2] 居民委员会、村民委员会作为基层群众性自治组织，其自我管理与自我服务都应当在法律框架下进行。但是在现实中，偏离法治轨道的现象时有发生。一是村民委员会、居民委员会的行政化趋向严重。实践中基层政府仍承担着维护基层社会稳定，指导、支持、帮助村民委员会、居民委员会工作的职能。村民委员会、居民委员会作为基层群众性自治组织，有义务协助政府开展工作。村民委员会、居民委员会与基层政府并不是行政隶属关系，政府不能直接领导村民委员会、居民委员会的工作。但近年来基层社会治理一定程度上出现了行政化导向增强的趋势。[3] 自村民委员会产生以来，基层群众自治组织承担了大量行政职能，成为“第六微型政府”或“五级半政府”。据不完全统计，国家法律赋予村民委

---

[1] 黄浩明．建立自治法治德治的基层社会治理模式［J］．行政管理改革，2018（3）：39－44.

[2] 魏礼群．提高社会治理水平　决胜全面小康社会：全面建成小康社会之时中国社会的景象特征及实现目标任务与路径选择［J］．社会治理，2016（5）：10－20.

[3] 李冉，聂玉霞．村庄合并后新型农村社区治理的行政化导向及其矫正［J］．中国行政管理，2017（9）：48－51.

员会的法定职能有100多项。[1] 村民委员会有一些行政化倾向，村民委员会的自治功能一定程度上被淡化[2]。有些基层政府非法干预村民和居民自治的情况屡见不鲜，这些基层政府将接到的上级政府的命令直接分解、下派到各个村民委员会、居民委员会，然而，这些政府又负责村民委员会、居民委员会的政绩考核，使得村民委员会、居民委员会不得不完全听从，进而导致村民委员会、居民委员会一定程度上演变成为政府的代理机构，一方面承担着各种各样政府下派的行政管理事务，行政化色彩浓厚；另一方面又要面对上级的各种检查，对于社区内村居民的事务管理无暇顾及。村民委员会、居民委员会的自治职能被一定程度上压缩，尤其是在实行农业税时代，伴随村民委员会和居民委员会"两委"的行政化，基层自治组织的自治功能降低。[3] 二是在广大农村中，村民委员会自治权滥用情形屡见不鲜。有些村民委员会虽然是一个自治单位，民主选举后，村里的实际掌权者就变成了村主任。在经济社会转型时期，村主任往往由村里的"能人"担任，形成了"能人"治村格局。[4] 这批"能人"权威强大、权力集中，在缺乏必要约束的情况下，可能演变成"村

---

[1] 汤玉权，徐勇．回归自治：村民自治的新发展与新问题［J］．社会科学研究，2015，(6)：62－68.

[2] 郝亚光，徐勇．让自治落地：厘清农村基层组织单元的划分标准［J］．探索与争鸣，2015（9）：52－56.

[3] 姬艳涛，杨昌军．社会组织在基层治理法治化中的功能及其实现：基于"枫桥经验"的调查和思考［J］．中国人民公安大学学报（社会科学版），2018，34（4）：118－126.

[4] 徐勇．由能人到法治：中国农村基层治理模式转换：以若干个案为例兼析能人政治现象［J］．华中师范大学学报（人文社会科学版），1996（4）：1－8.

霸”，甚至黑社会组织。[1]

第二，村民委员会和居民委员会“两委”职能模糊。基层党组织与村民委员会、居民委员会不能厘清其法律关系，存在职权混同的模糊现象。权力来源的不同致使村民委员会和居民委员会“两委”职权的划分不清。党支部由上级任命，党员由选举产生，负责基层的各项领导工作；村民委员会、居民委员会由基层群众选举产生，负责基层具体的行政事务。依照法律与党内法规规定，基层党组织与基层群众性自治组织是领导与被领导的关系，基层群众性自治组织要自觉遵从党的领导，在其领导下开展各项基层工作，并且行使自治权。但是在近年来的基层实践中，有些基层党组织的领导权力与基层自治组织的自治权力在部分治理领域中产生了分歧、摩擦。在进行村民委员会和居民委员会事务管理过程中，“两委”之间虽然不存在传统上的隶属关系，但是村民委员会、居民委员会都是在党的领导下开展活动，然而在实践中，部分村民委员会与居民委员会干部存在争权夺利的现象，认为其享有的自治权是不受任何限制的自治，脱离了党组织领导，不能有效地落实党的政策，造成资源内耗、管理混乱，治理难度提高，影响基层治理的法治化进程。党组织对基层各项工作享有领导权，但是在实践中也会出现部分党支部过于强调自己的领导权力，忽视村民委员会、居民委员会的自治权力，包揽村民委员会和居民委员会的各种事务，决定村民委员会和居民委员会的各项事务的现象，使得村民委员会和居民委员会不能发挥其应有的职能，不

---

[1] 房正宏．村民自治的困境与现实路径［J］．华中师范大学学报（人文社会科学版），2011，50（5）：23－28.

能实现真正的基层自治。

第三，基层社会组织力量薄弱。根据有关材料的研究表明，经济发展程度与社会组织发展水平呈高度相关性。发达国家的社会组织相对发达，它反映了现代社会治理结构对社会组织和社会部门的认知。[1] 社会组织作为补充体制失灵的重要保障，可以发挥市场主体不具备的功能，并且是连接政府、社会与公众的桥梁。良好的社会组织有利于加强基层民众之间的沟通，培养基层民众的公共精神，加强不同社会阶层的合作，培育社会资本，强化基层社区的联结纽带，为政府失灵情况下的基层社会治理提供有效的保障与制度补充。[2] 在多元治理与去行政化的大环境导向之下，基层政府通过多种办法发展基层社会组织，如购买服务与政策扶持等，使社会组织在社区养老、亲子教育等方面发挥重要作用。但是基层社会组织的发展还存在诸多问题，总体来看，我国社会组织存在发育不足、发展无序的现象，近年来民政部清理了不少山寨社会组织。同时，社会组织管理体制不合理、治理结构不规范的问题制约着社会组织功能的有效发挥。[3] 一是基层社会组织独立性弱。政府掌握着基层的大量资源，社会组织参与基层社会治理的范围有限，并且社会组织的形成与发展、考核与评价等都要受到政府的影响，导致基层社会组织的治理主体地位难以形成。二是基层社会组织参与基层治理有限，与本村、社区的关系也不密切，基本上不与基层社会接触。社区建

---

[1] 魏礼群．提高社会治理水平　决胜全面小康社会：全面建成小康社会之时中国社会的景象特征及实现目标任务与路径选择［J］．社会治理，2016（5）：10－20.

[2] 陈跃，余练．社会主要矛盾转化与基层社会治理创新探析［J］．理论探索，2020（4）：86.

[3] 同①。

设的参与度低、力量薄弱，其享有的权利也基本上由村民委员会和居民委员会“两委”代表其行使，公信力不高。基层社会组织建设没有成熟的运行轨道，人民调解委员会以及治安巡防队等社会组织参与基层治理的程度有限，不能充分发挥其应有的作用。三是基层社会组织自身的专业性建设不够，服务效率低。如人民调解委员会的建设缺少专业性，专职化程度低，管理制度不完善，工作中大都依靠经验、人情来化解矛盾，而不是依靠法律解决。多数工作以控制维护社会稳定为目的，没有从根本上解决问题，使得基层产生诸多无法化解的矛盾。村民委员会、居民委员会行政化倾向明显，限制了居民有效参与社会治理，基层人民群众参与治理的深度与广度不足，基层多元共治机制难以形成。四是基层治理法治队伍力量薄弱。由于基层工作繁杂、压力大、待遇差等原因，基层工作人员不愿意长期留在基层工作，一线人员流失现象严重，致使基层缺少专业的法律服务人员。从基层公安机关来看，公安机关警察数量少，存在警力不足现象，尤其是基层警察事务繁多，执行力较低；基层法院、检察院队伍建设也不容乐观，法官、检察官人才短缺，呈现老龄化趋势，难以保证办案质量；基层政府法制机构力量薄弱，有些法律工作人员专业素质不强，甚至存在兼职情况。基层法治队伍建设不足，基层治理不能满足法治化的要求，从而影响了治理效果。

（二）各治理主体之间权责不清

第一，基层政府内部权责不清。一是虽然基层政府部门设置数量较多，但是存在部门职能重复的情况，执法机构权责模糊、缺位、越位现象严重。二是基层政府的自主性受到一些限制。衡量政府间关系的一个重要指标是不同层级政府权限的重叠程度。[1] 尽管基层政府依法享有相对独立的一级行政权力，但实际上基层政府因为受到上级政府及其部门的管控以及大量的上级政府的派出机构和办事处的影响，基层政府的自主性受到一定性的限制。某些地区的上级政府会将一些城市的综合性问题，甚至突发事件交给基层政府以及街道办事处来处理，并未考虑到他们是否具有解决处理此类问题的能力与权限。[2] 三是基层政府在治理过程中，不同部门之间缺乏协同制度，跨部门以及平行化的协同制度保障的缺失。特别是在基层政府面临绩效考核的巨大压力下，部门呈现碎片化趋势，相关规章制度不能达成权责分配的对等化，从而使得协同性跨部门的合作浮于表面，这也加重了基层政府各单位对于跨部门协作进行追责问责的担忧。跨部门协作的成果是大家共享的，但一旦出现问题，对于风险和后果的承担往往也是基于制度设计的缺失，从而导致权责不明晰，最终导致协同治理失败。[3] 特别是在职权出现交叉情况时，各部门之间缺乏沟通、交流，甚至出现互相推诿的情况，效率低下，难以形成合力，造成资源的内耗和浪费，极大地降低了基层社会治理效能。

第二，政府与其他治理主体权责不清。基层社会治理法治化的建设，是一个由管理到治理转变的过程，要求政府由管理者的身份向参与者转变，将广大人民群众与社会组织吸收进来，进而形

[1] 李慧凤．制度结构、行为主体与基层政府治理［J］．南京社会科学，2014（2）：93－99.

[2] 韩茹雪．基层社会治理面临的现实挑战与时代选择［J］．经济研究导刊，2020，27：148－149.

[3] 金祖睿，金太军．基层政府治理的碎片化困境及其消解［J］．江汉论坛，2020（1）：48－53.

成基层社会治理主体的多元化。但是在一定程度上的基层治理压力传导错位的局面下，有些基层政府面临巨大压力，往往承担了基层的全部治理责任，对基层事务的包揽包办阻碍了社会组织、基层自治组织、基层人民群众等多元主体共同发挥作用。具体表现在以下两个方面。一是政府行政参与过多。有些基层政府长期以来深受官本位思想和管制思想的影响，习惯于对基层事务大权独揽，严重影响了其他基层治理主体的权力行使。最突出的表现是基层政府习惯于实行行政管控，将乡镇政府与村民委员会、居民委员会“两委”的指导与被指导的关系异化为命令与服从关系，过于强调管理控制。二是各方治理主体参与不足。在基层社会中，对于各主体参与社会治理的方式、过程、结果等并没有统一的标准，大多制度化的规定还停留在表面，不具有实际可操作性。政府占据主导地位，将各参与主体都列为被管理的客体，阻碍了其他治理主体行使权力，不能调动各主体参与基层治理的积极性，并且各参与主体之间缺乏信息共建共享机制，基层群众、社会组织的意愿不能得到充分表达，影响了基层治理的有效推进。村民委员会和居民委员会作为社会治理组织的最基层组织，承担着服务群众与行政工作的双重职能，对上衔接街道，对下衔接群众，事务繁杂、任务重，运行效率不高，而且社区的绝大部分精力都用来应对上级部门交付的工作任务，其行政职能占据了更大的地位，服务群众的质量不尽如人意，基层社会出现治理空白现象。基层党组织与政府仍在一定程度上控制着基层社会治理的事务，导致社会组织的独立性受到限制，群众和社会组织等多元共治、多方合力的综合治理体系不健全。同时，基层社会作为社会矛盾集中之地，其治理工作复杂烦琐，因此对人才的数量与质量都有较高的要求。但存在国家对社会组织培育落后、社团与企业力量薄弱、人力与资金匮乏、社区工作者薪资待遇水平差、社会认可度低、人才流失严重等现象，致使各方治理主体在基层社会治理法治化过程中发挥的作用不足。

二、基层社会治理过程存在的问题

随着城镇化进程和新农村建设的不断推进，处于生产、生活方式急剧变迁与现代化深度变革的基层社会，有些地方的改革创新缺乏规范化、法治化，对治理缺乏统一规范。法律层面上对基层的依法自治事项、政府购买服务等缺乏明确、细致的规定。[1] 有些基层治理主体并未将解决矛盾纳入法治运行轨道，进行依法治理，这严重阻碍基层社会的法治建设与社会稳定。

（一）行政权运行失衡

1. 基层党组织的依法执政水平有待改善

作为我国执政党的基层战斗堡垒，基层党组织的法治化与现代化建设是基层社会治理现代化建设的关键，基层党组织是党的全部工作的基础，是基层社会治理法治化的核心力量，在基层治理法治化过程中处于领导地位，健全党组织队伍建设是基层社会治理法治化推进的关键环节。基层党组织的法治建设水平直接关系基层群众

[1] 习近平会见全国社会治安综合治理表彰大会代表［EB/OL］.（2017－09－19）［2018－02－13］. http：www. gov. cn/xinwen/2017－09/19/content_ 5226189. htm.

对党依法执政的客观感受。基层党组织的整体状况是良好的，但是与实现基层治理法治化相比，还存在以下不足：有些基层党建与基层社会治理没有很好地融合，有些基层党组织在基层社会治理中未发挥其政治领导核心作用，有些基层党组织内部管理松散、组织涣散、缺乏自我管理与服务的群众意识，依法执政、依法治理、依法办事的自觉性不高；办事不依法、遇事不找法、解决问题不用法、化解矛盾不靠法，甚至出现贪污腐败现象。在实践中，有些党员非但没有为群众服务，反而利用手中的特权，损害人民的合法利益。

第一，基层党组织的法治队伍建设不健全。基层党组织的法治化建设是基层社会治理法治化的关键因素，“打铁必须自身硬”，提高基层党组织队伍的整体素质是提高党对基层社会治理的领导能力与治理水平的前提和基础。我国基层党组织队伍建设从发展态势上看，整体呈现负责向上的趋势，合理科学紧跟时代的工作方法能够促进基层党建创新，引领基层治理法治化。[1] 但是在某些基层地区中，基层党建引领基层社会治理的工作方法保守、陈旧。在日常工作中仍然沿用过时的工作作风，基层队伍建设发展呈现弱化态势，党组织的领导能力和水平与法治化的初衷相背离，领导作用发挥得不充分，没有构建起“一核多元”的基层社会治理结构。[2] 这些体现在以下三个方面。一是在队伍建设方面，基层党员精英群体外流，导致基层社区党组织难以吸收新鲜血液；党组织发展方面，没有严格按照党员标准发展党员，使得基层党组织中部分党员的素质较低，

[1] 朱青．基层党建与社会治理如何深度融合［J］．人民论坛，2019，（7）：108－109.

[2] 伊庆山．新时代我国农村社区网格化服务管理创新研究：基于S省网格化政策实践调查［J］．兰州学刊，2020（9）：174.

能力较弱，参加党建工作的热情不高；队伍培养方面，过于注重扩大与发展党员队伍，却忽视了党员对党的基本理论、方针与路线的学习，甚至在利益密集地区中还出现了党员宗族化现象。二是部分党员对党组织的性质存在认识上的偏差，其专业水平不能满足基层法治化治理对党员提出的高要求，许多专业性建设问题未能得到及时、有效解决，不能满足基层治理与发展的需要，统筹协调能力弱，严重影响基层党组织的执行力与战斗力。三是有些基层党组织内部纪律松散，党内各项制度形同虚设，党要管党、从严治党没有得到有效落实，部分党员干部缺乏自我管理与学习意识，思想认知与工作能力水平落后，制约了基层社会的法治化治理。

第二，基层党组织的干部依法执政水平不高。基层党组织的干部依法执政水平是实现基层社会治理法治化与基层社会法治秩序的前提和基础，是基层能否实现法治化的关键因素。但基层党组织干部自身素养与依法执政水平还需要提升，主要体现在以下两个方面。一是部分基层党组织的书记学历程度不高，缺少法律素养，致使一些基层党员干部对法律的理解不透彻，党性不强，习惯用情理代替法理，甚至凭经验做决策，[1] 不能有效运用法治手段开展治理工作，简单粗放的工作方式损害了人民群众的合法权益。在有些农村地区中出现腐败现象，对清正廉洁的政治环境造成了极为恶劣的影响，造成党群关系、干群关系不和谐的问题，影响基层党组织引领基层治理的权威。[2] 二是社会阶层的变化带来的利益诉求多样化导致法律

[1] 方世南．以法治型　党组织建设推动基层治理法治化［J］．学习论坛，2015，31（4）：18－21．

[2] 布成良．党建引领基层社会治理的逻辑与路径［J］．社会科学，2020（6）：71－82．

法规滞后、互相冲突等基层问题亟待解决，这就要求基层党组织干部需要带头发挥模范先锋作用，在法治轨道内行使决策权、执行权和监督权，提升依法执政水平。

2. 基层政府的依法行政水平有待改善

基层政府法治化是实现基层社会治理法治化的关键。政府是国家法律制度与执政党治国理政政策的具体实施主体，也是基层社会治理的主要负责主体。法治政府的建设程度决定着基层社会治理法治化的整体成效。基层政府的依法行政水平是基层社会治理能否实现法治化的关键。依法行政要求基层政府成为有限责任政府，明确自身法定职责，明确自身在基层社会治理活动中相关行为的法律界限，服务群众是其基本职能。经济社会发展和社会阶层结构的改变使得现有的基层执法体系不能满足社会治理法治化的需要，行政执法体系改革不到位，职权范围不清晰，协调机制不完善，执法人员素质不高，执法力量相对薄弱，行政执法的效果不尽如人意，不合法、不规范的执法行为不能满足基层民众预期的执法需求，依法行政水平有待改善。

第一，基层执法程序不规范。近年来，在经济高速发展的背景下，在繁杂的工作任务压力下，基层政府为了追求行政效率和维护社会维稳，可能会存在执法程序不规范，在重大事项的合法性审查、专家咨询、决策评估、社会听证等机制尚不健全，以及在追责机制缺失的情况下，执法人员滥用强制措施执法权的现象，违背了强制措施执法权设立的初衷。有些执法人员在遇到矛盾不能调解、工作不能推进的情况下，严重损害了村民和居民的合法权益，严重违背了依法行政的原则。

第二，基层执法水平不高。基层社会矛盾错综复杂，有法不依、执法不严现象尤为突出。一是基层群众诉求不畅通，政府存在应付处置能力不足，解决问题能力不强与方法缺乏针对性等问题，使得基层群众只能通过“闹”来解决，缺乏依法处置的长久之策。基层政府的治理工作仍然是传统的命令服从模式，习惯于管理与控制，核心为压制。部分基层政府的领导干部及执法人员缺少对宪法与法律的敬畏，没有在法治轨道上行使权力，不能有效利用法治方式解决基层社会问题，尤其在经济社会迅猛发展的形势下，基层社会产生了一些新的利益冲突与矛盾，如土地征收、房屋拆迁、扶贫救济等，基层部分干部对社会新涌现的问题漠不关心，与基层群众缺乏有效沟通，迫使基层群众将事情闹大，部分事件一步步演变为群体矛盾，严重损害了当事人的合法权益与司法权威。二是执法碎片化现象严重。部门权责不清晰，机构设置混乱，实践中一些部门存在选择性执法、重复执法、多头执法的问题，使得执法效果存在偏差与疏漏，个别部门为本单位利益执法，部门利益化现象严重，不利于国家法制的统一。三是基层政府位于压力型体制内的国家政权最底部的层级，需要完成经过上级各层政府不断加码以后形成的各项繁重工作指标。除国家法律规定的职责外，在实践中，基层政府还承担了大量上级部门的非制度性任务。由于基层治理中的一些具体事项直接影响基层政府工作考核结果，加之村庄自治能力的欠缺，使得部分基层政府经常采用强制性手段过分积极地“指导”村庄事务。基层政府疲于应付上级下达的繁重任务，又受制于“一票否决”型的绩效考核制度，使得依法行政难以实现。压力型机制成为阻滞基层政府依法实施行政行为的主要影响因素之一。四是存在脱离群众的形式主义现象。基层社区表面上为了提高治理能力而要求收集各种信息，表格资料、整理数据文档等留痕工作虽然在一定程度上可以有效地还原治理过程，但实际上也给基层工作者增加了额外的工作量，在治理工作之外损耗了大量精力，也增加了治理成本，偏离了基层治理的工作重心。[1]

3. 基层司法组织的公正司法状况有待改善

司法公正是现代国家经济稳定发展与社会和谐的重要保障，也是依法治国的要求，作为坚守基层社会治理公平正义的最后一道防线，是实现基层社会治理法治化的重要路径。在基层社会治理实践中，有些司法组织的治理逻辑仍占有主导地位，基层社会司法环境有待改善，司法体制不健全，司法诉讼程序复杂，权力运行机制不当，司法职权配置不科学，司法体系法治建设能力不足等都是导致出现司法不公现象的原因，一定程度上损害了国家法治的权威与尊严。想要实现基层社会治理法治化，法治理念必须逐渐在基层扎根，让法治观念成为基层社会司法组织的首要推行。[2]

基层社会司法体制存在诸多问题，司法价值功能的应然与实然尚存在偏差，案多人少的矛盾使得司法组织的依法独立审判受到干扰，城乡司法状况差异化现象严重，导致基层社会司法改革受限。

第一，基层司法出现办案力量有限与办案任务繁多的矛盾。一是当前基层法官人数不足。自从实行法官员额制改革以来，虽然改

---

[1] 陈跃，余练．社会主要矛盾转化与基层社会治理创新探析［J］．理论探索，2020（4）：85.

[2] 赵丰．基层司法的价值与功能定位：现代冤案的反思与启示［J］．犯罪研究，2017（3）：23－30.

革坚持入额必办案，各级法院将人员力量向办案一线集中，但是基于法官员额的控制与调整，仍然存在办案力量不足的情况，尤其在部分地区的司法辅助力量供给还不充分的情况下，法官在办案的同时还要做司法辅助的工作，使得法官并不能全身心地投入办案。[1]二是基层法官办案能力不足。虽然法官职业化建设不断优化，法官的专业性不断强化，但是仍存在部分法官的能力尚不能胜任办案质量的高要求的情况。在矛盾集中、复杂的基层地区，随着人们维权意识的不断增强，客观上使得大量的矛盾纠纷诉诸基层法院，司法案件受理率大幅上升，而与之相对应的是法官的人数与质量却不能满足办案需求，案多人少的压力持续增长。

第二，司法组织的依法独立审判受到干扰。一是基层党政机关的干扰。对于实践中出现影响力重大的刑事案件，有些基层的党政部门常常会进行干涉。[2]基层党政机关基于维护社会安定以及安抚公众情绪的需要以及命案必破的要求，有时会向检察机关和审判机关下达对重大刑事案件中的犯罪嫌疑人或被告人有罪的命令，损害了司法权威与公信力。二是基层群众的民意也是干扰审判机关依法独立审判的一大原因。基层群众根深蒂固的杀人偿命、欠债还钱的朴素价值观引发的民意，在找不到真凶的情况下便将与被害人具有某种特殊关系的人想当然地认为是犯罪嫌疑人，甚至出现证据造假问题，最终造成错案。

第三，基层司法状况差异化现象严重。一是基层司法状况区域

[1] 谢进杰．基层司法改革存在的四大挑战及解决之道［J］．人民论坛，2020（3）：107－109.

[2] 赵丰．基层司法的价值与功能定位：现代冤案的反思与启示［J］．犯罪研究，2017（3）：25.

差异化明显。我国幅员辽阔，经济能力、人口结构、地理位置等方面的不同导致各基层地区的司法状况不同，为推行基层治理的司法法治化带来了一定的困难。二是基层城乡地区的司法状况差异化是基层治理司法法治化的又一个难题，也是城乡统筹规划与整体推进司法改革的难点所在。

第四，基层司法改革受限。一是基层司法改革保守。有些基层司法组织的领导者不愿意承担改革创新失败的风险，思想保守、安于现状、不愿探索，基层改革创新的激励不足。[1] 二是有些基层司法改革形式化、行政化现象严重，搞政绩、轻改革，数据虚假、捏造成绩，在进行区域改革试点时掩盖问题，导致真正推行时出现大量矛盾。

第五，信访问题的困扰。随着经济社会的发展，群众的法治意识不断提高，基层社会的矛盾逐渐增加，上访案件越来越多，甚至出现“闹访”“缠访”局面，极易引发恶劣的社会治安与群体性事件，严重威胁着社会的稳定和谐。尤其是作为直接面对信访者的基层法院，一方面是信访者对于自己利益诉求的主张，另一方面是上级部门要求必须妥善处理信访工作的压力，基层法院不得不采取一些短期应急处理措施，但没有从根源上解决民众问题，反而会带来更为严重的后果。

（二）基层治理过程一定程度上缺乏民主

在基层治理中，民主并未得到有效落实，治理过程一定程度上

---

[1] 谢进杰．基层司法改革存在的四大挑战及解决之道［J］．人民论坛，2020（3）：109.

缺乏民主。

1. 有些基层民主选举流于形式

从民主选举与法治建设层面来说，民主选举是基层自治的基础，基层民众通过选举选出符合自己心意、能够代表广大群众利益、时刻为人民利益着想的领导干部，他们能够更多地对选民们负责，在法律的框架内实现基层社会民众的权益保护将是基层政府行政活动的终极目标，也是推进基层民主建设与依法治国的重要路径。近几年来，有些基层民主选举不规范，涌现出诸多不符合法律规定的现象。一是基层村民委员会、居民委员会选举未按照法定程序进行。基于我国行政机构的设置与政府管理模式的影响，政府干预基层选举的情况时有发生，如上级领导代表村民委员会、居民委员会主持选举，否定选举结果，责令重新选举等。在投票过程中，存在没有遵循一人一票的规定，唱票不公开，投票结果不公示等现象。这些都对公民的民主选举权造成了破坏，损害了民主选举的公平、公正、公开，降低了村民和居民参与基层社会治理的积极性，阻滞了基层社会治理法治化的推进与实施。二是选举过程中存在贿选、宗族势力干涉等问题。一些经济基础较好的村民和居民在能力不够、群众不信任的情况下，以收买的方式获得群众的支持，通过贿选方式选任的基层领导干部往往代表不了广大人民群众的利益，甚至成为贪污腐败的典型。此外，还存在宗族势力干涉村民和居民选举，以不适当的方式获得选票的现象。对这些选举纠错机制的缺失，导致不能实现基层治理民主化的有效发展，为基层社会治理法治化埋下了隐患。

2. 基层民主决策落实困难

民主决策是基层群众自治的集中体现，也是实现科学决策的前提与基础。村民和居民通过村民和居民会议、村民和居民代表大会等组织形式对村民和居民的事务进行民主决策，并且根据村民和居民的实际发展情况制订符合村民和居民发展的村规民约等。但是基层社会的民主决策并未落到实处。部分村民委员会和居民委员会干部以个人决策代替民主决策，不能代表广大基层群众的意志，不代表民众的真实意愿。在有些基层治理中，村民委员会干部在对村民和居民事务进行决策时，没有按照法定程序召开村民和居民会议，或者召开村民和居民会议仅是作为一种走过场的形式，不是真正意义上的民主决策，与基层治理民主化与法治化的推行不相符合。

3. 基层民主管理异化

民主管理是村民和居民参与基层治理的核心内容与关键环节，近年来基层地区的民主管理存在异化问题。一是基层政府干预村民和居民民主管理。在部分地区，基层政府对村民和居民事务进行完全管理，认为村民委员会和居民委员会是其下级机关，直接向村民委员会、居民委员会下达行政命令，严重阻碍了基层村民和居民自治权的行使。二是基层党支部干预基层民主管理。有些基层党支部过分干预基层事务，甚至出现取代村民委员会、居民委员会直接管理村居的一切事务，使得村民委员会、居民委员会无法发挥其应有的作用，阻碍了村民和居民行使对基层事务的管理权。三是有些基层村规民约形式化，村务管理既不向基层群众公开，也不让基层民众参与。

4. 基层民主监督一定程度上缺乏

民主监督是权力得以正常运作的必要方式，是制约权力、防止公共权力的滥用，维护基层人民群众合法权益，实现基层群众自治的有力保障。但是在部分基层社会中，民主监督机构受制于个别领导干部，并不能代表民众诉求，无法有效发挥民主监督作用。如基层领导干部掌握信息公开的权力，实际上村民和居民难以知晓哪些信息应当公开，使得民主监督权利难以行使。在这种情况下，部分基层领导干部滥用自己掌握的信息优势为自己谋私利，甚至损害村民、居民的合法权益。[1]

（三）基层网格化治理的合法性困境

基层网格化治理是指依托现代信息技术平台，按照地理空间与人口分布状况，将基层行政区域划分为若干网格，并配备网格员对辖区的人、事、物等进行治理的新模式，这是基层社会治理重要的实践创新。基层网格化治理实际上是在“区—街道—社区”三级管理结构下增设了网格层级。[2] 基层网格化治理模式对基层的管理层级进行了精细化，形成了有力的队伍保障与制度框架，并且吸收、运用当下信息化时代的大数据技术，有效地提升了基层治理效能。这种模式虽然不乏创新成份，但是仍然可以看到有些基层强行政、弱治理、多元治理主体一定程度上的缺乏与权力运行单一的弊端，导

---

[1] 王银梅．农村基层社会治理的困境与突破：以宁夏为样本的研究［J］．西南民族大学学报（人文社会科学版），2017，38（12）：202.

[2] 马长山．智慧社会的基层网格治理法治化［J］．清华法学，2019，131（3）：22.

致网格治理更倾向于应急处理模式，难以形成长效运行机制。[1] 在强调维护社会稳定和压力型体制的环境下，有些基层社会各层面尚且停留在管理层面，并且在信息化的形势下对社会进行全方位的监管，无处不在的视频监控系统给民众带来了窒息感，对民众的自由和权利造成了一定的影响。[2] 究其本质，基层网格化治理并没有真正实现由管理向治理的转变，潜藏着治理的合法性困境。

1. 职权法定问题

一是按照我国现行法律规定，基层社区以及上级街道办事处本身不是行政单位，只是区的派出单位，其享有的行政职能是有限的。如街道办事处的行政职能包括社会救济、计划生育、城市社区管理等，有些职能还需要配合有关部门完成。基层网格化信息管理系统收集了居民的详细户籍信息，这些信息作为基层管理的基本信息本身无可厚非，但户籍登记管理工作实际上应当由公安机关主管，因此，社区管理工作与基层公安的有关职能冲突，存在不合法现象。二是在基层网格治理过程中合理获取有关人、事、物的信息是被允许的，但是信息获取过程中的录入、保存、读取缺乏配套的严密管理保护制度，增加了个人隐私与信息泄露风险，权利保障面临严峻挑战，基层网格治理的民主性与合法性受到质疑。

2. 社会参与度不够

一是民主协商的构建不完善。在网格化治理过程中，多元化参

[1] 田毅鹏，薛文龙．城市管理“网格化”模式与社区自治关系刍议［J］．学海，2012（3）：28.

[2] 韩伟．社会治理需要遵循民主法治导向：对基层社区网格化社会治理的反思［J］．理论学刊，2016（1）：49.

与是重要的制度创新。近年来政府控制与维护社会稳定的工作思路尚未改变，导致社会参与度不够。中国共产党第十九次全国代表大会提出，推动社会治理重心向基层下移，有些基层演变成了政权与管理的下移，使社会组织等多元主体参与治理变成形式主义。基层社区居民在对基层治理中的某一事项不能达成一致意见时，社区工作者便会找上级部门解决，民主协商成效不明显。这实际上仍未脱离管理体制的窠臼，民主协商机制的不健全阻碍了基层治理的现代化建设。[1] 二是过度依赖信息化技术手段，抑制了社会主体活力。基层事务复杂多样，仅靠政府来解决显然是不够的，诸多基层矛盾需要基层社会自行解决。但部分社区的网格化治理过度依赖信息技术手段，忽视了社区与居民的需求，导致社区行政化倾向严重，降低了基层社会治理效能，甚至导致与基层群众关系恶化。

（四）智能社会快速发展带来的风险挑战

互联网、区块链、人工智能等新型技术的迅猛发展，使社会成员、组织与社会运行趋向智能化，并逐渐形成了“高度被感知的社会，高度互联互通的社会，高度数字化和被精准计算的社会，高度透明的社会，高度智能化的社会”[2]。但智能社会的到来，为基层治理带来便利的同时，也必然引发深度的社会解组，尤其是在基层社会日益复杂的情况下，智能社会带来的信息技术的冲击也给基层社

---

[1] 韩伟．社会治理需要遵循民主法治导向：对基层社区网格化社会治理的反思［J］．理论学刊，2016（1）：50.

[2] 汪玉凯．智慧社会与国家治理现代化［J］．中共天津市委党校学报，2018，20（2）：63.

会治理法治化带来了诸多挑战，基层治理面临重大的变革与风险挑战。[1]

1. 基层治理结构呈现碎片化趋向，行政管理乏力

随着智能社会的到来，基层的行政属性也正在发生重大变化，大量的新兴行业、新型模式逐渐涌现出来，人们的社会生活逐渐信息化、智能化。与之相伴随的是呈现出“集中化的时代已经过去，现在的世界充满了更多的商机，以及更加分散的事物”的局面，“在这场运动中，我们的社会将变得更加平等，更加人性化，每个人都重新拥有了知情和参与的权利。”[2] 同时，“我们将从‘理性人’变成‘微粒人’——这是一个决定性的转变，随着这个转变的发生，我们将会在这个数字和程序算法的世界里发展出一种新的人性形态。”[3] 在这种情形下，以往受地域、层级限制的基层社会结构逐渐被打破，社会生活活动虚实结合，更加自由、便捷、高效，随之而来的基层社会问题也逐渐增多，对基层行政的应对能力提出了新的挑战，基层政府对于基层事务大包大揽、事无巨细的治理理念也逐渐转变为“参与式治理”，改变了传统科层制、等级化的治理体制。

2. 基层社会风险升高

智能社会的到来在一定程度上重构了以往物理空间的构架和运行，形成了物理空间与虚拟空间相互并存、交融的双重空间模式。

---

[1] 马长山．智慧社会的基层网格治理法治化［J］．清华法学，2019，131（3）：19.

[2] 史蒂夫·萨马蒂诺．碎片化时代：重新定义互联网＋商业新常态［M］．念昕，译．北京：中国人民大学出版社，2015：296.

[3] 克里斯多夫·库克里克．微粒社会：数字化时代的社会模式［M］．黄昆，等译．北京：中信出版社，2018：Ⅻ.

人们的日常生活与交往基本上都在现实物理空间与虚拟网络空间中穿梭完成，随之而来的“智能革命”将知识、技能、机会等在人与机器中进行重新分配，导致平等、自由、公正、民主、法治等原则遭遇重大挑战和危机，“这场新型的‘解析—解体’将创造一个全新的世界。”[1] 在这样的时代变换背景之下，虚实交错的广场化、众声喧嚣和个人的微粒化，会消解和淹没一些弱势群体的利益诉求和呼声。另外，它也很容易借助网络信息瞬间把一些“地方性”，甚至将微小矛盾或冲突激发和放大为重大的带有体制性指向的公共事件，形成某种“媒介化抗争”[2]。这其中又不可避免地混杂着纷争与“碎片化的政治认同”[3]。因此，这种虚实结合的双重空间无疑给基层社会治理带来了更多的挑战和社会风险，“我们解决公共问题时需要复杂的互动网络，承认这些网络的动员力量的同时，也要认识到它带来的挑战。”[4]

3. 智能社会使得基层治理体制超负荷运行

智能互联网的发展给民众带来了巨大的福利，基层社会呈现出空前的开放性与包容性，智慧政务、智慧执法、智慧司法等智慧社会建设的不断深入推进，也对基层治理提供的智慧服务的范围、质量、水平提出了更高的要求。基层社会治理又面临着人员少、任务

[1] 克里斯多夫·库克里克．微粒社会：数字化时代的社会模式［M］．黄昆，等译．北京：中信出版社，2018：Ⅶ－Ⅷ．

[2] 陈天祥．基层治理中的国家与社会：角色、动力与行为［M］．广州：中山大学出版社，2015：138．

[3] 查德威克．互联网政治学：国家、公民与新传播技术［M］．任孟山，译．北京：华夏出版社，2010：37．

[4] 莱斯特·M. 萨拉蒙．政府工具：新治理指南［M］．肖娜，等译．北京：北京大学出版社，2016：34．

重、指标多以及各级党委与政府人员的多头领导、层层加码等问题，使得基层治理体制出现超负荷运行情形。[1]

三、基层社会治理手段存在的问题

（一）治理手段仍存在单一、落后现象

面对日益复杂的情形，基层政府单一的治理手段难以奏效，此时需要采取综合治理手段，硬性与柔性相结合，提高治理效果，基层社会治理手段落后。

1. 治理手段单一

基层政府单向性的行政管控手段与现今基层多元化利益格局相矛盾。[2] 基层治理主体只靠单一的行政命令手段进行治理，已经不能满足如今经济社会发展的需求。

2. 治理手段落后

一是基层治理主体人员素质不齐，在民众利益诉求多样化时进一步引发了基层矛盾，为社会带来极大的不稳定性。二是以“不出事”为原则的有些基层社会治理主体在发生上访、“闹访”“缠访”现象引发的基层矛盾时，首要办法是压制、封锁消息，以便维持基层社会表面的和谐稳定，在压制不住的时候便采用高额经济补偿的办法来满足基层群众的要求，这种基于维护社会稳定环境的异化使得基层社会出

---

[1] 马长山. 智慧社会的基层网格治理法治化［J］. 清华法学，2019（03）：20.

[2] 金祖睿，金太军. 基层政府治理的碎片化困境及其消解［J］. 江汉论坛，2020（1）：50.

现了“不闹无补偿、小闹小补偿、大闹大补偿”的“按闹分配”的非正常现象，[1] 严重影响基层治理法治化建设。

（二）信息化手段运用不足

信息技术的快速发展打破了基层社会原来相对封闭的地域边界，改变了人们的生产生活方式，使得人们的沟通交流不再受地域空间的限制，为基层人民群众提供了参与基层治理的平台，拓宽了群众参与基层治理的渠道，有效地提高了基层民众参与社会治理的热情与积极性，互联网成为基层社会治理中不可或缺的重要工具。但是在基层社会治理过程中存在信息化手段运用不足的问题，基层社会迫切需要更新治理手段，优化社会治理模式，充分利用信息化手段与大数据平台，既要注重日常工作管理，又必须兼顾应急管理，主要表现为以下两个方面。

1. 基层信息化建设不足，信息化技术依然薄弱

基层信息收集的目的大多数只是用于填表格这样的日常项目，缺乏统筹性规划。各部门信息系统独立，没有实现互通共享，数据资源共享难以实现。“信息孤岛”现象严重，不但增加了治理成本，也为基层群众带来了诸多不便，使得基层治理效果不尽如人意。“各自为政、条块分割、烟囱林立、信息孤岛”等现象成为困扰基层政府信息化建设纵深发展的难题。[2]

---

[1] 童彬．基层社会治理法治化：基本现状、主要问题和实践路径［J］．重庆行政（公共论坛），2018，19（4）：43.

[2] 尤田甜，李兆友．“智慧中国”背景下基层政府治理的新特征与新途径［J］．领导科学，2019（8）：17.

2. 基层社会治理主体能力滞后，不善于运用互联网进行社会治理

信息数据多次、重复采集，数据处理效率不高，信息化运用能力不强，缺乏对信息数据的分析研判，不能依据信息数据的变化进行及时调整，不能有效运用数据变化来管理与服务基层社会。[1] 因此，推进基层社会治理的智慧化建设，建立统一的数据信息共享平台，有助于实现各部门之间信息的互通互享，提高监管效率，实现公共服务便捷化、基层社会治理的精细化与现代化。

第二节 基层社会治理法治化存在问题的原因分析

一、相关制度不健全

基层社会治理实现法治化要更加注重发挥法治在基层事务治理中的重要作用，以法律赋权做出一系列符合法律法规制度的行为。在实践中，相关制度不健全导致治理行为缺乏规范性，与法治化治理相背离。

[1] 李万钧. 关于创新基层社会治理的实践与思考 [J]. 理论视野，2017，(9)：57.

（一）资源投入和有关制度与基层治理需求的分离

1. 资源投入基层治理的边际效应递减❶

基层社会治理过程中伴随着资源的大量投入，虽然对于解决基层中的矛盾纠纷起到了一定的积极作用，但是基层治理的成效与这些人、财、物的投入并没有成正比，基层的治理效能依然不高，使得资源的投入变为无效投入，基层治理资源在基层社会不能规范和有效运作，即基层治理资源投入的边际效应递减。

2. 有关制度与基层治理需求相分离

基层政府为提高有关法律和行政法规的可执行性，通常会发布诸多规范性文件。从实际执行状况来看，这些规范性文件大多为上级文件的简单重复，内容中的有效信息并不多，更为基层人员平添诸多任务。在实践中基层并不缺少制度，缺少的是符合基层治理需求的制度，才使得诸多法律规范处于休眠状态，也使得在实践中出现正式制度与非正式制度适用混用的情形，正式制度不能有效下沉到基层，导致基层不能实现制度化与法治化治理。

（二）法律“立、改、废”滞后

在法治中国的背景下，“法律是治国之重器，良法是善治之前提。”良好的法律与完善健全的法律运行机制是基层实现治理法治化的前提基础和首要条件。但是随着社会阶级结构的变化以及主要矛

❶ 梁平．正式资源下沉基层的网格化治理：以河北“一乡一庭”建设为例［J］．法学杂志，2017，38（5）：102.

盾的转变带来的利益诉求多样化，导致基层社会治理的部分领域出现了立法空白与不足的情况，部分法律法规需要进行调整。下位法与上位法相抵触，不同部门的立法之间相冲突，有些法律条款已经不适用当下基层社会发展与治理的现实需要，法律“立、改、废”的滞后一定程度上制约了基层社会治理实现法治化与现代化。

1. 有关行政程序的立法缺少统一性，导致实践中存在一些行政程序违法现象。在实践中，一些地区的乡镇政府将其享有的行政执法权能临时委托给村民委员会，造成执法主体不合法，执法行为主观随意性较大，增大了行政相对人对行政行为的对抗与怀疑，严重影响行政部门的执法权威。[1] 有关多元主体参与治理的规定不清晰，缺乏具体的运行规范、制度流程来促进治理的有序开展。

2. 有关基层政府权力职能的立法缺少系统性。《中华人民共和国地方各级人民代表大会和地方各级人民政府组织法》对乡镇政府的职能做出了规定，乡镇政府“执行本级人民代表大会的决议和上级国家行政机关的决定和命令，发布决定和命令”和“办理上级人民政府交办的其他事项”。而在实践中，正因为对于基层政权的界定不明确，上级部门通常会将多种任务指标分配给基层政府，导致基层政府压力大、任务重，需要应对多个上级政府部门交办的任务，降低了基层工作法治建设的积极性。

3. 对于基层自治范围不明确，可操作性受影响，导致一些基层自治组织在开展基层工作时出现无法可依的局面。一是村民委员会、居民委员会作为基层群众性自治组织，与基层政府不是上下级领导

[1] 梁平. 基层治理的践行困境及法治路径［J］. 山东社会科学，2016（10）：75.

关系，基层政府对村民委员会、居民委员会的工作是指导、支持、帮助，而且不得干预其自治范围内的事项。而村民委员会、居民委员会应当协助基层政府在基层开展有关工作。但是在实践中对于什么是自治范围内的事项以及政府的“指导、支持、帮助”和村民委员会、居民委员会的“协助”的方式、内容，以及应当遵循的原则都没有进一步明确规定。而且在实践中有些基层政府与自治组织之间通常会演变成领导与被领导关系，将自治组织视为准行政机构，进而导致自治组织进行基层自治的积极性降低。二是法律及相关文件规定不明导致村民委员会、居民委员会权力界限模糊，各自职能分工不明晰。党支部领导权与基层自治组织的自治权指向不明，而且对于党组织的具体领导方式与范围并未详细规定，这也导致有些基层党组织和基层群众性自治组织由于权力合法来源的不同，在行使职权过程中出现争夺权力、互相推诿等局面，阻碍了村、居治理的法治化。总之，立法缺陷已经成为制约基层社会治理法治化的重要原因。

（三）正式制度与非正式制度适用有些混乱

在基层社会法治化治理中，由国家制定的正式法律制度固然是治理的主要规范，但是基层社会关系中还存在诸多领域是正式法律制度不能解决的问题，而对于这些正式法律制度无能为力的问题，基层社会风俗习惯、村规民约以及道德规范等非正式制度能够发挥良好的治理效果。非正式制度因其具有本土性特征更易被人接受，拉近人们之间的距离。同时作为正式制度的国家法以这些风俗、习惯作为非正式制度的铺垫，能够更好地融入基层社会中。但是现实中不是所有的非正式制度都与法治的价值目标相一致，尤其在矛盾集中的基层社会中需要对风俗习惯取其精华去其糟粕，吸收优良文化、摒弃恶习，才能够实现基层非正式制度的合法性，如果对这些民间规范不加以鉴别吸收，对其无条件地让步，就有可能导致国家法治的退步。但是正式的法律制度与非正式的制度如何良性互动缺乏明确具体的规范，基层社会在治理过程中常常出现混乱行为，成为阻碍基层社会治理法治化的重要原因。[1] 尽管法治是治国理政的基本方式，但在基层社会治理中，法律尚未成为人们解决问题的首选方式和最终依托，而民间制度源于基层实践，承载着基层社会的传统与习俗，更易被村居民接受，成为基层人民心中的主流解决办法。然而，随着社会现代性转型对传统社会的冲击越来越大，非正式制度调整基层社会已经不能达到期待的治理效果，甚至在某些基层地区中，国家法的实施受到了民间制度的阻碍，影响着基层社会治理的法治化的进程。

1. 村规民约与国家制定法

国家制定法与村规民约实质上是正式制度与非正式制度之间的关系。由于国家制定法对于基层事务的规定不可能面面俱到，体现出基层自治的村规民约在调解基层社会矛盾中举足轻重的作用，但是由于基层地区民众的法律意识与法治素养较低，村规民约存在以下问题。一是制定主体缺少对法律的学习研究，部分制定者存在私利心理，基层群众的知识水平较低，对村规民约的制定漠不关心，参与度低，导致村规民约的制定缺失百姓民意，缺乏群众基础，难

[1] 梁平. 基层治理的践行困境及法治路径［J］. 山东社会科学，2016（10）：73.

以得到有效的认可与遵从。并且部分村规民约过时陈旧，没有及时更新，不能适应当代基层社会的发展。二是村规民约作为规范基层民众日常生活行为的规范，在性质上属于自治规范。但是在基层社会法治建设推进过程中，村规民约的制定成为基层政府对基层行政区域内进行法治化治理的内容之一，在这种情况下，村规民约的制定其实是在政府自上而下推进治理的任务中展开的，是在政府具体指导下产生的，而不是基于基层居民对于其自治需求内生的，这不利于村规民约在基层治理中的有效发挥。三是村规民约与国家制定法相矛盾的内容，导致司法机关在处理此类问题时陷于两难境地。[1]主要表现为土地分配、外嫁女权益等方面，如在实践中，外嫁女权益方面，出嫁女结婚以后未将户籍转出娘家所在的村庄，其并没有失去农村集体经济组织成员的资格。但在某些农村地区，其制定的村规民约中，因为“外嫁女”的身份将其一律排除在农村集体组织成员资格之外，随意剥夺出嫁女的土地承包权。这种做法不但与我国保障妇女儿童合法权益、实行男女平等的基本国策相矛盾，更违背了国家法律规定。在农村宅基地管理方面，面对基层政府对于农村违章建筑管理的行政任务与压力，某些基层地区出台的村规民约严重限制了基层民众的合法权益。虽然其目的是为了限制村民随意翻建农房，但是其行为手段，如罚款严重超出了国家法律赋予基层群众自治的范畴。[2]

---

❶ 李敏．村规民约在基层情境治理中的法治功能分析［J］．广西民族大学学报：(哲学社会科学版)，2019，41（2）：112.

❷ 兰红燕．我国乡村社会治理法治化研究［D］．石家庄：河北师范大学．2019：151.

2. 党内法规与国家制定法

党内法规在基层社会治理中有着举足轻重的作用，对构建多样化的基层治理法治体系有着重要影响。党在基层社会的执政基础直接受到基层党组织法治化程度的影响，加强党内法规建设是基层社会法治化治理的必然选择。党内法规作为非正式法律规范具有天然的软法功能优势，在国家正式的法律制度没有明确规范的领域发挥着重要作用。目前党内法规与国家法律衔接不畅，造成基层党组织与基层群众自治组织的法律关系界定不清，职权配置不规范。同时，在基层社会治理过程中，各地差异很大，对于普遍适用于全国基层社会的相关法律规定和适用于基层党组织的党内法规，如何在基层社会治理应用中不出现混乱，还需要进一步研究。

二、基层法治文化缺失

法治文化是社会治理法治化的软实力，培育基层法治文化与法治风尚是基层治理法治化建设的重要任务，也是衡量基层法治化水平的重要指标，对推进依法治国，维护人民合法权益，实现基层社会和谐与稳定具有十分重要的意义。虽然我国基层普法宣传教育活动已经进行多年，但是现行法律并未成为基层群众以及治理主体解决问题的主要方式与最终依托。[1]

（一）传统滞后观念的影响

尽管随着社会生产力的大幅提升与经济的快速发展，社会文化

[1] 梁平. 基层治理的践行困境及法治路径［J］. 山东社会科学，2016（10）：72.

发展也与时俱进，但是在基层社会，尤其是农村地区仍存在传统滞后观念，阻碍了基层法治文化的推行，具体表现在以下两个方面。

1. 等级观念的影响

农村地区传统的等级观念使得基层民众崇尚权力，并依据其拥有的权力来划分社会地位，甚至由此而演变出不同的社会等级。社会等级由高到低的差距决定着衣食住行的条件，甚至影响着权利和义务分配。这种等级观念导致人们对权力产生了无限渴求与过分推崇，即便在当今依法治国环境不断改善，社会思想主流不断进步，法律面前人人平等的普法宣传下，呈现出公平公正、平等竞争的社会氛围，否定了既存的等级差异与特权，但是基层地区传统的等级、特权思维根深蒂固，尤其在农村地区，平等思想推行的过程尤为艰难。部分基层民众甚至认为拥有权力就可以操纵法律，从而实现个人利益最大化，因此，在打官司时出现找关系、靠人情，无视法律的现象。这种错误观念导致权力的滥用，使得贪污、腐败现象时有出现，难以治理。

2. 对个体权利的忽视阻碍了权利意识的发展

传统的治理模式强调人们的服从与义务观念，忽视人们享有的权利。古代重农抑商的经济政策限制了商品经济的发展，人们的商品意识难以形成，民主自由的观念与经济发展有着密切的联系。部分陈旧的传统思想文化严重限制了人们民主自由观念的发展，从而导致个人难以形成法治社会需要的权利意识，造成了基层社会民众仅了解法律规定的个人应当履行的义务，对于自己享有何种权利以及如何行使自己享有的权利并不了解，权利受到侵犯后不懂得如何维护自己的合法权益，这些现象都阻碍了基层社会治理的法治化进程。

（二）传统宗族制度的影响

基层社会深受宗族制度的影响，尤其是在某些农村地区，传统宗族文化严重阻碍基层政府依法行政与村民和居民的民主自治。传统宗族制度对基层社会的影响主要体现在农村地区。自改革开放以来，中国的生产力水平稳步提升，随之也出现了生产力差距的问题，农村和城市之间生产力差距的矛盾仍然存在，这就需要我们正确认识农村社会的发展现状，因地制宜、因势利导地实现农村基层法治化。农村地区现阶段仍旧以自然经济为主，由自给自足的自然经济逐渐演变而来，这也为宗族制度的存在和延续提供了基础。人民公社制度退出历史舞台后，家庭联产承包责任制出现。家庭联产承包责任制以家庭为基本单位，同时家庭也是农村社会中的基本生产单位和宗族制度中的基本单位。以家庭为单位极大地刺激了农民的生产积极性，最大限度发挥了单位家庭的主观能动性，从而促进了农村生产经济的发展。但是以家庭为单位的模式在生产上仍然有一定的弊端，主要体现在当前的农村生产中的保障制度无法满足单位家庭在多边的市场环境下的需求。这时需要一个针对性的基层社会组织与农民共同抵御经济变化风险，宗族制度的组织性恰好能满足基层农民关于经济保障方面的基础需求，因此，宗族制度仍具有其存在于农村的意义。但是宗族制度的存在孕育出大量与当代法律精神相背离的观念，干扰基层社会治理，阻碍了基层社会治理的法治化，具体而言主要体现在以下三个方面。

1. 宗法传统与宗族文化的影响

逐步实现现代化和法治化的农村承载着中国千年文化底蕴，仍然是一个以“礼”为核心的传统宗族的家族性社会，人们以远近亲疏为依据处理各种社会关系。费孝通认为：“在这种社会中，一切普通的标准并不发生作用，一定要问清了对象是谁，与自己什么关系之后，才能决定拿出什么标准来。”❶ 伦理成为这样的社会中人际关系调控的准则，法律则是国家层面的审判和制裁，是立于伦理之上的社会调控补充与范围界限。而宗法传统和宗族文化遵循的是有悖现代法治原则的封建思想，如官本位、权本位、义务本位观念，以及家长与等级制度等。近几年家族宗族力量随着农村选举制度的加强而迅速聚集，渗透到基层社会各个领域，成为农村社会治理中不容忽视的力量。

2. 宗族观念根深蒂固

自改革开放以来，伴随着宗族组织的存在，宗族观念不断发展，代代相传，难以根除，成为农村文化的重要组成部分。当然，宗族观念在农村的发展中具有一定的积极作用，但是落后的经济社会形成的宗族观念毕竟是保守落后的，与现在社会治理法治化目标相背离，不符合现在的民主法治观念，一定程度上阻碍了农村的发展。在现代社会农村发展中，受到宗族观念的影响，农民倾向于“人治”的观念依旧存在，依赖传统观念的思想严重。推行以法治化治理为核心的基层社会治理，势必对原有的宗族观念产生冲击。在“人治”向“法治”的转变过程中，深受传统宗族观念影响的农民可能会出现对宗族组织的信任高于法治化的村民自治组织或政府行政组织，使基层治理法治化陷入进退两难的境地。

❶ 费孝通．乡土中国［M］．上海：上海人民出版社，2013：56．

3. 宗族对于自身利益的维护

宗族的基础是共同的血缘关系，以血缘关系为宗族纽带，以血缘关系形成宗族力量，以家庭为单位聚集形成稳定的居住区。正是因为这种血缘关系使得宗族组织代代相传，其活动是为了宗族群体获得最大利益。宗族组织在进行基层民主选举活动中参与积极，使得农村以后的发展有利于自己的宗族组织，对农村治理和民主选举产生了巨大影响。基层的民主选举集中在各宗族内部候选人中，仅依靠血缘宗族关系进行的选举，考虑的基本都是宗族的利益。这种情况下，最终选出的候选人往往并不适合广大村民。长此以往，某些宗族组织在农村治理中形成了垄断，控制了农村的选举，村民委员会逐渐成为宗族组织发展的工具，导致农村的治理和发展无法正常进行。随之演变而来的就是强大的宗族势力可能转化为黑恶宗族势力，选举不公平、冲突、被迫中止的现象时有发生，不断左右基层的民主决策。并且利用“法不责众”“有事大家扛”的心理，引发基层事务的“小题大做”，直至演变为群体性事件，为政府维护社会稳定工作带来了极大困扰。甚至致使法治化进程发展缓慢甚至停滞，黑恶宗族势力极大弱化了基层政府的治理权威。以血缘关系为基础的宗族制度严重扰乱了基层的现代化治理，与基层依法治理的原则背道而驰。

（三）法律思维欠缺的影响

我国基层尚未营造出“不能违法、不愿违法、不敢违法”的法治氛围。[1] 在基层社会治理过程中，由于人们信权力、轻法律以及信访不信法的认识偏差，使得群体活动避开司法程序直接诉诸暴力的行为时有发生，法律并没有成为基层群众以及治理主体用来定分止争的主要规范。[2] 相反地，法律有时反而成为基层政府用来解决纠纷的威胁手段，甚至演变成有理一方用来获取最大利益的砝码。[3]

1. 基层党组织干部法治观念有待加强

法治文化意识与法治素养水平是基层党组织依法执政的关键，学习法律知识，增强法律意识是基础，我们应该学会运用法治思维与法治方式处理、解决与基层群众之间的关系，加强与基层群众的联系，维护基层民众的合法权益与基层社会的法治秩序。有些基层党组织干部法律知识与法治观念都存在欠缺与不足。第一，基层党组织干部的法律知识欠缺。法律是党员干部政治理论学习的重点，但是在某些地区，法律知识的学习只是走过场，流于形式。导致部分基层党员干部并没有深入、全面、系统地学习法律知识，进行法律培训，对法律的片面理解导致基层党员的法治思维淡薄，法律意识不强，法治观念和依法办事能力不高，甚至出现违背法律精神的做法，影响依法执政水平。第二，基层党组织干部观念错误。有些基层党组织功能能否有效发挥的重点在于基层党员干部的法治观念与法治素养的高低。基层党组织干部作为基层社会治理的重要领导者，其工作意识与思想观念影响着基层治理现代化进程，但目前还

---

[1] 唐寿东，孙英．全面依法治国视域下基层治理法治化研究［J］．天津行政学院学报，2017，19（5）：41.

[2] 姬艳涛，杨昌军．社会组织在基层治理法治化中的功能及其实现：基于“枫桥经验”的调查和思考［J］．中国人民公安大学学报（社会科学版），2018，34（4）：119.

[3] 梁平．基层治理的践行困境及法治路径［J］．山东社会科学，2016（10）：72.

存在相当一部分的党员干部观念陈旧落后，对各种“主义”“观念”盲目追随，❶ 导致部分基层党组织干部对基层社会法治化治理工作缺乏足够认识，难以起到应有的领导作用，不能发挥党员的先锋模范作用。❷ 一是官本位、权本位思想根深蒂固，习惯凭借经验与个人想法治理基层社会，综合素质不高，党纪意识淡薄，不依照法律和各项规章制度办事，对于手中的权力并没有加以制约限制，将个人凌驾于法律之上，甚至出现人治代替法治的现象。同时，有些基层党组织过于强调管理而忽视对村民和居民的服务，导致基层社会关系恶化，违背了党“为人民服务”的基本工作宗旨。二是盲目追求结果与政绩，不注重过程发展，重实体、轻程序，工作随意，违背了程序的公平正义，甚至以违法违规的方式不正当地推动发展，阻碍了部分基层的法治建设。

2. 基层政府领导干部和执法人员法治观念有待加强

部分执法人员素质不高、法治观念不强是产生不规范执法行为的重要原因之一。第一，部分基层政府重管控、轻法治。一是部分基层政府的领导干部与执法人员传统体制的惯性思维根深蒂固。受官僚主义以及人治思想的影响，政府机构的治理思维依旧是传统的命令服从模式，核心是压制，❸ 习惯管理与控制，依赖惯例和传统方式，多用行政命令，而轻视对于法律法规的运用。部分基层执法人员法治意识、法治思维落后，依法办事能力不强，有法不依、执法

---

❶ 刘柳，李毅弘．农村社会治理中基层党组织功能发挥研究述评［J］．领导科学，2016（20）：26.

❷ 朱青．基层党建与社会治理如何深度融合［J］．人民论坛，2019（7）：108.

❸ 章剑生．现代行政法基本原理［M］．北京：法律出版社，2014：125.

不严、以权代法、以言压法等现象仍然存在，依法行政、公正文明、规范执法的法治建设意识不足，执法理念严重落后，甚至出现人治大于法治的现象。二是基层政府的一元管理的思想到多元主体协同治理理念转变得不够，执法人员过分强调政府职能，将社会组织以及村居民排除在基层的治理体系之外，违背了治理主体多元化的要求。第二，基层政府重维护稳定、轻权利保障。稳定是基层治理有效性的标志，也是社会得以发展的前提，但维护稳定不代表稳定。基于我国发展速度快、国内形势复杂的背景下，维护社会稳定成为常态，特别是在当今信息爆炸时代，个体矛盾演变为群体矛盾所引发的轰动效应对社会的稳定造成了极大的破坏。部分基层政府面对巨大的维护社会稳定压力，本着“摆平就是水平”的理念，以“不求有功，但求无过”的态度，要么能拖就拖，以虚假承诺拖延时间，要么采取粗暴手段进行压制，要么用高额经济补偿满足基层群众的要求，来换取表面上的稳定与和谐。没有将服务群众放在首位，与基层群众缺乏有效沟通，没有真正做到倾听民声、以民为主，处理手段与结果也都是基于维护社会稳定的目的，甚至出现追求稳定而脱离法律的做法，损害了当事人的合法权益与政府权威，使得基层社会治理脱离法治轨道，有悖基层治理应当实现公平正义的法治目标。第三，部分基层政府部门深受自利性思维桎梏。自利性思维是指基层政府以部门本位为代表的治理思维导向。李克强总理曾指出，“如果被部门和局部利益牵着走，不仅损害全局，从长远看对部门也是不利的。”[1] 近年来，伴随着改革步伐逐渐延伸至基层，上级政府

---

[1] 李克强．全面履行政府职责　努力实现民之所望［N］．人民日报，2013－03－22.

也不断向基层政府放权，为基层政府发展地方经济、整合地方资源、维护基层社会的和谐稳定提供了有利条件。但是，当前社会正处于转型时期，相关制度尚不健全，在权力下行过程中，基层政府及其部门仍然扮演着“掌门人”的角色。在实践治理过程中，基层政府与同级政府、上级政府之间以及政府的内部各部门之间的关系难以调适。在以目标考核为趋向的背景下，不同政府部门及其单位都有自己的本位性文化，其外在表现为自利性趋势。这种本位性部门的思维制度设计与“政府各部门应该是实现社会整体利益的工具”[1]是完全相违背的，尤其在基层治理过程中，部分部门单位多注重自身利益而忽视整体大局，个体利益凌驾于大局利益之上。受自利性思维的影响，部分基层政府官员的工作方式严重损害政府公信力。这种自私狭隘的自利性思维破坏了整体与局部、上下级政府部门之间的协调统一关系，并进一步造成了资源的巨大浪费，阻碍了基层政府治理的法治化。[2]

3. 基层社会群众法律意识淡薄

第一，基层群众缺乏主动参与基层治理法治化建设的意识。基层群众作为基层治理法治化建设中重要的参与主体，应当主动积极参与基层法治建设。然而，从实际情况来看，基层群众的法治意识依旧淡薄，主要体现在以下两个方面。一是受我国传统文化的影响，大部分群众仍是义务性思维，习惯顺从接受政府的命令与管控，社

[1] 胡海，殷焕举．协同化治理：社会治理创新的现实选择［J］．学术界，2015(9)：149．

[2] 金祖睿，金太军．基层政府治理的碎片化困境及其消解［J］．江汉论坛，2020(1)：50．

会治理参与意识低，关心更多的是与自己切身利益相关的事情，对于其他事情漠不关心；二是社区作为基层群众自主管理的重要场所，在实际治理中，尤其是在一些混合型社区，人口流动较大，外来人口较多，人员复杂，社区归属感较少，社区居民主动参与基层法治建设的观念薄弱。第二，部分基层群众缺乏对相关法律法规的了解。大多数基层社会群众文化水平较低，法律知识匮乏，法治观念淡薄，不懂得运用法律武器维护自己的合法权益；同时对法律的作用也存在误解，认为法律是用来惩罚坏人、制裁犯罪的武器，当自己的合法权益受到侵害时，不会想到运用法律解决问题，却将权力视为最高权威。第三，基层群众利益诉求主张不合法，没有形成正确的法律维权意识。在基层社会中，人们更喜欢通过讲人情、走门路的方式满足非法诉求。此外，在法律知识有限、运用法律维权成本较高以及信权力轻法律的观念等因素的影响下，人们往往更愿意选择通过上访、闹访、缠访、群访来维护自己的权益，违背了信访本身的沟通民意、缓和化解冲突的作用。更可怕的是，部分基层群众掌握了政府维护社会稳定的心理，通过越级上访或者敏感时期上访，使得信访成为其用来要挟政府满足自己不合理需求的手段，使得法律并未真正成为治理基层社会、解决基层事务的主要方式。[1] 对土地征收、拆迁安置补偿等问题的不满产生的集体上访事件也成为基层治理法治化建设的难题。[2]

---

[1] 梁平．基层治理的践行困境及法治路径［J］．山东社会科学，2016（10）：73．

[2] 童彬．基层社会治理法治化：基本现状、主要问题和实践路径［J］．重庆行政（公共论坛）2018，19（4）：41．

三、基层治理环境保障不充分

（一）基层治理监督缺乏

基层治理监督制度是基层社会治理实现法治化治理的重要保障。通过对基层社会治理的主体、行为、手段等进行合理合法监督，能够推动基层治理在法治轨道上有效运转，依法保障村居民的合法权益。但是我国基层治理监督存在以下三个方面的问题。

1. 权力运行制约与监督力度不足。一是内部监督力度不足，导致执法工作不严谨，执法效率不高，执法权力没有受到有效制约；外部监督力度微弱，村民和居民行使监督权的渠道少，积极性也不高。没有约束的权力带有极大的主观随意性，部分村民委员会和居民委员会干部以其享有的自治权滥用权力，代替村民委员会和居民委员会做出民主决策，导致重大决策事项缺少群众参与，决策不能反映民众诉求。二是社会舆论监督不完善。完善的社会舆论监督能够使问题在萌芽阶段被发现和解决，促进社会文明进步，约束政府权力，规范民众行为，使社会形成有法可依、有法必依的法治氛围。但是，一些基层政府过于偏爱舆论的“正面报道”，对于舆论提出的批评淡漠。

2. 欠缺规范化的行政决策程序以及多元利益主体间的责任划分制度，造成基层社会治理中社会各主体缺乏有效参与和互动。部分基层政府过度依赖行政化手段，干预村民委员会和居民委员会“两委”民主决策，使基层政府在基层自治中出现越位、错位等情形。

同时，执法追责程序不完善，对执法司法过错责任追究机制落实不到位，未将执法司法过错记录纳入干部考核，由此导致部分执法司法人员不作为、乱作为现象严重，[1]严重影响了基层政府的公信力及行政效率。

3. 基层社会治理的考核评价体系不健全。社会治理重点在基层，职责任务也聚集在基层，但是由于对于基层社会治理考核评价机制不够健全，限制了基层在社会治理上的积极性。[2]一是考核方式上没有结合上下双向考核，过度注重职能部门对属地基层政府的单向考核评价，忽视了基层对服务对象的利益需求满足情况。二是考核评价指标上，重视经济发展与基层的稳定，忽视了培育多元主体参与基层治理等事项，降低了基层群众参与治理的积极性。三是考核评价过于看重结果，甚至以上访次数、群体性事件等作为考核标准，对于治理过程没有予以充分重视，使得一些政府与执法人员只追求表面上的考核结果。这样的基层社会治理的考核评价机制体系没有发挥出引导基层治理法治化、标准化、有效化的作用，将基层社会治理纳入法治轨道，加强基层治理环境保障，必须改革基层考核评价体系。

（二）法治宣传教育不完善

开展基层法治宣传教育是为了维护社会稳定和谐，为了基层法治化治理，为了促进经济社会发展服务。基层社会法治化是社会主

---

[1] 唐寿东，孙英．全面依法治国视域下基层治理法治化研究［J］．天津行政学院学报，2017，19（5）：42.

[2] 李万钧．关于创新基层社会治理的实践与思考［J］．理论视野，2017（9）：58.

义法治国家的构成内容，基层民众普遍法治意识的培育与提高是基层社会法治建设的关键环节。开展基层法治宣传、法治教育、法治文化活动，向人民群众宣传法律法规，普及人民群众的法律意识，提高人民群众法律素养关乎一个国家的稳定繁荣和经济的发展。做好基层普法宣传工作是推动基层社会法治建设、维护基层社会和谐稳定的有力保障。我国前后共经历了三十多年的普法宣传活动，基层民众的法律知识从无到有，法治观念与维权意识有了极大的提升，基层社会治理主体的依法办事水平也有了极大的改善。但是距离基层社会治理实现法治化还有一段距离，基层的法治宣传教育还需要进一步改善。

基层法治宣传教育活动浮于表面、流于形式，不能满足基层民众的多样化需求，宣传效果不明显。一是基层社会的法治宣传教育方式落后。基层的法律宣传采取的主要方式是挂横幅、贴标语、摆展板、发资料、开讲座等，宣传手段单一，宣传载体较少，受众面较窄，缺乏创新性与艺术性，宣传方式保守陈旧，没有与时俱进，对新媒体等信息技术运用不充分。二是宣传内容多为法律条文，枯燥乏味，法治氛围营造不够，不能吸引基层群众，不能调动群众学法的积极性，群众参与度不高。法治宣传内容体系不完备，没有针对不同群体的法治需求进行宣传与教育，法治宣传仅仅是走个过场，不能满足基层民众在日常工作学习中的需要。三是基层的法治宣传教育队伍力量薄弱。法治宣传教育工作者的主体能动性不强，对法治宣传教育工作的重要性认识不足，思想懒散，形式主义严重。基层的法治宣传工作主要由司法所、村民委员会和居民委员会干部和执法人员配合负责，普法队伍人员素质良莠不齐，部分人员身兼数职，未经过专业系统的法治培训学习，普法公信力不高。基层普法工作的物质保障不充分，经费匮乏，缺少资金支持，普法人员待遇没有保障。四是对于普法工作的实际效果缺乏细致的考核评价体系。对于普法工作者的工作质量缺少监督，普法工作的主动性与积极性有待提高。五是法律进基层的效果不明显，部分学校开设的法治教育课程也仅是流于形式，对学生、无业青年等重点人群的法治教育不到位。[1]

（三）法治惠民、法治保障亟待加强

法治的核心在于能够为社会提供更良好、和谐、稳定的发展环境和更宽阔的民众福利空间，保障个人自由发展，推动市场经济繁荣发展。但在基层社会治理中，法治惠民与法治保障还存在不足，主要体现在以下三个方面。

1. 基层社会的公共法律服务体系落后

公共法律服务体系作为法治建设的重要内容，可以看作是国家对公民“法律意识形态”的投资，通过多种多样的法治宣传教育形式提升公民对法律的了解，引导公民主动选择法律解决矛盾纠纷，提高公民法治观念与法律素养，进而在全社会形成知法、守法、用法的良好法治氛围，促进社会与国家的稳定，为全面依法治国提供稳定的主流价值支持。[2] 在党与国家的系列方针政策的指引下，我国

---

❶ 唐寿东，孙英．全面依法治国视域下基层治理法治化研究［J］．天津行政学院学报，2017，19（5）：42.

❷ 杨凯，张怡净．论公共法律服务体系建构的法学理论构架基础［J］．南海法学，2020.4（4）：10.

公共法律服务体系建设取得了显著成效。根据司法部公布的数据，我国村（社区）法律顾问制度取得了突出成绩，截至2020年1月，全国65万个村（社区）配备了法律顾问，覆盖率达到99.9%。[1] 然而，从社会治理方面来看，当前基层社会的公共法律服务体系建设还存在诸多问题。最直接的体现是，基层民众往往被动地选择法律手段而非主动选择，造成了基层公共法律服务体系的“悬浮”状态，这种“悬浮”是指实质意义上的悬浮。官方数据显示，在形式上虽然我国公共法律服务平台的设置已经实现了省、市、县、乡、村五级全覆盖，但是在实际运行中，该服务体系未真正嵌入基层，民众对基层公共法律服务的知悉与认可程度较低。[2] 2019年张焕彬在昆明市的调研结果显示，76%的民众有通过法律途径解决纠纷的意愿，但只有38%的民众知晓公共法律服务（法律援助）和“12348”法律服务热线，其中还有超过一半的民众认为公共法律服务平台发挥作用一般或没有发挥作用。[3] 具体而言，表现在以下四个方面。一是服务建设主体方面。在基层法律服务组织方面，首先，数量稀少且规模较小，专业人员比例较小，工作人员大多是志愿者，队伍人员素质差别大，社会服务意识较差，缺乏公共法律服务的意愿，主体作用发挥不充分，法律服务能力有待提升。特别是人民调解员，国家没有明确的资格准入条件，因此，相对律师来说，人民调解员群

[1] 司法行政改革稳步推进　公共法律服务就在群众身边［EB/OL］.（2020－01－16）［2020－06－21］. http：//www.moj.gov.cn/Department/content/2020－01/16/6123240184.html.

[2] 王亚丰，黄春蕾.乡村公共法律服务体系建设的价值、困境与优化：基于社会治理视角［J］.安徽行政学院学报，2021（1）：108.

[3] 张焕彬.公共法律服务驻在式调研报告：以云南省昆明市为例［J］.中国司法，2019（5）：59.

体的法律专业素质较低。人民调解员在当前基层社会是提供公共法律服务的重要主体，他们在解决基层社会民众间纠纷时常常依靠熟人关系进行诱导规劝，对于纠纷涉及的法律知识了解不多，很难保证提供的是真正的法律服务，导致其在基层公共法律服务方面难以发挥显著作用。其次，对基层法律服务组织的角色认知存在偏差，服务能力不足，无法满足基层社会公共法律服务的供给需求。社会治理理论认为，法律服务组织在基层社会治理中起到联结沟通政府与社会间的桥梁作用，[1] 但是在实践过程中，这些法律服务社会组织，如人民调解组织通常把自己置于政府的依附者角色中，或者，如高校法律援助中心将自己完全独立于政府之外，认为其与政府毫无关系，这些都阻碍了政府与社会之间的交流。作为基层法律服务体系建设的主导者的基层政府方面，基层政府与司法行政部门消极被动地开展法律服务工作，与公共法律服务体系治理功能发挥的主动性诉求相违背，严重制约了基层法律服务的效率以及治理效能的提升。[2] 二是服务内容方面。基层社会公共法律服务的内容质量不明确，供给与需求不匹配，监督与考核机制不健全，覆盖面不均衡，城乡差异大等问题严重，[3] 法律援助体系不健全，对有特殊需要人群的法律援助工作存在不足，不能满足基层民众的法律诉求，对基层出现的矛盾纠纷不能及时有效地依法解决，导致矛盾累积出现群体

[1] 文军．中国社会组织发展的角色困境及其出路［J］．江苏行政学院学报，2012（1）：57－61．

[2] 王亚丰，黄春蕾．乡村公共法律服务体系建设的价值、困境与优化：基于社会治理视角［J］．安徽行政学院学报，2021（1）：109．

[3] 童彬．基层社会治理法治化：基本现状、主要问题和实践路径［J］．重庆行政（公共论坛），2018，19（4）：42．

矛盾。基层政府往往更注重基层法律服务资源的投入，如扩充法律服务人员数量与法律服务站点，却很少关注基层法律服务的效能，导致基层法律服务出现“事倍功半”的现象，资源浪费现象严重。[1]三是制度建设方面。基层公共法律服务体系建设缺乏权责明晰的具体管理部门，仅有部分地区的司法行政机关设有公共法律服务体系的专门机构，同时部门设置较为混乱，缺乏统一管理与多元互动机制，限制了公共法律服务的作用发挥。[2] 基层公共法律服务体系的有效建设离不开多元主体协同。多元主体协同要求政府、社会、市场共同参与社会治理过程，提高社会治理效能。但在基层法律服务体系建设过程中缺乏多元互动协调机制，使得政府陷入了“自说自话”“自顾不暇”的困境，多元协同治理难以实现。首先，政府和社会组织之间缺乏合作互动机制。在诸多基层公共法律服务建设的政策文件中都体现出要重视引进社会组织的力量，加强与社会组织的合作，但是由于缺乏正式的合作互动机制，导致政府很少采纳社会主体的有关建议，传统的独断决策模式没有发生实质改变，社会主体也很难得到政府的支持与引导，使其在提供公共法律服务时效率不高，呈现零散特点。[3] 其次，政府与基层民众之间缺乏互动机制。基层的信息化水平较低，民众文化水平不高。作为一种新兴的、专业度较高的法律服务，进基层需要进行大力宣传推广，才能使基层民众全面了解，进而寻求法律服务手段解决问题。然而政府与基层民众之

---

[1] 王亚丰，黄春蕾．乡村公共法律服务体系建设的价值、困境与优化：基于社会治理视角［J］．安徽行政学院学报，2021（1）：109.

[2] 张娟娟．山东省公共法律服务体系建设研究［J］．科技视界，2019（11）：96.

[3] 王亚丰，黄春蕾．乡村公共法律服务体系建设的价值、困境与优化：基于社会治理视角［J］．安徽行政学院学报，2021（1）：109.

间的互动机制尚未广泛推进与建立，基层民众不了解法律服务的情形依旧存在，致使民众寻求法律服务帮助的意愿不高，降低了民众运用法律手段解决纠纷的主动性。四是外在环境方面。基层公共法律服务体系所处的社会环境是从“熟人社会”向法治社会转变过程中的一个中间状态——“半熟人社会”。在“半熟人社会”的环境下，基层社会依靠人情关系、乡土习俗维持的内生秩序逐渐瓦解，但是依靠契约关系与法律规范运作形成的法治秩序尚未有效建立，基层地区的运行规则出现碎片化。基层民众的传统礼法思维与现代法治存在脱节，风俗民约与法律法规仍会发生冲突。在此环境下，基层民众仅仅了解法律的权威，对法律的作用存在怀疑，法治不能满足基层社会治理的现实需要，尚处于基层社会治理的外围，没有充分融入基层社会治理的内部流程。[1]

2. 基层社会治安防控体系不健全，综合协调机和工作创新机制不完善

健全公共安全与治安防控体系、提高维护公共安全能力，是加强和创新社会治理、提高社会治理水平的重要方面。[2] 基层治理面临的问题有如下三个方面。一是基层社会人口流动性大，随之带来的大量社会治安问题，如盗窃、抢劫等难以监管。尤其是在农村地区，由于资金不足，公共视频监控系统的建设投入不够，信息共享不充分，各部门信息系统独立，社会治安防控的大数据平台信息共享度

[1] 王亚丰，黄春蕾．乡村公共法律服务体系建设的价值、困境与优化：基于社会治理视角［J］．安徽行政学院学报，2021（1）：108.

[2] 魏礼群．提高社会治理水平　决胜全面小康社会：全面建成小康社会之时中国社会的景象特征及实现目标任务与路径选择［J］．社会治理，2016（5）：16.

不高，公共安全视频监控存在数据整合利用度不高的问题，甚至某些基层地区由于权限有限，诸多信息平台的资源不能使用。二是社会多元主体对社会治安防控体系的参与不充分。尽管在治安防控体系中，无论对社会治安问题进行指示还是参与治安防控都必须通过公安机关决定。[1] 社会治安防控体系是社会层面的治理问题，不仅是公安机关的职责。仅靠公安机关单打独斗不能取得良好效果，尤其是在基层社会治理中，平安社区建设、治安防控体系的健全离不开政府行政力量的推动以及广大人民群众社会力量的支撑。但在基层实践中，公安机关基本上承担了基层治安防控体系的建设工作，其他政府部门以及群众参与不足，公安机关同社会组织的配合机制也尚未形成，社会整体防控合力不够。三是基层社会重大风险防控体系短板明显。大部分基层社区都缺少重大风险应急管理预案，注重事后应急管理，忽视日常统筹预备，同时与上级部门配合机制尚不健全。

3. 基层政权的给付行政能力不足与治理能力弱化[2]

随着经济的高速发展和社会主要矛盾的变化，基层社会民众的生活方式发生转变，精神需求与法治意识普遍增强，对政府的要求也越来越高。社会治理事务不仅要注意危急情况下的救助，还要尽到提供社会保障改善公民的生存状况的义务。[3] 给付行政是政府现代行政的主要标志，但基层政府把大部分精力都放在完成上级的命令

---

[1] 王晓滨，张旭．创新立体化社会治安防控体系研究：以结构功能相关律为关照［J］．北方法学，2015（2）：50.

[2] 梁平．基层治理的践行困境及法治路径［J］．山东社会科学，2016（10）：74.

[3] 李国兴．超越“生存照顾”的给付行政　论给付行政的发展及对传统行政法理论的挑战［J］．中外法学，2009，21（6）：829.

和工作指示上，全力维护基层社会稳定，无暇顾及提升广大民众的福利。致使当前基层给付行政能力和基层社会治理方式与治理能力不能满足当前民众日益增长的美好生活需要。[1]

[1] 李占宾．基层治理的现实困境及法治化路径［J］．河南师范大学学报（哲学社会科学版），2016，13（1）：20.

第三章　基层社会治理法治化有效性评估指标体系

基层社会治理法治化水平直接关系国家治理体系治理能力的现代化。依法治化评估必然需要一个有效的评估指标体系，以期起到基层社会治理指挥棒的作用。也就是说，我国基层社会治理法治化是否有效，需要一个评价体系来评价。我国传统基层社会治理主要依靠道德规范、村（居、街）规民约、乡土传统习惯来约束和治理。随着我国进入新时代，党和国家对基层社会治理提出了新要求，法治治理理念开始进入乡土中国，慢慢在乡土社会治理中起着越来越重要的作用，出现了在基层社会治理中传统与现代治理相结合的特点。根据这一特点，我们设计了基层社会治理法治化有效性评估的指标体系。经过课题组对山东基层社会法治状况的调研，我们设计了一套符合基层社会特色的法治化指标体系。社会治理法治化评估指标体系中共设定三个一级指标，也是基层社会治理法治化有效性最核心的指标，作为基层社会治理法治化有效性实施的根本依据，分别为基层党组织的法治化建设程度、基层政府的法治化建设程度、基层社会的法治化治理程度。三个一级指标体系项下各设定若干二级指标体系，这些二级指标体系涵盖了基层社会治理法治化的具体相关制度，作为基层社会治理法治化有效性评价的浅层指标，代表了乡镇、农村、社区各个治理主体对法治的认知和实践应用水平。每个二级指标体系下各设定两到三个主要观测点，对基层社会治理法治化进行更深入的考察和评价，体现了基层社会治理法治化的各主体对于社会治理法治化的评价，也是进行基层社会治理法治化评价的一个关键步骤。

第一节　指标体系简表

基层社会治理法治化指标体系

一级指标	二级指标	主要观测点
1. 基层党组织的法治化建设程度	1.1 基层党组织对基层党建工作的法治化建设情况	1.1.1 基层党组织自身的法治队伍建设情况
		1.1.2 基层党组织的基层法治实践情况
	1.2 基层党组织干部在基层治理中的法律运用能力	1.2.1 基层党组织干部的依法执政水平
		1.2.2 基层党组织干部对干群关系纠纷的依法解决能力
	1.3 党内法规对基层党组织成员的约束程度	1.3.1 党内法规对基层社会治理的影响程度
		1.3.2 党内法规对党组织干部行为的规制程度

续表

一级指标	二级指标	主要观测点
2. 基层政府的法治化建设程度	2.1 基层法治型政府的建设情况	2.1.1 各项法律制度、政策措施在基层社会的落实情况
		2.1.2 基层政府在基层治理中的依法行政情况
		2.1.3 基层政府机构依法设立、活动依法运行情况
	2.2 基层民主型政府的建设情况	2.2.1 基层组织的民主选举情况
		2.2.2 基层组织各项事务的公开情况
		2.2.3 政府对基层事务的干预程度
3. 城乡基层社会的法治化治理程度	3.1 城乡基层社会治理主体的法治教育程度	3.1.1 城乡基层执法人员的法治教育程度
		3.1.2 村居干部的法治教育程度
	3.2 国家法治政策在城乡基层治理中的宣传教育开展情况	3.2.1 城乡基层法治教育宣传主体的普法活动开展情况
		3.2.2 城乡基层法治宣传教育内容的覆盖范围
	3.3 基层自治组织的依法自治情况	3.3.1 村居委会承担的义务性政府事务
		3.3.2 村居委会的自治职责性事务
	3.4 城乡基层公共法律服务体系的建设程度	3.4.1 城乡基层公共法律服务机构的建设程度
		3.4.2 城乡基层公共法律服务队伍的建设程度

第二节　指标体系详解

一、基层党组织法治化建设

（一）一级指标

坚持党的领导是中国特色社会主义最大的政治优势。中国共产党第十九届中央委员会第四次全体会议提出：“中国共产党领导是中国特色社会主义最本质的特征，是中国特色社会主义制度的最大优势，党是最高政治领导力量。必须坚持党政军民学、东西南北中，党是领导一切的，坚决维护党中央权威，健全总揽全局、协调各方的党的领导制度体系，把党的领导落实到国家治理各领域各方面各环节。”[1] 从“坚持中国共产党的领导”到“党是领导一切的”，不仅体现了中国共产党人的战略思维，更体现了执政党对自身建设规律认识的不断深化。

推进国家治理体系和治理能力现代化，坚持中国共产党的全面领导尤为重要。国家治理向前推进的每一步都离不开党的领导，国家治理的成效实际上也取决于党的领导。[2] 基础不牢、地动山摇，一个国家治理体系和治理能力现代化水平在很大程度上体现在基层。

---

[1] 中共中央关于坚持和完善中国特色社会主义制度　推进国家治理体系和治理能力现代化若干重大问题的决定［N］．人民日报，2019－11－06（1）：2.

[2] 张荣臣．把党的领导落实到国家治理各环节［J］．人民论坛，2020（S1）：121.

正基于此，中国共产党第十九届中央委员会第五次全体会议提出，“十四五”期间要努力实现社会治理，特别是基层治理水平明显提高的目标。[1] 并且将基层社会治理体系和治理能力现代化水平作为体现“改善人民生活品质，提高社会建设水平的重要内容”。中国共产党领导是当代中国基层社会治理最显著的特征。[2] 因此，在矛盾集中复杂的基层，社会治理必须坚持中国共产党的领导，党对基层社会治理的领导地位是中国历史和人民的选择。在当前法治社会的建设过程中，基层社会治理法治化进程中，党的核心领导地位不能动摇。在法治建设基础薄弱的基层社会治理中发挥领导作用，需要基层党组织建设过硬。法治型政党的建设是保障基层党组织在基层社会法治化治理过程中领导地位和领导作用发挥的基本前提。中国共产党在国家社会主义建设中担负着领导的重任，是整个国家治理的领导力量，在基层社会治理建设中具有核心领导地位，党领导基层社会治理也是应对社会主要矛盾变化的现实要求。[3] 因此，党的十九届四中全会提出了“健全党组织领导的自治、法治、德治相结合的城乡基层治理体系”[4]。

基层社会治理法治化建设，要求各级党组织在基层社会治理中充分发挥领导作用。党领导基层社会治理，并非否定个人权利，相

[1] 中国共产党第十九届中央委员会．中共中央关于制定国民经济和社会发展第十四个五年规划和二〇三五年远景目标的建议［N］．人民日报，2020－11－04（1）：3．

[2] 祝灵君．党领导基层社会治理的基本逻辑研究［J］．中共中央党校（国家行政学院）学报，2020，24（4）：38．

[3] 李美茹，曾盛聪．党领导基层社会治理的逻辑理路与实现路径［J］．理论探讨，2021（2）：143．

[4] 中共中央关于坚持和完善中国特色社会主义制度　推进国家治理体系和治理能力现代化若干重大问题的决定［N］．人民日报，2019－11－06（1）：8．

反，还要善于运用法治思维、法治方式保障人民的合法权益；党领导基层社会治理，并不是否定群众自治，而是要建立党组织领导的自治、法治、德治相结合的城乡基层治理体系；党领导基层社会治理，并非否定社会治理的多元主体，而是在多元中聚焦一元，以党的初心使命铸就全体人民的共同政治与思想基础，推进社会主义民主协商、广泛多层制度化发展，最终形成共建共治共享的基层治理新格局。[1] 党具有“总揽全局、协调各方”的能力，基层社会治理是党的领导重要内容之一，党和国家对基层社会的治理主要由政府主体具体实施完成。新时代党政关系在党政分开的基础上进一步向党政融合发展，党政融合不但优化和提升了党政机构的设置和效能，还增强了党的执政能力和领导能力。通过在中央设置关于社会治理重要问题的各种领导小组，在各级党政机构中设置与中央“对口”的机构，加强了党对基层社会治理领域的重要部位和重大问题的把握和集中统一领导。基层党组织的法治化建设程度，我们设计了三个二级指标和六个观测点。

（二）二级指标体系及主要观测点

二级指标 1.1　基层党组织对基层党建工作的法治化建设情况

主要观测点 1.1.1　基层党组织自身的法治队伍建设情况

基层党组织的法治队伍建设情况是基层党建工作法治化建设情况的重要观测点之一。党的十八大和十九大都强调加强党组织的自身建设。党的自身建设是改善党的领导的前提基础，“打铁必须自身

[1] 祝灵君．党领导基层社会治理的基本逻辑研究［J］．中共中央党校（国家行政学院）学报，2020，24（4）：40.

硬”。提高党对基层社会治理的领导能力和水平，首先需要提高党的干部队伍的整体素质，包括服从党中央集中统一领导的政治素质、新时代的思想素质、法治思维和依法办事的法治素养、过硬的专业素质等全面综合素质。反腐败是关系党的存亡的重大问题，以“永远在路上的坚韧和执着”对待反腐败问题，通过完善反腐败法律制度，推动纪检监察机制的高质量运行，加强党员队伍政治建设，提高腐败的防治效率，以提升党对基层社会治理的领导成效。

在现代政治文明形成的诸多影响因素中，政党发挥着主导性作用，而政党的自身建设对于其领导作用的发挥程度具有决定性影响。随着执政党执政环境的变化，政党的自身也必须顺应变化而进行驰而不息的建设。因此，政党的自身建设以及适应内外环境变化的程度，反映着政党的执政能力和执政智慧。中国共产党是有独特优势的马克思主义政党，在我国革命时期、建设时期以及改革开放历程中都表现出了较强的环境掌握和适应能力。在国家进入新的发展阶段，经历百年未有之大变局，面对国内外、党内外不同的复杂环境，中国共产党新时代的目标和建设模式既具有历史继承性，又具有创造性和现实适应性。在保证党的先进性与纯洁性的前提条件下，更需要在发展变革和复杂环境磨炼中不断提升执政能力。党的十八届三中全会正式提出国家治理体系和治理能力现代化的重大论断，而法治是守护治理最重要的依托，法治化是实现国家治理现代化的必经之路。我国是个传统农业大国，基层社会治理的法治化和现代化仍是新时期中国特色社会主义建设的重要内容。基层政权以及基层群众自治组织中的党组织现代化建设是基层社会治理现代化的关键要素。中国共产党作为执政党，基层党组织是基层社会治理现代化和法治化的核心力量，法治型基层党组织建设成为基层社会法治化治理推进的关键环节。在全国普遍进行法治基层建设的背景下，基层党组织如何在治理基层社会以及如何治理基层党组织本身的具体活动中发挥党的领导能力，发挥法治的统御性功能，成为基层社会治理法治化的关键问题。

主要观测点 1.1.2　基层党组织的基层法治实践情况

基层法治型政党建设是加强基层党组织执政能力的关键，本身也是实现基层社会治理法治化的重要体现。法治型党组织建设原创于基层法治实践，这就使得基层党组织的基层法治实践情况成为基层党建工作的法治化建设的重要观测点。党领导基层社会治理不仅通过从宏观上对关键领域和重大问题的统一集中把握，更为重要的是通过基层党组织对基层社会治理的实践体现出来。基层党组织能否坚持群众路线，能否充分激发社会组织和人民群众社会治理的热情，体现着基层党组织的治理能力和水平。党领导基层政府、社会团体和群众通过协商民主的方式有效参与社会治理，夯实在基层社会的执政基础。以党建引领基层社会治理全国各地探索出了诸多宝贵经验，如北京市的“街乡吹哨、部门报到”；上海市的党建深度嵌入基层社会的大城市治理；天津市的“战区制、主官上、权下放”；浙江省的“枫桥经验”升级版；成都市在市委、区委两级政府成立城乡社区发展治理委员会；云南省玉溪市在全市推进“党建引领基层社会治理”实践；深圳市罗湖区把“支部建在小区上”，等等。[1]

[1] 祝灵君．党领导基层社会治理的基本逻辑研究［J］．中共中央党校（国家行政学院）学报，2020，24（4）：38.

依法治国战略全面实施后，2006 年以浙江省为首全国各地都展开法治省域建设，拉开了依规治党与法治省域建设一体推进的序幕。2015 年江苏省苏州市在法治苏州建设的基础上明确提出法治型党组织建设，并且对于其含义和特征做出较为具体的规定。苏州市从基层党组织的法治理念和文化、依法执政程度、党内规则、合法权益保护、与法治地方建设的关系等方面对法治型政党的目标和特征进行界定。苏州市对基层党组织建设的有益探索为提升依法执政水平提供了很好的经验，成为全国基层党建工作学习的制度创新成果。法治型政党不但从新的理论视角阐释权和法、党和法的关系，而且在法治与政府、法治与社会一体化建设的实践层面论证了法治与党建、依法治国和依规治党同时推进的实践路径。

二级指标 1.2　基层党组织干部在基层治理中的法律运用能力

主要观测点 1.2.1　基层党组织和党员干部的依法执政水平

在乡村振兴战略确定的基层社会治理的多元主体体系中，基层党组织是其中的领导力量。基层社会法治化建设需要基层党组织通过完善依法执政以及建设党内法治发挥引领作用。基层党组织和党员干部的依法执政水平是实现基层政府法治化与基层社会法治秩序的前提基础，是基层能否法治化的关键。

中国共产党是我国的执政党，党的基层组织在我国基层社会法治化治理中处于领导地位。共产党作为执政党，其执政行为必须依法进行，基层党组织的基层社会治理活动也必须在法治的轨道中发挥领导作用。基层党组织和党员干部在行使基层社会治理职权时必须以国家宪法或法律授权为前提，只有在法律规制的框架内，基层党组织才能将国家的公权力运用于基层社会公平和正义的保障。基层党组织的党员干部运用公权力行为有可能为基层社会群众谋取福利，也有可能对基层社会群众的合法利益造成损害。因此，法律规制是基层党组织干部执政行为正常运行的保障。宪法和法律的规则赋予基层党组织和党员干部必要的权力，以保证基层社会秩序得到很好的维持，促进基层社会不断进步和发展。

基层党组织是我国基层社会治理的领导力量，基层党组织的执政能力和执政水平，直接关系到基层社会治理法治化程度。因此，进行基层党组织和党员干部依法执政理念以及实践创新是基层社会法治化实现的根本需要和基本前提。基层党组织是否能够依法治权、依法治官，是否能够在法治轨道内行使决策权、执行权和监督权，是基层党组织依法执政的关键，也是基层法治化的内容和表现；基层党组织和党员干部是否具备较强的法治品性和法治思维，是否习惯于运用法治思维和法治方式处理基层社会治理过程中遇到的各类问题，是否能够按照法律行使权力，按照制度办理事务，是基层社会治理法治化的重要考评指标。作为我国基层社会治理的领导核心，基层党组织依法执政水平直接影响执政对象对基层社会法治化的理解和认识，对其领导的其他基层社会治理主体的行为模式具有直接引导功能。因此，基层党组织和党员干部在基层社会治理中能否依法执政是基层法治化实现的关键因素。

主要观测点1.2.2　基层党组织和党员干部对干群关系纠纷的依法解决能力

基层党组织在基层社会治理中领导功能的实现程度在很大程度上取决于领导机制的运行方式。在传统“乡政村治”模式下，基层党组织更多的是通过运用权力，进行自上而下的单向度的命令形式实现在村居治理过程中的"领导"。随着基层社会结构的变迁，社会阶层的分化，代表不同利益群体的各类基层社会组织大量涌现，过去的强制、刻板的领导方式已经很难再被基层社会所接受。凭借政治权力进行的命令式的强制管理方式不仅使得基层党组织在基层社会治理中难以发挥本应具备的领导功能，而且容易造成基层社会民众与党组织形成对抗和冲突，导致基层社会党群、干群关系的紧张，这就对基层党组织和党员干部对于基层纠纷的依法解决能力提出了更高的要求。

"为人民服务"是党的基本工作宗旨，为基层广大群众提供群众确实需求的服务成为基层党组织工作的核心价值导向。"基层党组织必须要时刻牢记宗旨，把工作做到群众心坎上，做到权为民所用、情为民所系、利为民所谋。"[1] 服务活动作为非权力的影响力，深受广大基层民众欢迎，也是民众对基层党组织的期盼。所以，可将基层党组织干部对干群关系纠纷的依法解决能力作为主要观测点。

二级指标 1.3　党内法规对基层党组织成员的约束程度

党的十九大修改后的《中国共产党章程》第三十三条规定：街道、乡、镇党的基层委员会和村、社区党组织，领导本地区的工作和基层社会治理，支持和保证行政组织、经济组织和群众自治组织充分行使职权。在实践中，当代中国基层社会治理离不开党的领导，并首次将"党领导基层社会治理"的提法写入新修订的《中国共产党章程》。《党的十九大报告学习辅导百问》（以下简称《辅导百问》）中解释道："党领导基层社会治理，就是要坚持政治领导、组

[1] 林奥. 在基层党组织建设上下足功夫 [N]. 吉林日报，2021-06-21 (4).

织引领、能力引领、机制引领，把党的领导落实到基层治理中，使基层党组织建设与基层治理有机衔接，良性互动，以党的建设贯穿基层治理、保障基层治理、引领基层治理。”❶ 中共中央 2018 年 10 月印发的《中国共产党支部工作条例（试行）》进一步规定：村党支部、社区党支部，全面领导隶属本村、本社区的各类组织和各项工作，领导村级治理、领导基层社会治理。党的十九届四中全会将这一治理实践上升为国家制度，提出“健全党组织领导的自治、法治、德治相结合的城乡基层治理体系”❷。

主要观测点 1.3.1　党内法规对基层社会治理的影响程度

党内法规制度对构建多样化基层社会治理法制规则体系有着重要影响，在基层社会治理中具有不可或缺的作用。党在基层社会的执政基础直接受到基层党组织法治化程度的影响，加强党内法规建设是基层社会治理法治化的必然选择。

以党内法规对基层社会治理的影响程度为观测点，能够反映出党内法规对基层党组织成员的约束程度。毛泽东最早提出“党内法规”的概念，“还须制定一种较详细的党内法规，以统一各级领导机关的行动。”❸ 因此，党内法规是用以调整党组织内部关系以及规制党员行为的制度规则。但是党在国家治理中的特殊地位决定了党内法规不仅对党组织内部关系的调整和广大党员的行为具有严格的规

❶ 本书编写组．党的十九大报告学习辅导百问［M］．北京：党建读物出版社，学习出版社，2017：209.

❷ 中共中央关于坚持和完善中国特色社会主义制度　推进国家治理体系和治理能力现代化若干重大问题的决定［N］．人民日报，2019－11－06（1）：8.

❸ http：//theory. people. com. cn/n1/2017/1119/c40531 － 29655006. html ［EB/OL］．（2017－11－19）［2021－07－01］．

制作用，同时对于国家法律具有重要影响。1978 年，邓小平同志指出："没有党规党纪，国法就很难保障。"[1] 党的十八大以后，党中央对于党内法规有了更科学的定位，它是指对党组织所有活动以及所有党员干部的行为具有严格约束力的各类党内规章制度的总称。党内法规实践中可以由党中央、中纪委以及各省部级单位的党委出台确定。习近平总书记指出，党内法规制度是从根本上铲除党内腐败现象和不良作风的保障，因此，要"健全党内法规体系，扎紧党纪党规的笼子"。

2014 年，党的十八届四中全会对中国特色社会主义法治体系进行全面阐释，"完善的党内法规体系"成为其中重要组成部分之一，同时指出，"党内法规既是管党治党的重要依据，也是建设社会主义法治国家的有力保障。"党的十八届四中全会对党内法规与国家法律关系的定位成为新时代中国法治的根本特色，是依法治国在理论和实践方面的重大突破。

党内法规因具有软法的功能优势，在国家法律没有明确规范的领域常常发挥重要作用。在基层社会治理中，由于我国在该领域整体情况非常复杂，各地差异很大。因此，对于普遍适用于全国基层社会的相关法律的制定，国家向来表现得非常理性和谨慎。但是，基层社会具体领域的具体事务并不会由于国家法律的缺位而消失，此时，基层党组织及政府对党内法规在基层社会治理中进行应用往往能够取得较好的成效，成为基层社会治理的先进经验并表现出较高的前瞻性。

[1] http://cpc.people.com.cn/n1/2018/0713/c69113-30144475.2021-07-01.

主要观测点 1.3.2　党内法规对党组织和党员干部行为的规制程度

党内法规作为国家治理的重要法律规范依据之一，在基层社会治理的法治化进程中，对党组织和党员干部行为的规范作用具有更重要的意义。中国共产党基层组织是基层社会治理的领导力量，其他各类主体开展各种治理活动过程中需要基层党组织进行领导及指引。基层社会法治化的成效如何很大程度上由党领导的法治状态决定。

习近平总书记指出，党内法规对广大党员提出了比法律规范还要高的要求，要求党员在遵守国家制定法以外，“要严格遵守党章等党规，对自己提出更高要求。”党内法规作为软法，没有国家强制力作为其实施后盾，对党组织之外的主体也没有法律规制能力，但在党组织内部，党内法规具有较强的约束力，并且适用于党组织本身以及全体党员。

在我国基层法治建设体系中，假若基层党组织不能有效实现法治化，基层法治建设就会遭遇困境，而且直接影响党在基层的执政基础。而党内法规对党员的要求比国家法律还要高。根据党内法规治理基层两级党组织成为基层社会基层党组织实现依法执政的保障。基层党组织对基层社会治理的领导和执政活动不但要在国家法律法规的笼子里进行，还要严格遵守要求更高的党内法规制度。同时，党内法规的严格落实还是国家法律制度在基层社会治理中得以顺利实施的保障。基层社会治理的主要责任主体是基层政府，基层政府的社会治理活动在基层党组织的领导下进行，而且实践中基层政府工作人员大部分是党员。具体的治理行为最终都是由个人完成，个人的法治意识水平直接影响基层党委依法执政和基层政府依法行政的能力和水平。而党内法规对党员高于国家法律的要求使得代表基层政权具体履行治理职权的党员干部普遍具备更高的法治素养和为人民服务的奉献精神，这在很大程度上是保障国家法律在基层社会得以顺利有效实施的重要因素之一。

二、基层政府法治化建设程度

（一）一级指标2　基层政府的法治化建设程度

现代国家理论是在人民主权、人权保障的理论基础上得以滥觞的。以洛克、孟德斯鸠为代表的启蒙思想家在提出“主权在民”“天赋人权”以否定“主权在君”“君权神授”的同时，也从社会契约论出发，提出了系统的国家观念。根据这一观念，现代政府属于服务型政府，其主要职能应当是为社会整体和公民大众提供公共产品和公共服务，因此，在社会治理活动中，政府应当作为其中的主要参与者，应当成为主要的责任主体。公民权利的实现，根本依赖是国家公共权力的正当存在和有效履行。正囿于此，在基层社会治理法治化的系统工程中，政府承担的职责任务最重、责任范围最广，扮演着主要责任人的角色。从实践经验分析，在基层社会治理的多元主体中，政府总是起着关键的和不可替代的作用。同一个社会问题，相同的利益冲突、同样的社会情绪，基层政府采取的行为不同，最后的结果也会完全不同。如果一个政府缺乏责任心，缺乏社会治理的能力，小的社会问题也有可能演化为大的极端的群体事件。而一个具有责任心、善治能力强的成熟政府，影响社会和谐的诸多不利因素也可以消除和化解，融入正常的社会纠纷解决机制内来解决。我国近几年基层频发的群体事件也说明，社会矛盾能否有效化解，最终是由政府的治理行为和社会利益的冲突之间的相互作用来决定的。基层政府在社会建设中，尤其是在社会治理中的行政能力，最重要的体现是能否在多元责任中担负主导责任，疏导、化解和消除大多数潜在的社会矛盾，将社会冲突消除在萌芽状态。在治理过程中能否有效地做到这一点，体现着政府政治视野、行政智慧和善治能力。改革开放以来，我国基层政府从实践中积累了一系列调解人们内部矛盾的丰富经验，并且建立和完善了一系列利益冲突协调和矛盾纠纷调解机制。在此基础上，适应纷繁变化的社会矛盾，转变理念和观念，总结经验，不断创新，才能提高社会治理的能力，才能使社会矛盾处于政府的掌控之中，社会和谐才能有效形成。

（二）二级指标及主要观测点

二级指标2.1　基层法治型政府的建设情况

曹康泰认为，法治政府就是按照法治原则运作的政府，就是把自身权力自觉地限制在法律的范围内，严格依法办事的政府。[1] 姜明安认为，法治政府既可指广义政府行使国家公权力的法治化，也可指狭义政府行使国家行政权的法治化。[2] 周鹤认为，政府由法律产

[1] 曹康泰．中国法治政府建设的理论与实践［J］．国家行政学院学报，2006（4）：16.

[2] 姜明安．论法治国家、法治政府、法治社会建设的相互关系［J］．法学杂志，2013，34（6）：4.

生，政府由法律控制，政府依法管理，政府对法律负责。[1] 杨小军指出，法治政府作为一个法律或法学概念，与之相对应的是人治政府，法治政府就是“由法统治并依法行政的政府形态”[2]。党的十八届四中全会通过的《中共中央关于全面推进依法治国若干重大问题的决定》把“深入推进依法行政，加快建设法治政府”作为全面推进依法治国的重大任务，强调“推进基层治理法治化。全面推进依法治国，基础在基层，工作重点在基层”[3]。在推进基层治理法治化的复杂系统与具体实践中，基层政府作为国家基层的行政机关，是国家法律制度与执政党治国理政的具体实施主体，肩负着基层治理的行政职责与国家使命，因此，加快基层法治政府建设是基层治理法治化的关键环节和基本条件。[4] 基层法治政府是在法治政府的内涵基础上，将建设的广度落实到基层。基层法治政府建设的目的就是强化执政能力、培育法治人才、净化政府生态、建设法治型政府。基层法治政府建设将成为依法治国方略的重要组成部分。[5]

法治型政府建设是我国全面依法治国的基本组成部分。全面依法治国是党和国家在中国特色社会主义建设的特定阶段提出的重要治国方略，法治政府建设在某种程度上决定全面依法治国的实施效果。在基层社会治理中，基层政府的法治化程度对基层社会治理法

[1] 周鹤，黄晶梅．论法治政府的内涵［J］．长春理工大学学报（社会科学版），2008，21（2）：46-48.

[2] 杨小军．论法治政府新要求［J］．行政法学研究，2014（1）：44.

[3] 中共中央关于全面推进依法治国若干重大问题的决定［N］．人民日报，2014-10-29.

[4] 郭祎，孟大川．新时代基层法治政府建设理论定位与实践任务［J］．理论与现代化，2019（5）：113.

[5] 李晓辉．基层法治政府建设的困境破解探究［J］．石家庄铁道大学学报（社会科学版），2016，10（4）：81.

治化的整体成效具有直接的决定作用。基层政府是基层社会治理的主要负责主体，需要将国家法律法规以及党的政策措施在基层社会进行传达和具体落实实施。在基层社会，基层政府的法治化程度直接代表国家行为的法治化，同时也是基层社会治理能否实现法治化的关键。

主要观测点 2.1.1　各项法律制度、政策措施在基层社会的落实情况

法律是治国之重器，良法是善治之前提。基层人民政府是贯彻执行国家法律与政策的“终端”政府，基层法治政府建设可以保障国家法律与政策的一以贯之。我国的法律、法规与规章绝大多数依靠人民政府去贯彻执行，而基层的人民政府则处于执行这些法律、法规与规章的“前沿”与“终端”位置。基层社会治理法治化的法律制度体系从具体的法律制度表现形式看，包括最高立法机关制定的宪法和国家基本法律以及其他各层级主体制定的法律、行政法规、部门规章、地方法规和规章、基层自治组织章程、基层社会组织章程和习惯法等具体的治理规范。我国基层社会是从传统乡土社会发展而来，过去对人们的行为产生规制作用的主要是习惯、村规民约和道德规范等基层社会的内部规则。进入现代国家阶段后，法律制度以及党和国家相关政策随着现代国家机制的建立而渗入我国基层社会，基层政府更要强调“法律至上”的法律权威性，才能克服“上有政策，下有对策”“有法不依”的情况，才能解决各行其是的部门意志、地方保护等“诸侯割据”问题，才能发挥规范性文件以及村规民约的积极作用与治理功能。在国家治理体系和治理能力现代化建设的新时代，法治成为党和国家治国理政的重要形式。如果

基层人民政府不遵守法治政府的基本规范与要求，有法不依、违法行政、弄虚作假、“上有政策，下有对策”、部门意志与地方保护主义盛行，法律、法规与规章就只是一纸空文，依法治国就只是一句空话。❶

在宪法和法律确定的基层社会治理的基础制度原则和基本制度框架下，需要国务院及各部门就基础制度原则和基本制度的有效实施制定具体政策和措施。县级以上各级人民政府是本行政区域内基层社会治理的直接管理主体，它们根据国务院及各部门、上级人民代表大会及上级政府行政部门制定的有关基层社会治理的法规和政策，可以以本地区的实际情况为基础，为落实各上级机构的法规、政策以及本地区法规确立相关的规章及政策。基层政府是我国基层社会治理的具体执行机构，处于我国行政机构体系末端，具体执行本级权力机关以及上级组织关于基层社会治理的各种决定与命令。全国各地基层政府与基层社会民众直接打交道，是民众眼中代表政府的主体，因此，基层政府是否能够依法行政，各项法律制度、国家和党的政策措施在基层社会是否得到全面落实，对于基层社会治理法治化具有至关重要的作用。各项法律制度、国家和党的政策措施在基层社会的落实情况成为基层法治型政府建设的主要观测点之一。

主要观测点 2.1.2　基层政府在基层治理中的依法行政情况

依法行政是指行政主体及其工作人员必须依据法律、法规和规章实施行政行为，法律、法规和规章是规制行政主体、行使行政立

❶ 郭祎，孟大川．新时代基层法治政府建设理论定位与实践任务［J］．理论与现代化，2019（5）：109－120.

法（规范性文件制定）、行政决策、行政执法和行政监督等一切行政权力的标准和依据。在实施依法治国的宏大工程中，人民政府的依法行政是推进与实现依法治国方略的关键与重点。国家治理现代化战略目标和乡村振兴战略的提出和实施，要求基层政府具有更高的治理能力和水平，需要基层政府在新时代、新要求下全面践行依法行政。国家的法律、法规和规章与党的路线方针政策能否落地生根，能否一以贯之，能否政令畅达，取决于基层人民政府的法治化程度，取决于基层政府工作人员依法行政的意识与水平。❶

基层政府作为基层社会治理法治化建设中的主要责任主体，体现在其本身的法治建设责任首先是依法行政。依法行政要求基层政府成为有限责任政府，这主要反映在其承担的有限职能方面，并且这些有限职能是由国家法律法规确定的，是法定的职能。保证基层政府依法行政的首要前提是基层政府明确自身的法定职权，明确在基层社会治理活动中相关行为的法律界限。依法行政的治理重点应当是“官”和“权”，而非治理“民”和“事”。“依法行政的重心与实质是依法治官而非治民，是依法治权而非治事。”❷ 因此，在对国家法律规范、各部门规章、各地方法规以及各级党和政府的各种规范性文件进行全面梳理的基础上，严格按照法律制度规定，制定出明确的基层政府行政职权范围清单。根据相关法律制度规定，明确基层政府各项法定行政权力的名称及其法律制度依据以及具体行使的法定程序。法律制度规定的基层政府所拥有的行政权力大致包

❶ 郭祎，孟大川．新时代基层法治政府建设理论定位与实践任务［J］．理论与现代化，2019（5）：109－120.

❷ 应松年，袁曙宏．走向法治政府［M］．北京：法律出版社，2001：1.

括行政确认、征收、处罚、强制、裁决、监督以及指导等方面。并且相关的法律制度规范对于基层政府行使行政权力都有明确的程序要求。基层政府严格在法律规定的范围内，以法律制度规定的程序行使行政权力，不能超越权力行使、不能滥用权力，也不能行政不作为。只有这样，才能把行政权力关进行政法治的制度笼子。

主要观测点 2.1.3　基层政府机构依法设立、活动依法运行情况

基层社会治理法治化需要实现主要责任主体，即基层政府的法治化。法治化基层政府一方面要求基层政府的行政行为所依据的法律规范都是按照法律既定程序规则创制的，另一方面要求基层政府工作人员严格按照法律法规行使职权和履行职责。具体来说，基层政府机构设立、运行活动以及机构成员的个人行为都要依法进行。首先，基层政府机构组织的法定化，基层政府各部门的设置、机构以及运行方式应该完全按照法律规定确定。基层政府工作人员的录用、任命、奖惩以及待遇等严格执行国家公务员法的规定。其次，基层政府及其成员的各类行政行为应该以法律为依据、遵守法定程序。基层政府工作人员需要了解与其履行行政职权相关的法律制度，具备较高的法治理念，能够运用法治思维和方式依法行政。最后，基层政府及其工作人员的基层社会治理活动应该接受基层权力机关和基层社会民众的监督，基层政府或其工作人员治理社会行为出现违法时应该能够被及时发现并得到纠正。总之，法治型基层政府应该是行政权力受到规制的有限政府，是保证国家法律实施的统一性、摒弃地方主义和部门主义的政府。因此，将基层政府机构依法设立、活动依法运行情况作为基层法治型政府建设的主要观测点非常必要。

二级指标 2.2　基层民主型政府的建设情况

基层民主型政府的建构是基层社会治理在主体层面进行法治化

的重要组成部分。民主与法治关系密切，两者相互促进。只有在民主政府基础上，才能保证和推进基层政府的法治建设。压力型体制是目前我国基层政府的基本结构，随着属地管理强化和条块分割加剧，基于上级目标的“任务—问责”机制依然是基层政府行动的重要动力。[1] 我国传统压力型体制在基层社会治理主体机能运行过程中表现得比较典型。改革开放以来，出于对经济建设目标的追求，基层政府位于压力型体制内的国家政权的底端，需要完成经过上级各层政府不断加码以后形成的各项繁重工作指标。除国家法律确定的职责外，在实践中，基层政府还承担大量上级部门强加的非制度性任务。由于城乡基层社会治理中的一些具体事项直接影响基层政府工作考核结果，如信访考核中的“一票否决”和村居自治能力的欠缺，使得基层政府经常采用强制性手段过分积极地“指导”基层事务。基层政府疲于应付上级下达的繁重任务，又受制于“一票否决”型的绩效考核制度，在行使行政职权行为时为完成任务而做出侵犯基层社会民众合法权益之举，依法行政难以实现。压力型机制成为阻滞基层政府依法实施行政行为的主要影响原因之一，干部委任制则是压力型机制存在的根本基础。特别是在乡村振兴战略实施阶段，跟随项目和资源的来自上级政府部门的名目繁多、形式各异的任务越来越多，本已弱化的基层政权难以凭借以往的“财、人、事、权”与基层保持密切关系，导致基层社会治理中出现制度困境。基层政府在基层社会治理中合法性和威信的提高，直接源于基层社会广大民众的认可和支持。因此，基层民主机制的建立和完善是提升基层

[1] 孙柏瑛，张继颖．解决问题驱动的基层政府治理改革逻辑：北京市“吹哨报到”机制观察［J］．中国行政管理，2019（4）：72.

政府社会治理成效的重要途径，也是实现和保障基层政府依法行政的基础和条件。

主要观测点 2.2.1 基层组织的民主选举情况

通过民主选举方式产生基层政府的主要领导是建构民主型基层政府的重要途径。自中国共产党第十五次全国代表大会以来，以民主选举的方式产生基层领导在我国很多地区的基层社会推行实践探索，在社会上引起很大的反响和争议。我国的选举制度实行直接选举与间接选举相结合的原则，在县、乡两级基层社会，公民依据宪法与《中华人民共和国全国人民代表大会和地方各级人民代表大会选举法》直接选举出自己信赖的人民代表，再由这些人大及常委会选举或决定县、乡人民政府的行政人员。县、乡人民政府的职权是，依据我国宪法与组织法规定，执行本级人民代表大会的决议和上级行政机关的决定和命令，管理本行政区域内的公共行政事务。县、乡政府对人大负责，受人大监督。人民代表对不称职的行政首长可以依法行使其罢免权，可以依法行使对政府的质询权与建议权。由此可以说，人民是主人，政府工作人员是人民的公仆。如果基层政府不对人大负责，不受人大监督，不是忠实地执行人大的决定，不能忠实地体现人民的意志，人民政府就会失职，人民当家作主就是空话。尤其是基层政府，直接体现着人民意志的落实和兑现，直接担负着服务于人民群众的法律使命，直接决定人民民主的实现与否。[1]

从民主制度完善和法治建设层面来说，民主选举产生乡（镇）

---

[1] 郭祎，孟大川．新时代基层法治政府建设理论定位与实践任务［J］．理论与现代化，2019（05）：114.

长或党委书记是我国基层民主制度实践的巨大进步，不但有助于基层政府的依法行政，同时推动了依法治国在基层社会中的深入展开。保障基层社会居民基本权利实现的最早、最有效的制度是村民和居民自治制度，由村民和居民选举，而非政府任命产生村民和居民治理主体的领导者。基层群众性自治制度在全国的推行使得基层政府领导的民主选举也被很多地方纳入基层政府改革的范畴之内。在乡镇长的候选人产生方式上，有的地方采取民主评议或民主推荐的方式，有的地方甚至直接海选产生候选人。候选人的这种产生方式使得基层政府领导人的职位处于开放状态，符合法律规定的普通基层社会居民都有机会参与基层政府领导的选举。且不论选举成功的概率问题，这种民主机制从理论上具有更加重要的意义，它改变了乡镇长权力的合法性来源。由基层民众选举产生的领导人更多的是对选民们负责，在法律的框架内实现基层社会民众的权益保护将是基层政府行政活动的终极目标。因此，基层群众对基层政府领导人产生的影响力越大，基层政府面对上级下达指令或任务的压力越小，也就越不可能违法行政，进而损害基层社会居民依法拥有的权益。根据国家法律以及党的规范性文件规定，基层政府的基层社会治理活动受基层党组织的领导，党委是基层政权的核心。在基层政府中，领导人由民主选举产生，基层党委书记仍需任命产生的情形下，基层政府领导与党组织领导容易出现矛盾，不利于基层社会治理。因此，有些地区把基层治理中的民主机制借鉴到基层党组织领导产生的实践中。由此产生的基层政府和党组织领导人的权力都来自基层社会群众授权，保护群众利益成为基层党组织依法执政和基层政府依法行政的中心价值目标。基层党组织的先进性和执政能力直接接受基层社会居民的普遍判断和评价，民众的认可度将在下一轮选举中做出真实反应。因此，可以将基层组织选举的情况作为基层民主型政府建设的主要观测点之一。

主要观测点 2.2.2　基层组织各项事务的公开情况

村（居）事务公开是村民和居民自治的重要组成部分，近现代的村民自治制度源自“乡政村治”，中华人民共和国成立初期为了摆脱传统的农村治理困境，我国开始尝试通过行政权建立的农村治理制度。经过几十年的发展，《中华人民共和国村民委员会组织法》与《中华人民共和国城市居民委员会组织法》的颁布使我国的城乡基层治理有了立法依据，也使得村（居）事务公开这一制度出现在村居民的视域中。“村（居）民说事”制度的出现，是我国现代化治理体系建设中城乡基层对于基层社会治理的有益尝试，为村（居）事务公开的规范构建了新的实现方式。在学术界，越来越多的学者认识到，只有将法律原则融入村（居）事务公开制度，将村（居）事务公开规范化，才能在确保村民和居民自治的前提下，充分发挥村（居）事务公开的作用。由内至外地拆解村居事务公开制度，构建适于现代基层发展的治理框架，是保障村居民权利、实现基层自治的必由之路。

实行村居事务公开，要从村民和居民普遍关心和涉及村民和居民切身利益的实际问题入手，对于“上级”，应当公开有关涉农惠农政策法规、村级集体经济收支情况；对于村居民，应当公开与村民和居民切身利益的重大政策措施、村居社区重大事务，比如村居社区内款项管理、土地管理、户籍、征兵、计划生育等。2011 年 9 月修订实施的《浙江省村级组织工作规则（试行）》，对村级重大事项进行了明确的规定，包括村庄建设规划、村级财务预决算、村集体土地使用与收益等，对村务公开的具体实施起到了促进作用。2017年2月《关于加强乡镇政府服务能力建设的意见》提及全面推进乡镇政务公开制度，完善乡镇政务公开和村务公开联动机制，对群众关心和涉及群众切身利益的重要事项应做到随时公开。由此可见，村居事务公开的范围正随着立法的完善日渐清晰，也有助于其本身的制度构建。通过观测基层组织各项事务的公开情况，能够反映出基层民主型政府的建设情况。

主要观测点2.2.3　基层政府对基层事务的干预程度

现阶段，虽然法律对于村居民自治组织的定位非常明确，但是由于受中华人民共和国成立以后基层社会治理变迁实际情况的影响，村民委员会、居民委员会在行使基层自治权力的同时，还承担着基层政府“代理人”的很多职能。虽然在农业税费改革以后，村民委员会的行政角色色彩减退很多。但是，随着国家对农村反哺力度的加强，村民委员会承接的来自基层政府的各项任务越来越多。村民委员会、居民委员会的“行政功能”在某种意义上还是强于自治功能。“乡政村治”机制在运行实践中很难对基层两级的职权范围以及利益边界进行界定。因此，从法律框架内，包括国家和各地方都应通过对立法工作的加强，以现有法律为基础，对“乡政村治”制度进行实体法和程序法的补充和完善，为村民委员会、居民委员会和基层政府之间的职责权限的界定提供法律依据。

首先，在国家立法层面上，特别是宪法中明确规定的“乡政村治”的原则。在《中华人民共和国地方各级人民代表大会和地方各级人民政府组织法》中明确基层政府在村居治理过程中的具体职权及其和村民委员会、居民委员会的关系。同时，在《中华人民共和国村民委员会组织法》和《中华人民共和国居民委员会组织法》相关规定的基础上，制定专门的《中华人民共和国村民自治法》和《中华人民共和国居民自治法》，从实体权利和程序规范两个方面对村居民自治权利行使的各个环节进行具体规范。其次，各省级立法部门以本行政区域的实际情况为依据，制定操作性更强的实施办法或实施细则。在基层政府与村民委员会的关系上，重点明确两者之间“指导、支持和帮助”以及“协助”的具体内容，包括方式、范围、事项等。最后，在法律中补充基层政府与村民委员会、居民委员会各自没有履行相关法律义务时应当承担的法律责任，包括对相关责任人的个人惩处也做出明确规定。只有在具备明确法律依据的前提下，基层政府、村民委员会、居民委员会及双方的工作人员才会积极履行法律框架内“乡政村治”模式中各自的职责，最终实现良好治理绩效。

“乡政”与“村治”之间并非是绝对的零和博弈关系，基层政府与村民委员会、居民委员会的职责也并非只存在竞争。“乡政村治”机制设置的初衷是共同发挥国家权力和社会权力在基层社会治理中各自的优势，使二者在对基层共同治理活动中形成良性互动。特别是在当前城乡融合发展阶段，实现乡村振兴和现代化治理的目标有赖于基层政府与村民委员会、居民委员会各自在较为完善的法律制度确定的权责范围内对基层社会的协同治理。因此，以基层政府对基层事务的干预程度为观测点，也能够反映出基层民主型政府的建设情况。

三、城乡基层社会法治化程度

（一）一级指标3　城乡基层社会的法治化治理程度

基层社会治理法治化对于充分保障人民群众的权益方面具有重要意义。法治社会，从字面上看，便是相对于人治社会而言，强调法治在国家权力运行和社会关系调整中的决定性地位与作用。[1] 因此，基层社会治理法治化强调包括公民在内的一切社会主体要切实遵守法律法规，并通过人民调解、行政调解及诉讼等法定程序在内的渠道作为解决各项争端与矛盾的内心自觉使然，逐渐形成全体社会尊崇法治、信仰法治的氛围，提升公民的法治意识与依法维权能力，进而为建设公民社会夯实基础。基层社会治理法治化，还彰显运用法治来实现社会治理，即基层社会治理法治社会应当按照经过实践检验、最为可靠和稳定的法治化手段来推进。[2] 基层社会治理法治化应当与法治社会建设与实现同步进行，进而推动实现国家治理法治化与现代化。同时，基层社会治理法治化强调社会权力的自我规范行使与运行，注重各社会主体间建立在契约精神及法治理念基础上的自行磋商、谈判及纠纷调处的权能，并注重对公民权益的保护和鼓励公民自治参与关系到自身利益的各社会事项，限制国家和政府公权力的过分干预。[3]

---

[1] 张苏军．推进法治社会建设［J］．中国司法，2015（4）：7.

[2] 魏礼群．全面推进法治社会建设［J］．社会治理，2015（2）：15－23.

[3] 肖北庚．法治社会：法治演进的逻辑必然［J］．法制与社会发展，2013，19（5）：39－40.

（二）二级指标及主要观测点

二级指标 3.1　城乡基层社会治理主体的法治教育程度

依法治理理念有赖于社会民众普遍具有较高的法治素养水平，法治宣传教育是提升基层社会民众法治意识的有效途径。20 世纪 80 年代开始，我国展开了系统化的普法教育活动，2021 年国家发布“八五”普法规划，开始了第八个公民法治教育的五年规划实施阶段。我国是一个传统农业国家，在未来的几十年内还将有几亿人在基层生活是我国面临的特殊国情。基层社会法治化是社会主义法治国家的构成内容，基层民众普遍法治意识的培育与提高是基层社会法治建设的关键环节。历史和现实各方面原因造成基层社会成员法治意识相对薄弱，加之当前农村社会结构发生的变化，使得基层法治教育面临的客观条件更加复杂。因此，应针对基层社会的客观现实情况，从法治宣传教育的重点对象上研究基层社会治理主体的法治教育程度。

主要观测点 3.1.1　城乡基层执法人员的法治教育程度

基层执法机关的执法活动对村民和居民产生切实的、直接的法治实践感受。在基层执法实践活动中，行政执法行为随意用权、有法不依、执法不公等不合法、不规范的执法行为客观存在。不合法、不规范的执法行为不能满足基层民众预期的执法需求，更为严重的后果是使民众怀疑法律的公平公正价值，从而不信任法律。遇到问题不再诉诸法律途径解决，对法律也失去了了解、学习的动力和兴趣。执法人员素质不高、业务能力不强是产生不规范执法行为的重要原因之一。提高基层执法人员的法律素养，保障执法行为的规范性有益于增强民众对法律的信任和学习了解法律的积极性。对基层执法主体的法治宣传教育成为基层社会成员法治意识得到普遍增强的重要保障。2017年中共中央办公厅与国务院办公厅印发了《关于实行国家机关“谁执法谁普法”普法责任制的意见》强调加强执法系统内的普法，以提高执法人员的法律素质，推动增强社会公众的法治意识。该文件的出台为基层执法部门内部法治意识宣传教育的开展提供了制度保障。以基层执法人员的法治教育程度为观测点，能够反映出基层社会的法治化治理程度。

主要观测点3.1.2　村民委员会和居民委员会干部的法治教育程度

村居“两委”是基层治理的协同主体，村民和居民自治是宪法规定的基层社会治理形式，自治的各个环节都是在基层党组织以及村民委员会、居民委员会的领导及组织下严格遵循法律进行。“两委”干部直接参与和管理基层民众的生产经营和日常生活的各项活动，村民和居民干部法治意识水平的提高为依法处理村庄事务，以身作则守法提供保障。村民和居民干部运用法治思维处理村居各项事务，能提高村民和居民学习法律的热情，有助于村民和居民使用法律和依法办事的行为模式的形成。除对基层社会的治理外，村居“两委”还承担着很多基层政府对基层社会行政事项的实际执行和对接外部产业资源工作。政府资源和外部产业资本在基层城乡社区内的公平传递有赖于村居“两委”干部具备较强的法治意识以及对相关法律政策的精准掌握，否则很难避免对外接资源的“精英俘获”现象，使村居内部弱势群体遭到排斥。由于基层群众对法律的感知和印象直接来自于村民和居民干部日常的治理行为表现，村民和居民干部应该首先成为基层法治宣传教育的重点对象。除村居“两委”干部外，其他党员、村居民代表、纠纷调解人员等基层社区治理的积极参与者也应该成为基层法治宣传教育的重点对象，他们法治意识的提高有利于基层群众的法律意识的培育。因此，村民和居民干部的法治教育程度也应当作为基层社会的法治化治理程度主要观测点。

二级指标3.2　国家法治政策在城乡基层治理中的宣传教育开展情况

主要观测点3.2.1　城乡基层法治教育宣传主体的普法活动开展情况

开展基层法治宣传、法治教育、开展法治文化活动，就是为维护社会稳定和谐，为基层振兴，促进经济发展服务。《中央宣传部、司法部关于在公民中开展法治宣传教育的第七个五年规划（2016—2020）》明确提出："各级党委和政府要加强对普法工作的领导，宣传、文化、教育部门和人民团体要在普法教育中发挥职能作用。把法治教育纳入精神文明创建内容，开展群众性法治文化活动。人民团体、社会组织要在法治宣传教育中发挥积极作用，健全完善普法协调协作机制，根据各自特点和实际需要，有针对性地组织开展法治宣传教育活动。"❶

法律是一个国家维护正常发展的基石和保障。开展基层法治宣传、法治教育等法治文化活动，向人民群众宣传法律法规，提升人民群众的法律意识，提高人民群众法律素养关乎一个国家稳定繁荣和经济的发展。不论古代还是近代，不论资本主义国家还是社会主

❶ http://cpc.people.com.cn/n1/2016/0418/c64387-28283132.html [EB/OL].(2016-04-18)[2021-06-27].

义国家，法治宣传教育都受到高度的重视。普及法律常识成为一项最基础的工作。在依法治国、乡村振兴，促进经济大发展中，法治宣传教育显得更为重要。因此，以基层法治教育宣传主体的普法活动开展情况为观测点，能够反映出基层社会的法治化治理程度。

主要观测点3.2.2　城乡基层法治宣传教育内容的覆盖范围

作为基层社会治理主体，对于在治理实践过程中涉及的所有法律都是治理者应该学习的重要内容，这些内容也是基层社会执法机构根据“谁执法谁普法”责任制度，确定本系统法治教育内容的组成部分。村居干部本身没有接受专业的系统法律教育，也没有执法经验，因此对基层治理相关法律需要专门的培训学习，特别是乡村治理过程中普遍适用的法律应该由法治宣传教育主管部门组织学习并进行考核。

宣传党内法规和制度，是基层社会治理主体法治宣传教育的重要组成部分，与法治体系相比，法治体系下普法宣传的重要拓展内容是相关党内法规的宣传。首先，基层治理主体的成员相当一部分是党员，在履行法定职责，进行依法治理的同时应该严格遵守党内法规和制度。其次，党内法规是基层社会治理依据的规范制度体系不可或缺的内容。从微观层面讲，法治体系下执法行为的开展离不开权力行使者的主观能动性和法治意识。从宏观层面讲，党内法规是治理依据的核心法。最后，治理主体严格遵守党内法规开展各项社会治理活动是实现基层依法治理的重要保障。“党规党纪严于国家法律”，对权力进行制约和监督是党内法规的内在定位之一。党内法规对基层治理主体的规范和引领进一步保障了基层党员干部治理行为的规范，为防范党员干部的腐败设置了又一道屏障。对党内法规的宣传和教育主要是通过组织基层治理主体学习和遵守各级党组织制定的各类党内规则制度进行。

二级指标3.3　基层自治组织的依法自治情况

基层自治是基层社会治理的目标之一，以基层城乡社区成员的自愿合作为基础，致力于实现政府和人民对公共社会生活的协同治理，激发基层社会治理中民众的内驱动力，保证实现基层社会公共利益最大化的同时又保障了基层民众的个人合法诉求。基层自治也要随着经济社会的发展不断提升自己的品质。品质提升的基础在于基层自治组织和人民群众因时因地自我创造，同时需要党的坚强领导和政府的有力指导，及时发现基层自治组织和群众创造的好经验，加以总结和提升。[1] 基层群众自治是中国特色社会主义的基本政治制度之一，其主要内容是民主选举、民主决策、民主管理、民主监督，是一种民主的制度安排，是维持社会和谐稳定和社会正常秩序的自动调节机制，要坚持扩大基层民主、自治权力，打造社会治理人人有责、人人尽责的命运共同体。[2] 目前，在基层社会治理中，村居自治过程中出现了与法治相背离的行为和现象。村主任成为村里的实际掌权人，在缺少法律的约束下，甚至可能会演变成为“村霸”“黑社会性质”，不受法治约束的民主自治，要么导致无权威、无政府状态，要么导致政治专制和集权。[3] 此时，基层自治组织的行为必

---

[1] 徐勇．自治为体，法德两用，创造优质的乡村治理［J］．中共浙江省委党校学报，2018（6）：7．

[2] 魏礼群．提高社会治理水平　决胜全面小康社会：全面建成小康社会之时中国社会的景象特征及实现目标任务与路径选择［J］．社会治理，2016（5）：15．

[3] 古斯塔夫·勒庞．革命心理学［M］．佟德志，刘训练译．长春：吉林人民出版社，2004：23．

须运用法律手段进行约束限制，以法治作为保障，必须以法治这一理性制度对其边界做出安排，以保障人的自由合理释放。在实现自己自由的同时，不侵犯他人享有同等自由的权利，即以法治保障人们的消极自由。[1]

村民和居民自治是我国基层社会的基本单位——基层治理的基本方式，村民和居民自治实现法治化首先需要进行自治组织的法治化建设。我国法律规定，村民委员会、居民委员会是基层群众性自治组织，由本村、社区的村居民通过民主选举形式产生，因此，自治组织合法产生是其法治建设的前提。除自治组织外，在基层治理中扮演重要角色的还有基层政府机构和基层党组织。因此，与其他主体之间法律关系的科学定位也是自治组织法治化完善的主要内容。村民和居民自治组织在基层治理的实践中事实上承担着两类事务，即行政性事务和自治性事务，依法自治需要对农村村民委员会和城市基层居民委员会处理的两种事务性质进行区分。

主要观测点 3.3.1　村民委员会和居民委员会承担的义务性政府事务

村民委员会、居民委员会从法律性质上来说是群众性自治组织，然而从其法定职责的承担层面看则不仅仅只体现自治功能。根据《中华人民共和国村民委员会组织法》和《中华人民共和国居民委员会组织法》相关规定，村民委员会、居民委员会应该承担的法定职责是执行以国家政权行使为表现方式的党和国家关于基层社会治理的制度政策在农村社区的落实。这些制度政策落实以基层政府对

[1] 李林．当代中国语境下的民主与法治［J］．法学研究，2007，29（5）：19.

城乡基层自治组织下达的行政事务工作的形式在基层得以体现，村民和居民自治组织有义务承担。虽然《中华人民共和国村民委员会组织法》和《中华人民共和国居民委员会组织法》中没有明确村民和居民自治组织应该依法执行国家行政事务的具体内容和范围，但是全国人大做出的相关解释中对常见的村民和居民行政事务进行过列举。具体包括五个方面：一是来自国家或社会的村民和居民款物管理；二是农村土地征收以后出现的相关管理及补偿处理。在农村集体土地被征收后，其性质便出现变化，集体土地变成国有土地，在国有土地投入开发使用之前仍然需要所在村庄进行相关管理。同时，土地征收过程中产生的各种补偿费用的数额确定、管理和在农户之间的分配都需要村庄自治组织具体执行；三是为基层政府代征、代缴各种农业税费。由于该项职能的层层叠加大大增加了农民的负担而广受诟病，在2006年国家全面取消农业税费以后就废除了；四是关于政府在村居社区开展的户籍、征兵和计划生育工作。计划生育政策在基层的落实曾经是基层治理主体主要的、难度很大的行政任务，国家关于生育政策已经发生巨大变革，加上基层社会居民生育观念的转变，基层自治组织基本不存在这方面的工作压力；五是人民政府需要在村居社区开展的其他管理工作。可见，基层社会现状与该项法律制定时的情况有了很大的变化，除第一、第二部分内容外，当初给基层自治组织带来很大压力的税款代征代缴和计划生育的行政任务已经不存在。在基层社会治理过程中，第一、第二部分产生的行政事务仍然是基层自治组织的主要行政任务。特别是近些年的基层扶贫工作，自治组织的行政性事务很多。贫困户的识别确定，对驻村扶贫工作小组工作的协助配合等实质上都属于行政事务。在这些工作执行过程中，资金一般由政府提供，但是基层社会也需要投入一定的人力和物力进行协助，包括对村居民进行国家政策宣传，为村居民提供相关信息，教育、动员村居民参与国家机关在基层的行政管理活动。基层自治组织在履行法定的“协助”义务时，并不具备独立承担相关责任的能力，基层自治组织实际执行的行政事务一般由基层政府承担相应的责任。

主要观测点3.3.2　村民委员会居民委员会的自治职责性事务

村民委员会、居民委员会作为自治组织，其最主要也是最重要的职责是通过行使各项民主权利对村居事务进行管理，真正实现基层自我管理、自我教育和自我服务。《中华人民共和国村民委员会组织法》和《中华人民共和国居民委员会组织法》规定，村民委员会、居民委员会的自治职能包括以下五个方面：一是负责村民和居民公共事务的办理、村居治安维护，村居纠纷的调解等；二是对村民和居民经济与生产活动的组织及服务。具体包括对农村集体经济组织自主权的尊重、家庭承包经营体制的维护以及基层各类生产经营主体合法权益的保护等；三是对村民和居民财产、资源及生态环境的保护。具体包括对集体土地和基层其他财产进行管理、引导村民和居民对自然资源与生态环境进行科学利用及保护等；四是开展村民和居民精神文明建设。包括教育并推动村民和居民遵守国家法律和政策、推动村庄文化科技教育、促进村民和居民之间团结互助等；五是维护村民和居民的合法权益。以上村民和居民自治法定职责主要是村居民众通过村民和居民代表会议以及村民委员会、居民委员会下设的各委员会进行决策并具体执行。而全体村民和居民可以通过政务公开等各种形式对村民委员会、居民委员会及其所设机构进行监督。这些村民和居民自治组织的法定职责、职能只能由村民和居民自治组织行使，基层政府不能进行非法干预，不得强迫和包办。

二级指标 3.4　城乡基层公共法律服务体系的建设程度

我国社会主要矛盾在法治领域主要体现在民众对法律资源的需求和法律资源分布不均衡、不充分的矛盾。在此现实困境下，国家有必要采取多种方式来提高法律资源的供给能力。通过制度构建、顶层设计、公众参与、财政支持等一系列方式，建设全面覆盖城乡社区、实现精准普惠便捷、满足不同主体多元化的法律服务需求的公共法律服务体系，从而提高受地域和财富限制的基层法律服务的质量与效果，有效解决基层因法律服务资源缺失而导致矛盾无法调和，进而影响基层社会稳定的局面，提前预防并及时化解矛盾纠纷，将基层社会事务纳入法治轨道解决，维护基层社会和谐稳定，经济向好发展。与此同时，公共法律服务体系建设也是解决基层治理难题的创新制度，尤其是我国正处于社会转型时期，矛盾纠纷与社会风险等不稳定因素逐渐增加，先前的“纠纷后处理”的模式以及运用传统的村规民约进行治理的方式不能满足社会与日俱增的风险与矛盾。而公共法律服务体系可以有效满足民众对于矛盾纠纷解决的需求，同时基于其“触手可得”的便捷性，使得法律逐渐成为基层民众提前预防和事后解决矛盾纠纷的首要选择与主流方式，进一步提高了我国基层社会治理的法治化水平。[1]

2014 年，司法部印发《关于推进公共法律服务体系建设的意见》正式提出要构建覆盖城乡的公共法律服务体系，并将公共法律

[1] 杨凯，张怡净．论公共法律服务体系建构的法学理论构架基础［J］．南海法学，2020，4（4）：1－14.

服务体系的具体内涵明确界定为由司法行政机关统筹、社会力量参与，向民众提供法律援助、人民调解、法律咨询、法治宣传教育等公共服务的各项规章制度、运行机制、政策措施等组成的有机系统。从以不定期普法宣传、法律咨询为主要内容的“送法下乡”活动到建设覆盖城乡的公共法律服务体系，法律服务的供给方式从碎片化转向系统化，反映以人为本、以服务为核心的治理价值取向和整体性治理的模式选择；从政府全面负责到积极引入社会力量参与，公共法律服务的供给主体从单一转向多元，反映了政府与社会协同互动的治理形态。可以说，城乡基层公共法律服务体系建设是在社会治理理论框架下提出，并在我国社会管理体制改革的伟大进程中展开的。社会治理理念与模式的选择及其贯彻落实的情况，直接决定了城乡基层公共法律服务体系建设的实践样态和成效。[1]

公共法律服务体系建设是法治社会建设不可或缺的内容，其完善程度也是判断一个社会法治化程度的重要标准之一。基层城乡社区公共法律服务的发展和完善是基层社会法治化的重要组成，完善的公共法律服务体系能够保障基层社会群众在面对纠纷时得到专业性援助或救助，从而培养基层民众选择法律手段解决纠纷的思维方式和行为习惯，促进公平正义。特别是国家机构提供的公共法律服务具有成本低、权威性高的特点，广受基层社会民众的欢迎，为民众提供了具体法律服务的同时还培育和提升了基层社会民众的整体法律意识水平。因此，在基层社会法治化治理过程中，公共法律服务的建设和完善不仅成为其中的重要内容，也是提高基层法治的重要途径之一。但是基层社会

---

[1] 王亚丰，黄春蕾．乡村公共法律服务体系建设的价值、困境与优化：基于社会治理视角［J］．安徽行政学院学报，2021（01）：107.

公共法律服务水平整体较低，因此，应该将整体体系、服务队伍的完善程度作为观测点来研究基层公共法律的服务水平。

主要观测点 3.4.1　城乡基层公共法律服务机构的建设程度

公共法律服务的机构体系应当分为国家机构和社会法律服务机构两部分。国家机构包括司法行政部门，法院、检察院、监狱等政法机关及承担公共法律服务职能的调解机构等，其中司法行政部门及政法机关是公共法律服务体系建构的主要力量。此外，社会法律服务资源也是推动公共法律服务体系建构与发展的重要力量。通过政府购买法律服务的方式引进的社会力量能够弥补司法行政部门及政法机关的局限性，及时满足人民群众的法律需求，扩大公共法律服务体系在基层社会的影响范围，如基层法律服务机构既可以将政法公共法律服务理念、政策、服务内容等重要事项传递给基层人民群众，也可以将人民群众最需要的法律服务需求提交给政府机构。以基层法律服务机构、社会工作机构为代表的社会法律服务机构与人民群众紧密相关，在基层公共法律服务体系建构与完善中具有至关重要的桥梁作用。[1]

我国基层法律服务市场尚不成熟，在法律服务机构设置层面，应当以基层社会对法律服务的需求，确定需要设置的机构类型以及数量。政府对本行政区域内的法律服务市场进行摸底，根据不同基层地区的法律需求设置不同类型和层级的法律公共服务机构。对于经济发展水平较高，法律服务需求旺盛的地区，设置包括人民调解机构、公证处、律师事务所、法律服务中心等多层次的法律服务供

[1] 杨凯，张怡净．论公共法律服务体系建构的法学理论构架基础［J］．南海法学，2020（4）：14.

给主体体系。对于具有基本需求但无法支撑整个主体系统的地区，可以在保证一村一个人民调解委员会、一镇一个法律服务机构的基础上，通过政府提供优惠政策，引导专业人员进入服务主体体系。如鼓励高校法学专业师生定期为基层社会民众提供服务，包括接受咨询、代为制作法律文书等；专业律师、法律工作者成为特定对口村庄的法律义务咨询工作人员，或者以政府提供购买服务的方式实现“一村一律师”、人民调解等基层法律服务。这些基层公共法律服务机构的建设可以作为观测点，进而对基层公共法律服务体系的建设程度进行研究。

主要观测点3.4.2　城乡基层公共法律服务队伍的建设程度

党的十八届四中全会中提出，要加强法律服务队伍建设，其中专门强调对欠发达地区和基层法律服务队伍的建设，以弥补这些地区存在的资源欠缺问题。基层社会公共法律服务队伍普遍出现人员素质差别大、专业人员比例较小的现象，特别是人民调解员，国家没有明确的资格准入条件。因此，相对律师来说，人民调解员群体的法律专业素质普遍不高。人民调解员在当前基层社会是公共法律服务的重要提供主体，他们在解决基层社会民众间纠纷时常常依靠熟人关系进行引导规劝，对于纠纷涉及的法律知识了解不多，很难保证提供的是真正的法律服务。随着基层社会居民法律素质的不断提高，对于公共法律服务工作人员的专业素质提出了更高的要求。因此，对服务队伍进行专业化、正规化建设成为完善基层公共法律服务制度的迫切任务之一。政府是法律服务队伍建设的主导者，应依靠政府力量对相关资源进行整合，形成多元化的基层公共法律服务供给主体体系，其中主要应该包括专职的基层法律服务工作者、志愿者、律师、法律专家团体等多层次的队伍。专职法律服务工作者由政府统一负责招录、工资给付、确定服务范围及程序等事宜。基层社会民众生产生活中遇到的简单法律问题，基层专职公共法律服务工作者可以按照政府制定的职责范围提供服务，包括咨询、调解、立案代理等。案情较为复杂的交由专业律师进行处理，其中包括专业律师以志愿者身份提供服务。法律服务志愿者团体可以主要由法律专业高校学生、已退休的法律工作者、律师等主体组成，直接参与基层法律服务所的日常工作。接纳具有法律专业学习背景的主体进入村居社区公共法律服务队伍，并对提供专业服务的相关人员要求统一的入门资格标准是提升服务队伍整体素质的有效途径。

第四章 基层社会治理法治化的原则

在全面依法治国的大背景下，法治是国家治理的基本方式，基层是社会和谐稳定的“稳压器”，基层治理是国家治理的重心，基层治理法治化的水平影响着国家政策目标的实现。基层治理法治化是在党的领导下，依照法律来治理基层事务。即基层的政治、经济、文化等一切活动依照法律进行管理，公民的所有行为依照法律进行，使基层一切需要和可以由法律来调控的活动和工作，都纳入规范化、法治化的轨道。基层法治建设，是依法治国在基层的具体实践，是依法治国的重要组成部分，基层社会治理是社会治理的基础，是实现国家治理现代化的关键一环，面对最基层的群众，涉及面广而且数量众多、事多且繁杂，基层治理是否有效，直接影响着基层社会的和谐和稳定、国家的繁荣和发展。

基层社会是改革发展稳定的基础，基层稳定则国家稳定，基层社会矛盾治理水平是衡量国家治理体系和治理能力现代化的重要标志之一，而目前基层社会矛盾成为影响我国经济社会发展的短板和弱项。中国共产党第十九届四中全会通过了《中共中央关于坚持和完善中国特色社会主义制度、推进国家治理体系和治理能力现代化若干重大问题的决定》（以下简称《决定》），在《决定》中明确提出要求："完善正确处理人民内部矛盾的有效机制，努力把矛盾化解在基层。""微治理"是在社会治理重心下移的背景下，基层政府在矛盾治理过程中探索出的基层社会矛盾治理形式，具备矛盾发现"早"、化解状态"小"、参与主体"微"等特征，注重从源头上化解基层社会矛盾，助力打通社会治理最后一公里的微循环。

第一节　立足国情原则

法治社会能够以独立主体地位，与法治国家和法治政府共同成为法治中国"三位一体"建设的重要组成，是以习近平总书记为核心的党中央在治国理政实践基础上的理论升华，也是党领导下的中国特色社会主义事业发展的必然要求。基层社会治理作为法治社会建设的重要内容，必须适应社会客观条件，特别是要紧密结合习近平总书记在党的十九大和党十九届二中全会、党的十九届三中全会、党的十九届四中全会精神，以及中共中央关于基层治理体系和治理能力现代化的重要论断和系列部署，积极把握新时代法治社会建设的新视野，顺应新时代，实现基层社会治理在整体国家治理体系和治理能力现代化以及法治社会中的全面建设。

一、立足已经转化的社会主要矛盾

如前文所述，基层社会治理强调社会领域内的矛盾纠纷的法治化解决，并以基层社会权力的有序运行以及社会秩序的和谐为基本内涵。因此，基层社会治理法治化必须立足社会主要矛盾的变化发展，服务社会主要矛盾的化解。习近平总书记在党的十九大报告中正式提出，我国社会主要矛盾已经由人民日益增长的物质文化需要同落后的社会生产之间的矛盾转化为人民日益增长的美好生活需要和不平衡、不充分的发展之间的矛盾。社会主要矛盾的转化主要基于改革开放以来我国经济社会的快速发展，导致人民的需求不单纯局限于满足基本的物质文化需要，还包括民主、法治以及安全等在内的关系到美好生活的更高层次的需要。[1] 当然，在看到社会主要矛盾变化的同时，还应当注重其不变的方面，即人民对于美好生活的需要，依然包括基本的物质文化，这也是当前中央推进基层社会，尤其是贫困地区和贫困人口精准扶贫与精准脱贫的重要目标。可见，基层社会治理法治化需要充分立足已经转化了的社会主要矛盾中的“变”与“不变”，紧紧服务关系人民美好生活创造的经济、社会等中国特色社会主义事业各领域的需求，强调通过完善社会规范制度基础上的基层民主自治，满足人民的幸福感、参与感、公平感及安全感等与法治社会建设内涵密切相关的需求。

二、立足“三位一体”建设的法治中国基本建成的目标

习近平总书记在中央政治局集体学习时正式提出将法治社会建设平行法治国家和法治政府建设后，又经多次强调与阐述，并在党

[1] 习近平．决胜全面建成小康社会夺取新时代中国特色社会主义伟大胜利：在中国共产党第十九次全国代表大会上的报告［M］．北京：人民出版社，2017：11－12.

的十九大报告中进行明确，将“坚持法治国家、法治政府、法治社会一体建设”作为新时代坚持和发展中国特色社会主义基本方略之一的“坚持全面依法治国”的重要内容，并明确提出法治国家、法治政府及法治社会基本建成的时间节点为“2035 年”，作为习近平新时代中国特色社会主义思想的重要组成，成为指导法治社会建设的行动指南。党的十九届五中全会建议、第十三届全国人民代表大会第四次会议通过的《关于国民经济和社会发展第十四个五年规划和 2035 年远景目标纲要的决议》也明确提出，到 2035 年基本建成法治国家、法治政府和法治社会。

基本建成法治社会，当然要实现基层社会治理的法治化。从 2012 年党的十八大将法治社会建设作为独立主体地位，到 2019 年党的十九届四中全会通过《中共中央关于坚持和完善中国特色社会主义制度、推进国家治理体系和治理能力现代化若干重大问题的决定》，再到 2035 年基本建成法治国家、法治政府和法治社会，每一个目标设计，都将法治国家、法治政府和法治社会作为一个整体推进。基层社会治理法治化必然也与法治社会、法治国家和法治政府建设之间存在着有机联系，存在相关促进或支撑的元素，统一在法治中国建设中。基层社会治理法治化不仅是法治社会建设的重要内容，而且也直接影响到法治国家和法治政府建设的推进，还关系到法治中国能否建成。因此，基层社会治理法治化必须立足法治国家、法治政府和法治社会“三位一体”的目标，在与法治国家、法治政府的良性互动中，按照《关于国民经济和社会发展第十四个五年规划和 2035 年远景目标纲要的决议》提出的“2035 年”这一节点目标，如期实现基层社会治理法治化。

三、立足共建共治共享的社会治理格局

习近平总书记在党的十九大报告中指出，将打造共建共治共享的社会治理格局作为旨在提高和保障人民生活水平的社会治理强化和创新的七项重要内容之一。[1] 基层社会治理法治化建设，与共建共治共享的社会治理格局，共同属于社会建设的重要内容，关系到包括社会治理法治化在内的社会治理创新的实现。社会治理创新与法治社会建设在限制权力滥用、保障公民私权利及维系公平公正和推进民主自治实现善治等方面存在高度一致。[2] 因此，基层社会治理法治化必须贯彻落实习近平总书记在党的十九大报告中强调的共建共治共享的社会治理格局要求，全面借助共建共治共享的社会治理格局平台，以此推进法治社会各基本内涵的实现，进而为实现人民福祉夯实法治保障。我们认为，要想实现基层社会治理与共建共治共享社会治理格局，打造的良性互动、有机耦合，应当在社会治理制度建立完善的过程中强化关系到法治社会建设的规范和规则的建设，在基层社会治理法治化提升的同时实现法治社会对于社会权力运行和社会关系调整法治化的内涵要求，在社会矛盾预防与化解机制完善的推进中实现法治社会要求的矛盾纠纷依法、理性化解决。同时还要注重在社区治理体系建设过程中充分调动基层社会强调民主自治的元素，并在加强社会心理服务体系中培养社会主体对法治的信

---

[1] 习近平．决胜全面建成小康社会夺取新时代中国特色社会主义伟大胜利：在中国共产党第十九次全国代表大会上的报告［M］．北京：人民出版社，2017：44－49.

[2] 田玉军．我国社会管理创新法治化研究［D］．武汉：华中师范大学，2013：19－25.

心和信仰。总之，基层社会治理法治化应当全面立足于共建共治共享的社会治理格局，实现两者共同推进，互相促进。在促进社会治理创新的过程中，实现社会治理法治化，进而夯实法治社会建成的基础。

第二节　保障公民权利原则

尊重和保障公民权利，也是中国共产党和我国社会主义国家政权的一贯主张和最终追求。保障公民权利原则要求公共权力的运行必须牢固树立人民至上、为民服务的观念，真正把全心全意为人民服务和执政为民的要求落实到工作的具体环节和细节之中。在现代社会公民与国家的关系中，公民权利是第一位的，国家权力来自公民权利的派生，国家权力要为公民权利服务。这里所说的公民权利主要是指公民享有的基本权利。这些公民享有的基本权利主要是指在宪法上享有的涉及政治、经济、文化以及社会方面的权利，这些权利之间相互联系、相互促进、相辅相成，构成一个统一的有机整体。党的十九大报告指出："党的一切工作必须以符合最广大人民根本利益为最高标准。"改革开放以来，我国原有的社会结构发生了显著变化，人民群众对政治和社会生活的参与意识、对权利和利益的诉求逐步增强，公民的权利内容与范围不断扩展，保障权利已成为基层治理的根本价值和目标。[1] 只有切实保障人民群众在经济、政治、文化、社会、安全、环境等方面的权利，不断增强人民群众的

[1] 马俊．新时代基层治理法治化路径探讨：基于对合肥市部分街道的调查［J］．行政与法，2021（4）：54－60.

获得感、幸福感、安全感，才能为基层治理法治化奠定坚实的社会基础。

保障公民权利原则，了解其具体内涵，应当从以下两方面展开。第一，国家权力属于人民。我国的国家制度与法律法规都明确规定保护公民的基本权利。如2021年1月1日生效的《中华人民共和国民法典》单独设立《中华人民共和国民法典·人格权编》，并将公民的基本权利保护贯穿到每一编之中，充分凸显公民权利的重要性。第二，国家尊重和保障人权。我国通过建立以宪法为核心，以立法保障和司法保障为主要内容的权利保障体制，保障公民基本权利。习近平总书记也强调人在社会治理和体制创新中的地位和作用，社会关系的理想情境是和谐、安定和有序，以人民为中心首先要以人民群众对和谐社会的需求为中心。在开展基层社会治理法治化工作进程中，基层群众作为最主要的参与者，应当充分发挥人民群众的重要作用，调动人民群众的积极性。

（一）加强对公共权力的制约和监督

基层公共权力既是政府权力的“末梢”，也是国家与社会关系的“铰链”，更是基层社会治理现代化的一颗关键棋子。党的十九届五中全会指出，“十四五”时期要实现基层治理水平明显提高。实现基层公权力规范运行，减少基层治理的制度成本，应当成为重中之重。基层公权力运行不规范，直接导致基层办事流程不清、专业化不够。基层干部经常通过经验主义和个人喜好开展工作，轻视、忽视法律的强制性，甚至有一些基层政府的部分工作人员知法犯法，或者运用法律系统的漏洞来遮掩自己的违法行为，严重损害了国家和人民群众的利益，也损害了政府公信力。习近平总书记指出：“现实生活中出现的很多问题，往往同执法失之于宽、失之于松有很大关系。”[1]因此，加强对公权力的制约与监督对于公民权利的保障具有重要意义。必须聚焦“事前预防、事中监督”，紧盯重点领域、重要岗位和关键环节，把基层公权力置于监督的“聚光灯”之下，推动形成“有权必有责、用权必担责、滥权必追责”的长效机制。[2]

要保障公民的权利，就要监督制约公权力。习近平总书记在中国共产党第十八届中央纪律检查委员会第二次全体会议上指出，“要加强对权力运行的制约和监督”，除制约外，要“把权力关进制度的笼子里”“形成不敢腐的惩戒机制、不能腐的防范机制、不易腐的保障机制”。这里的权力不是指公民手里的权利，而是指执政党和政府各级官员手中的公权力，这个权力是公民赋予的。制约公权力，首先要保障宪法赋予公民的权利，明确公民的权利和义务。其次，要建立规范的权力运行机制。我国受传统的官本位思想影响严重，如果一味靠官员的良知约束，很容易发生腐败。权力的运行要公开透明，这也是对公民知情权的有效保障。对于政府官员的自由裁量权，即政府官员在法律授权的前提下，在公平、公正的原则下，能够自由做出决定的权力，要有具体的限度，以防权力寻租。

1. 通过编制基层公权力清单划定基层公权力的边界

要规范基层公权力运行，可以借鉴许多地方的制度化方案，尤

---

[1] 中共中央文献研究室．十八大以来重要文献选编：上［M］．北京：中央文献出版社，2014：722.

[2] 王新亭．管住基层公权力需开启监督“聚光灯”：关于健全完善党和国家基层监督体系的实践探索［J］．人民论坛，2020（34）：52－53.

其值得一提的是制定“基层公权力清单”。这一做法需要借鉴让群众深感满意的“宁海经验”。2014 年，宁海县以县委正式文件的形式推出了“小微权力清单 36 条”，明确列举农村治理中的各类权力施行事项，其中包括集体管理事项 19 条，涉及村集体权力；便民服务事项 17 条，涉及上级权力在基层的延伸。几年来，宁海县以“36 条”为主抓手，坚持在实践中创新提升，不断丰富内涵、拓展外延、强化配套，着力打通和深耕依法治国的“最后一公里”，使之成为建设法治乡村、撬动乡村振兴的有力支点。宁海县的成功经验展现出村级小微权力清单的重要性。实际上，基层公权力清单不能狭隘地理解为仅有“权力清单”，必须涵盖配套的责任清单和负面清单。编制权力清单，可根据不同类型组织的特点和各地从实际出发的治理需求，列出相关的权力事项，避免“一刀切”，还需要充分考虑到基层工作大量来自上级委派，故而要同时对上级政府部门、基层自治组织编制责任清单，厘清双方的具体职责；编制负面清单时，对群众普遍关切的、涉及“人财物”的，并且多腐易腐的权力事项应首先列入，同时明示防范廉政风险的具体举措。

2. 明确基层公权力规范运行流程

在公权力清单基础上，构建完整的基层公权力规范运行流程图，其中要明确权力运行依据、涵盖范围，事项办理主体、办理方式、时限要求以及相关纪律规定等内容，群众办事与干部履职都可以依照流程图展开，最大限度防范权力滥用与误用。流程图与清单需相互照应，这样才能厘清大小事项所涉权力的边界框架与运行轨迹。有了流程图，无论是来自广大群众与社会力量的民主监督，还是上级部门的职能监督，都可更有针对性地发挥效能，切实推动基层公权力的透明化运行。

3. 促进上级政府部门与基层自治组织之间合理衔接

对基层公权力的规范需要科学界定政府部门与基层自治组织的职责分工，避免政府部门用制度规范的名义给基层“层层加码”。为此，上级政府在基层公权力清单编制和调整过程中要充分吸收基层的意见，允许基层对清单内容提出异议，最后通过双方合理协商，在基层确认基础上确定清单内容。上级政府在编制清单内容时还要有统筹眼光，应要求各职能部门打破各自为政的思维，尽可能在充分的报备工作中确定所有需要基层配合的环节，并明确所涉事务的可操作程序。

4. 基层公权力清单实行动态调整

由于基层治理千变万化，基层社会所涉事务繁多，具有不可预测性，因此要引入动态调整机制，根据实际生活中的突发事件或者紧急情况来进行调整。第一，针对紧急事项要设立紧急流程。基层公权力清单主要包括日常事务，难以充分考虑到突发紧急任务，这类任务往往时间紧、任务重，需要专门为之准备紧急流程。第二，应当给基层充分的自主权，允许其自行申报清单调整事项或者提出相关对策和建议。通过动态调整机制，使基层事务得到迅速的回应和反馈，提高基层治理的效率。

5. 积极构建基层公权力智慧监督体系

应以智慧监督平台建设为抓手，通过织密智慧监督网络、搭建智慧监督平台、完善智慧监督机制，提升基层公权力监管的能力和水平。第一，聚焦数据联通，织密基层公权力智慧监督网络。通过对历史数据的深层次分析，找出公权力行使不规范的领域、表现和原因，将涉及人民群众切身利益的部门列为重点监督单位并设置权力监督目录。依托清单多渠道采集公权力行使数据，坚持线上数据互通、线下实体互联。第二，聚焦常治长效，完善基层公权力监督机制。建立健全“发现问题—分析问题—解决问题”的全流程监督机制，推动监督高效化。

（二）建立完备的社会保障体系

“民生无小事，枝叶总关情。”社会保障是一项系统工程，没有终点站，只有新起点。社会保障制度是指国家和社会依据有关法律规定，通过多种方式途径，在公民暂时或永久丧失劳动能力以及遭遇各种风险、生活发生困难时给予物质帮助，保障其基本生活的制度。基层社会治理过程中的每一个公民都可能会遇到各种各样的困难，这就需要从政府的角度提供一个保障网。要确保社会福利、社会保险、社会救助、优抚安置等相互衔接，形成功能互补、结构合理的基层社会保障体系。做任何事情的时候，民生都是不变的“指南针”。从历史情况来看，发展水平越低的地区往往基层治理越困难，基层干部往往会产生畏难情绪，上通下达渠道也不通畅，久而久之就进入了恶性循环。社会保障制度成为分散与缓解社会风险的重要制度工具，是保障民生的最重要支柱，因此，以社会保障服务推动基层社会文明风尚建设。社会保障服务覆盖物质和精神两个层次的保障内容，在推动社会文明风尚方面大有可为，具体来说有以下两个方面。一是要增加物质保障服务供给。加强基层城乡社区养老保障、医疗保障、最低生活保障以及各种社会救助服务，提高基层城乡居民的可支配收入总量，改善生产和生活条件，提升生活品质，帮助其积极参加基层社会治理。二是要加大精神保障服务供给。以促进人的全面发展为目标，重视社会保障中精神需求服务资源供给，推动基层社会尊老养老文化普及，关爱留守儿童精神需求，促进基层公共文化服务结构转变与内容升级，提高基层群众精神文化素质内涵。

1. 以社会保障服务助力“精准扶贫”。对贫困人口的帮扶是解决基层治理问题的一项重要工程，要重点加强基层城乡社区医疗保障服务，提高医疗卫生服务效率，坚持分级发展，各级医院都应明确救治的主要方向。此外，还要提高医疗卫生服务的前期介入能力，加大贫困地区科学文明生活方式的普及宣传，通过医疗保障服务对各种疾病，尤其是传染病的前期介入和应急救治，降低疾病的发生率。

2. 加快推进残疾人社会保障体系与服务体系建设。基层社会治理过程中，不能忽视残疾人的身心健康，应响应国家政策号召，确立残疾人基本康复服务、残疾预防两个重点工作，提高康复机构的服务能力，推动基层政府部门、残联组织、社会机构等康复资源的整合利用。在保障残疾人身体康复的同时，也要注重心理健康教育，普及残疾人特殊教育、残疾人参加普通教育的引导政策与教育体系。围绕提升残疾人信息化服务与管理水平，发挥多元主体的积极性，共同促进残疾人就业，强化信息化管理系统建设。

3. 在医疗保险和养老保险方面，需要尽快实现城乡制度之间的整合，继而实现监管、经办、资源、信息等在城乡之间的统一，破解农村流动人口在城乡社会保障体系中被边缘化的难题。在基层老年服务体系建设中，立足于文化传统与现状，一方面要继续引导发挥好家庭保障的作用；另一方面要以社区养老服务与养老机构作为补充，使政府的公共资源真正用于农村孤寡老人和失能老人。基层社会治理视角下的农村社会保障管理体制机制创新要调动多方资源，注重多元供给。基层社会治理视野下的农村社会保障体系应当是政府主导、多方参与的格局。在这一格局中，要充分发挥社会和市场在社会保障监督管理中的作用，各方协调一致，共同促进社会保障的公平公正。

中国社会保障体系建设涉及诸多子制度的顶层设计，为应对复杂多变的社会经济环境，尤其是改革开放以来经济体制的转变，我国社会保障形成了顶层设计与分散试点相结合的政策构建模式。这是一种在中央选择性控制下，通过地方试验获得经验借鉴的机制，经历了从“从无到有、以点带面”到“在顶层规划与科学统筹的基础上，在多种政策方案中进行优中择优”的转变。[1] 中国社会保障事业的发展，适应了特定历史条件下的经济体制，与当代中国发展进程相统一。社会保障肩负着保障民生、促进社会公平、满足人民美好生活需要的重大职责，面对日趋复杂的国内和国际环境，应建设更高质量的中国特色社会保障体系。完善社会保障体系的同时还应该完善公民权利救济机制。有权利就有救济。“权利救济机制在于权利受到权力侵犯以后，能够及时获得国家权力的保护。”[2] 公民权

---

[1] 刘然．并非只为试验：重新审视试点的功能与价值［J］．中国行政管理，2020(12)：21－26.

[2] 狄小华，杨建萍．公职人员职业风险自我认识、评估和调适［M］．北京：光明日报出版社，2014：168.

利救济有立法救济、司法救济以及行政救济。[1] 只有公民权利得到保障，幸福感随之提升，才能为基层治理法治化奠定坚实的社会基础。在制度构建的历史进程中，将为中国人民谋幸福、为中华民族谋复兴作为中国共产党的初心与使命，也始终是社会保障体系改革和发展的价值取向。

（三）发挥群团组织和社会组织在社会治理中的作用

随着我国社会主要矛盾的变化，社会利益主体呈现出复杂化、多元化趋势，社会公众对个人权益的维护意识不断增强，对基层治理、公共服务的需求呈爆发式增长。在这样的情况下，仅靠政府的作用难以完全适应社会治理各方面的需求，客观上要求在党的领导下，政府、社会、市场和公民个人之间建立起一种合作与互动的良性关系，积极构建社会各方参与社会治理的平台和载体，扩大和完善群团组织与社会组织参与基层社会治理的制度化渠道，从而凝聚多元共治合力，建设人人有责、人人尽责、人人享有的社会治理共同体。群团组织和社会组织是连接国家与社会的纽带，是群众参与基层社会治理的重要平台。社会治理植根于社会，在新时代、新发展阶段，要构建起党的十九届四中全会提出的“人人有责、人人尽责、人人享有的基层治理共同体”，离不开群团组织与社会组织的积极参与。应当充分发挥群团组织和社会组织在保障群众权益、集中群众力量、扩大群众参与、反映群众诉求、调解社会矛盾、维护公共利益、建设公共空间、推动共同发展等方面的重要作用。

---

[1] 陈焱光. 公民权利救济论［D］. 武汉：武汉大学，2005：73.

1. 大力培育和发展基层群团组织与社会组织。一方面，群团组织要充分发挥其桥梁、纽带作用，发挥“上联党政、下联群众、中联社会力量”的功能；另一方面，作为社会治理重要主体的社会组织是在政府职能转变中政府购买服务的重要承接者。社会组织要完善内部治理制度，加强自身能力建设，充分调动组织成员的积极性，发挥其在社会治理中的独特作用。按照自治、法治、德治“三治融合”的原则，以群众需求为导向，引导基层群团组织和社会组织健康发展，并且为其提供政策支持和资金支持，为其代表群众参与基层社会治理提供必要的平台和物质保障。

2. 搭建群团组织和社会组织参与基层社会治理的制度化公共平台。如建设困难群众帮扶中心、法律咨询中心、便民服务中心、紧急救援中心、志愿活动中心等，让群众明确参与任务和参与途径，充分保障公民的知情权。还要建立畅通的群众诉求表达机制。重视群众诉求并且及时做出回应，真正树立政府的公信力和法律的权威性，从而避免群众“信访不信法，信闹不信法”的现象。

3. 加强参与基层社会治理相关的法规宣传和能力培训。让群众理解“什么是参与”“为什么要参与”“怎样参与”等问题，激发群众参与基层治理的主动性与积极性，提高群众参与能力，从而避免“搭便车”现象，提升群众参与基层社会治理的效能。

4. 保障基层城乡社区居民委员会、村民委员会等基层自治组织的独立性与自治权，保障群众参与的权利。群团组织和社会组织是推动社会建设的重要力量，有利于发扬基层民主，促进社会源头治理，实现社会治理专业化。强化规范引导，进一步加强党建引领，引导群团组织和社会组织有序、有效地参与社会治理决策部署。健全制度机制，长效推动群团组织和社会组织标准化、规范化建设，深入抓好中央、省委关于推进和规范引导群团组织和社会组织参与基层社会治理法治化决定的贯彻落实。加强服务保障，各级党委和政府要把推进群团组织和社会组织参与社会治理和平安建设工作纳入重要议事日程，尽心尽力帮助解决有关重大问题，促进群团组织和社会组织健康有序发展，为推进建设更高水平的小康社会，构建共建共治共享的社会治理格局做出新的贡献。

（四）法治和德治相结合，推动基层治理法治化建设

“国无常强，无常弱，奉法者强，则国强；奉法者弱，则国弱。”[1] 习近平总书记指出，“全面推进依法治国是一个系统工程，是国家治理领域一场广泛而深刻的革命，需要付出长期艰苦努力。”[2] 法治具有稳定性、连续性和权威性，对于维护社会和谐稳定具有不可替代的作用。加快基层治理法治化的重要目标就是把基层社会治理纳入法治轨道，强化法律在维护群众利益、化解社会矛盾中的权威作用，充分维护民众的合法权益。要注重运用法治思维和法治方式破解基层治理难题，总结一些地方政府在应对治理上的突出问题时采取的立法方面的经验做法，充分运用好地方立法权，为解决基层社会治理中出现的突出问题提供法治保障。检察机关应当坚持以人民为中心，立足检察职能，不断创新参与社会治理的方式。如可以借鉴景德镇市昌江区人民检察院的优良做法，协助开展“农

---

[1] 中共中央关于全面推进依法治国若干重大问题的决定［N］．人民日报，2014－10－29（1）．

[2] 人民日报思想纵横：国家治理领域的一场革命［EB/OL］．（2014－11－06）［2021－12－10］．http：//opinion．people．com．cn/n/2014/1106/c1003－25985462．html．

村法律明白人”培养工程，充分发挥法治对社会治理的引领、规范和保障作用，为辖区培养“农村法律明白人”800人，重点培养他们解答群众涉法涉诉问题，引导群众依法表达利益诉求的能力。通过“法律明白人”参与释法说理，妥善化解各类矛盾和纠纷1 300起，取得了良好的治理效果、法律效果和社会效果。另外，基层法院应积极探索矛盾纠纷深层次的源头治理问题，将“请进来”和“走出去”相结合，即将多元纠纷解决力量请进法院，通过立案环节的诉前分流，将绝大多数矛盾化解在诉前，同时，法院走出“审判大门”，积极参与社会治理，坚持问题导向，将矛盾纠纷消除在萌芽阶段，与多部门、行业共同联动，助力社会治理的科学决策、规范行为、排查隐患、改进思路，使社会治理效果进一步得到提升。

充分发挥道德的教化作用。坚持以社会主义核心价值观为引领，建立健全社会诚信体系，引导城乡群众崇德向善、见贤思齐，最大限度地增加和谐因素，最大限度地激发社会活力。传统社会以教化乡里为途径的治理实践积累了丰富而独特的基层治理经验。早在周代时，乡里组织就比较注重教化百姓，那时的教化主要是在官方主导下展开，赢得了乡里百姓的响应。此后，汉代的乡三老制、宋代的乡约制、明代的老人制等都旨在教化乡里、淳化民风，取得了较好的乡村治理效果。反观现代社会的基层治理，治理制度虽然有相应的实用性，但是在价值引导与内在激励方面缺乏实质性作用，一些村规民约忽视居民的道德自觉与道德自律，只是通过禁止违法乱纪、寻衅滋事等条款约束村民行为。与此相比，传统乡村自治既注重激发百姓内在的自觉性与议事热情，也注重通过教化过程收集民意，这种治理经验可以在一定程度上启发现代中国的基层协商治理。

当代中国的基层治理可以把古代教化传统下百姓的道德自觉性与当今参与民主协商的自觉性相结合，激发人民群众内在的积极性和主动性，促进基层治理的良性运转。“法安天下，德润人心。”只有将法律的规范作用和道德的教化作用相结合，共同运用到基层治理之中，坚持自治、法治、德治基础，让人民群众享受高质量法律服务，倡导基层社会文明道德新风尚，才能使基层社会的人民群众不触犯法律又能自觉地参与到基层治理当中。

因此，在基层治理中应将传统德治文化与现代法治精神结合起来，在基层厚植法治精神和道德底蕴，用德治的文化因子激活法治的责任情感。[1]基层治理法治化建设是依法治国得以开展的基础性工程，在基层的具体实践中，要及时发现并解决基层法治存在的问题，进一步构建科学合理的基层法治体系，在法律框架下规范基层生活，促使基层治理工作有法可依、有法必依。同时，注重道德的教化作用，激发社会活力，切实维护基层民众的合法权益，推动国家治理体系与治理能力现代化。[2]

（五）强化法治观念，提高公民维权意识

公民权利是社会政治经济发展的产物，社会在不断进步，公民的权利范围也会随之扩大。随着公民的权利意识不断提高，公民在维护自身权利上也敢于据理力争。基层治理法治化与公民参与是彼此依赖、互相促进的。基层治理离不开公民参与。在法治化进程中，

---

[1] 马涛．基层社区治理需注入法治化动能［J］．人民论坛，2018（13）：110－111.

[2] 李海龙，夏琳璁．疫情防控视域下基层治理法治化研究［J］．理论研究，2021（2）：65－68.

如果没有公民参与，其本质只是一种制度安排，无法反映基层的实质问题及民众基本诉求。而公民参与是基层治理民主化的重要体现，关注的是公民个体权益的保障及社会公共利益的实现。可以及时反映基层群众的民生诉求，维护基层社会和谐稳定。[1] 其中，公民的法治观念在基层治理过程中发挥着尤为重要的作用，能够引导群众理智地解决各种难题，减少大规模“闹事”的现象，使得公民能积极主动地通过合法途径维护自身的合法权益。树立正确的法治观念，应当包括以下三个方面。

1. 要有权利观念

树立公民的权利观念，才能够使广大人民群众当家做主的原则得以真正体现，在经济、社会活动中充分地使用权利，发挥其创造性，并且同时尊重维护他人的合法权利。树立正确的权利观，应当包括对权利概念、性质、来源的正确认识；行使权利的自主意识和自觉性；行使权利时的求实态度与自律观念；建立和完善权利行使机制的使命感和创造精神等。

2. 要有契约观念

契约具有平等、自主、自愿、互利、互相制约等特点。基层社会更应该树立起契约观念，只有树立契约观念才能够减少交换过程中的不确定、不安全因素。其法律含义在于通过明确契约双方的权利义务，使人们清楚地认识到自己担任的法律角色，从而有效地选择自己的行为。基层社会应当普及契约观念，将这种观念扩展到更

---

[1] 薛晓东，王灵垚，邢浩然．城市社区治理中公民参与的困境研究［J］．电子科技大学学报（社会科学版），2017，19（2）：4.

广泛的政治社会生活领域，使整个社会活动既充满活力，又有必要的约束力，从而达到一种和谐有序的状态。

3. 要有正确的诉讼观念

受传统法律文化的影响，部分基层群众对诉讼抱有一种偏见，不管有理与否，都认为是很不光彩的事情，并经常把诉讼与受惩罚联系在一起。这种观念使得人们不是通过正当的法律程序解决各种社会矛盾和纠纷，而是寻求法律以外的方式。这样一来，反而无法有效地解决矛盾。因此，树立正确的诉讼理念与观念，既是保障个人权益的需要，也是维护和谐稳定社会秩序的需要。培育基层法治文化要“接地气”。基层社会的主要服务对象是基层群众，因此应当采取基层群众喜闻乐见的形式做好法治宣传普及工作，培育基层良好法治环境。一方面，以通俗易懂的语言、典型的法治案例、深入浅出的宣讲技巧将传统宣传方式与现代新媒体宣传平台结合起来，通过小区展板、电子大屏幕、手机短信以及微信、微博等宣传方式在基层群众中厚植法治文化；另一方面，利用重要时间节点加强法治宣传教育，如在“12·4”国家宪法日和法制宣传日、“6·26”世界禁毒日、“4·26”知识产权日、本地重要的法规通过日或实施日加大法治宣传教育和法律知识普及力度，有效地帮助广大群众学习法律，引导大家自觉运用法律解决问题，努力营造全民学法、知法、懂法、守法、用法的良好氛围，让一切法治文化建设的方法、设计都深深扎根于生活化的土壤之中，使基层法治文化始终保持旺盛生命力。[1]

---

[1] 马涛．基层社区治理需注入法治化动能［J］．人民论坛，2018（13）：110－111.

法律必须被信仰，否则它将形同虚设。[1] 要树立法治观念、增强法治思维，必须培育法治信仰。人们的法律意识受到物质生活条件和其他社会意识形态的制约和影响，社会生活的变化会引起法律意识的变化。我国正处在一个大变革时代，人们的法律意识尤其复杂，只有秉持正确的法律观念，才能运用法律武器来捍卫自己的合法权利。基层治理法治化建设需要基层民众的共同参与，要努力提高基层民众对法律的基础性认识，促使基层民众在遇到问题时愿意相信法律，更愿意运用法律去解决问题。在基层治理中，更要引导人民群众牢固树立“以守法为荣、以违法为耻”的荣辱观、价值观，将法治理念、制度意识内化于心、外化于行，增强基层法治建设的自信心和使命感。

第三节　矛盾疏导原则

基层社会矛盾是指基层政府遇到且需要处理的社会矛盾，这些矛盾往往与广大人民的利益息息相关，是社会中的人们在生活中产生的纠纷或者冲突，往往具有多样性和生活性的特征。矛盾疏导原则，即在基层社会治理过程中，就出现的各种矛盾通过多种途径和手段去化解和解决。政府或者社会组织往往通过和平方式建立社会矛盾的调解和化解机制，如协商和沟通的目的在于平衡矛盾主体之间的利益，使得各方利益达到一致，进而实现社会矛盾的缓解和消

[1] 伯尔曼．法律与宗教［M］．梁治平，译．北京：商务印书馆，2012：31.

除。矛盾化解工作是一项复杂、长远的工程，如何有效地将基层治理过程中出现的矛盾问题合理解决成为推动基层社会治理法治化的关键。存在于基层的矛盾化解工作体系容易出现信息不对称，调解工作的环节、程序、手段复杂而且冗长，导致矛盾未能得到及时解决，基层矛盾纠纷呈现多样化，如涉及公民切身利益的人身和财产权益，包括医疗、教育、土地、基础设施、就业、环保等多方面，这些问题都导致了矛盾的产生，因此，化解这些社会矛盾冲突必须建立有效的疏导机制。以“枫桥经验”为标杆，我们可以从以下五个方面进一步完善现代化预防、化解矛盾和纠纷的工作格局。

（一）建立一整套完备的矛盾疏导组织制度体系

随着我国基层社会治理方式的转变、各类社会纠纷日益增多、社会政策调整利益格局发生变化，基层社会出现了许多前所未有的社会矛盾和问题，矛盾的冲突性和社会关系的对抗性严重影响了社会的稳定和发展。通过建立专门的矛盾疏导管理体系化解基层治理过程中出现的矛盾和问题显得尤为重要。

1. 乡贤参与诉前调解

基层矛盾复杂而且持续周期长，如何解决这一矛盾成为长期困扰基层政府的一个难题。乡贤参与诉前调解，给破解这一难题提供了新思路。诉前调解是指诉讼双方当事人不经过立案审理程序，在第三方的主持下，根据自愿的原则，对争议的民事权益和法律关系，通过互谅互让、平等协商，最终达成协议，解决双方民事纠纷的一种方式。应依托人民法院诉讼服务中心和各人民法庭，在各乡镇、街道设立乡贤调解工作室、乡贤调解联络站，用百姓的方法解决百姓的事情，让乡贤在基层社会矛盾和纠纷调解中充当“第一道防线”。这对于优质高效化解基层矛盾和纠纷，确保各类矛盾和纠纷不上行、不外溢、不激化、不放大，这对于构建和谐稳定的社会环境无疑有着积极的作用，尤其是在大力推进自治、法治、德治“三治融合”的社会治理新形势下，更显现出示范和导向价值。[1]

2. 建立健全预防预警制度

在基层社会治理过程中虽然会面临各种复杂多样的矛盾，但是每一种矛盾的发生都具有可预测性，都会经历一个由萌芽到不断发展的过程。如果在矛盾的初始状态就采取积极有效的措施将其消除在摇篮里，那么对于解决矛盾和纠纷就会达到事半功倍的效果。如何在矛盾的萌芽阶段及时准确地采取措施，就需要建立预防预警制度，以最快的速度掌握信息，了解矛盾发生的根源，做好防范应对准备，以便及时地处理和解决矛盾。缺乏预警会在突发的矛盾面前手足无措，隐瞒事实、阻断信息最终会造成更大程度的基层社会人身伤亡和财产损失。因此，完善预防预警制度应当从以下三个方面做好信息的收集和评估工作。首先，应当充分收集各种信息，从掌握的信息中发现矛盾的苗头。在基层社会治理过程中对于信息的把控和掌握单纯依靠政府的力量是远远不够的，应当充分发挥各种社会主体的作用，多渠道收集信息。基层党员干部、基层工作人员、网格员应经常走到人民群众中去，在与他们的沟通交流中获得第一手信息。民众作为基层社会的一份子，最了解也最清楚民众之间、民众与政府或者其他社会主体之间的各种矛盾，因此，应采取新的

[1] 刘艳苹. 健全自治、法治、德治相结合的乡村治理体系［J］. 新长征，2020（2）：48－49.

方式方法鼓励民众发现正在发生的以及潜在的矛盾和冲突，正视每一个小的矛盾和冲突。其次，随着信息技术的快速发展，大数据时代随之而来，谁掌握了大数据，谁就有了主动权。党的十八届五中全会提出“实施国家大数据战略”。习近平总书记强调，要深刻认识互联网在国家管理和社会治理中的作用，加快用网络技术推进社会治理精准化。在基层治理中，大数据日益成为社会管理的“强力推手”。应充分依托大数据技术优势，运用科技手段构建横向信息的沟通渠道和纵向信息的表达渠道，收集社会信息，聚焦社会热点，洞察大众心理，及时捕捉群众的内心需求以及负面情绪，及时出台相关规范和举措。最后，加强各部门之间的相互配合与数据共享。基层政府部门掌握着人口普查、经济普查以及大量与社会经济生活息息相关的数据，但由于一些部门缺乏大数据思维，习惯对政务数据秘而不宣等原因，各职能部门之间形成了“数据壁垒”。如果职能部门能够做到数据共享，就可以高效解决人民生活难题。基层的派出所、村民委员会、党组织应明确各自的分工，相互配合，相互之间做好信息的传递和沟通，为矛盾的发生和解决随时做好充分的准备。

3. 建立调查筛选制度

在收集到社会信息的基础上，还要对各种社会信息进行调查和筛选，将矛盾纠纷事项进行分类整合，分清主次和轻重缓急，重点事项重点处理。如果不经过调查筛选这一道程序，有关部门的任务量将会非常严峻，必须一一处理各种大大小小的矛盾。但经过调查筛选之后，有关部门会将一些不必要的矛盾交给基层自己去解决。或者还有一些矛盾可以调解，也不必经由上级部门使用强制措施，进而提高社会公共资源的使用效率以及基层部门的服务水平。基层社会人员众多，矛盾和纠纷复杂多样，应更广泛地利用好数字技术，提高矛盾处理的效率，确保数据的精确性，建立起基层社会之间的联系。

4. 健全应急处理制度

除为应对一般性的矛盾冲突做好充分准备外，还应制订一套应对突发性事件的制度安排。从此次新冠肺炎疫情的暴发可以看出，基层社会为突发事件的发生做的准备不够充分，全国都面临十分严峻的情形，因此，制订出一套应急处理制度显得尤为重要。应当做好突发性事件发生前的预防工作，发生时的分析处理工作，发生后的组织安置工作。有了一整套的应急处理安排，领导人员就不会产生畏难情绪，民众不会产生恐慌，能够有效地促进基层社会的安定和谐。

5. 完善评估监督制度

监督体制缺陷、归责机制不健全导致难以形成法治化和常态化的基层治理局面。应建立更加科学、严格、规范、刚性、网格化的治理责任规范体系和治理责任追究机制，真正形成有权必有责、有责必追究的基层治理体制。持续健全完善矛盾和纠纷化解责任体系，一是理顺职责。逐步健全市县、镇、村“三级”矛盾和纠纷排查化解责任体系。推动公安、民政、自然资源、交通运输、卫生健康、市场监管、生态环境等部门建立行政调解组织，分别承担本部门、本行业的矛盾和纠纷多元化解责任，涉及镇街、部门的，及时督促，严格按要求及时解决。二是正向激励。将矛盾纠纷排查调处工作纳入综治领导责任书和各基层部门村、社区的考评内容，对工作优秀的单位提升在“一案一补”调解经费的补贴标准，倾斜各级表彰名额，正向激励各级各部门，做到守土有责、守土担责、守土尽责。

（二）政法结合，充分发挥法律的引领作用

1. 重视司法引领与立法推动，强化法律保障

首先，通过司法引领保障对接机制建设。当前纠纷解决方式体系虽然呈现出多样化发展趋势，但各种解纷体系之间缺乏互联协调。2016年6月28日，最高人民法院发布了《最高人民法院关于人民法院进一步深化多元化纠纷解决机制改革的意见》和《最高人民法院关于人民法院特邀调解的规定》，鼓励各地各级的人民法院在实践中通过试点摸索为制度创新提供动力。这些文件的出台为法院促进纠纷多元化解决机制的发展提供了规范与指引，充分发挥司法机关在纠纷解决机制中的引领、推动和保障作用。作为有着专业优势和丰富纠纷解决经验的法院，在诉调程序安排、法律效力确认、立法参与和法律指导等方面发挥引领作用，同时应当与行政机关、仲裁机构、人民调解组织及其他具有调解职能的组织相互协调配合。通过搭建对接平台、组织业务培训等方式，整合其他纠纷化解方式和资源，并给予有效的指导和监督，实现矛盾纠纷化解方式的法治化，将其纳入法治轨道中来。其次，通过立法推动，保障规则供给充足。在制度的落实层面离不开法律保障作用的发挥，通过立法才能明确各矛盾化解主体之间的职能职责以及各纠纷解决方式之间的衔接机制。立法机关对矛盾纠纷多元化解机制的法律联动性不足，无法有效保障其运行。[1] 近年来，各地立法机关因地制宜地出台了相应的地

[1] 青岛市中级人民法院课题组．关于完善矛盾纠纷多元化解机制的实践探索［J］．山东审判．2016，32（6）：93－96.

方性法规，保障矛盾纠纷多元化解机制在法治轨道上运行，符合全面依法治国的要求。2016 年 5 月 1 日，第一部关于多元纠纷解决机制建设的地方法规《厦门经济特区多元化纠纷解决机制促进条例》正式实施。此后，山东、福建、黑龙江等省份也陆续推出了相类似的立法。这些地方立法的共同特点是，都界定了行使解纷功能的各个主体的职责职能的基本定位，涉及各级人民政府及其相应的职能部门、人民法院、人民检察院、人民团体和社会组织等，明确各自的职责分工。如今，经过探索与实践，多元化解纠纷机制的改革经过试点探索阶段，逐步进行示范推广，从基层实践上升到理论制度。[1] 国家进行综合立法的时机逐渐成熟，要将实践中司法推动的改革成果通过立法的方式落实到制度层面。

2. 创新矛盾化解方式和机制，引导群众遇事找法

在基层社会矛盾纠纷多元化解格局的构建中，要畅通利益表达渠道，把信访工作纳入法治化和制度化的轨道。这不仅要求完善司法机关对涉法涉诉信访的化解机制，行政机关对信访问题妥善处理机制，还要发挥社会第三方力量，建立健全信访的第三方参与机制，如发挥社区在纠纷排查和化解中的重要作用。“小事不出社区，大事不出街道，矛盾不上交”是社区矛盾纠纷化解工作中普遍推行的经验。及时发现问题苗头，尽快妥善处理和解决，防止小矛盾、小事件引发更大的纠纷。“枫桥经验”有助于民间纠纷解决机制的发展和协商自治能力的培育。

---

[1] 龙飞．论国家治理视角下我国多元化纠纷解决机制建设［J］．法律适用，2015（7）：11.

3. 深入开展法治宣传教育

新时代“枫桥经验”蕴含的法治意识不仅体现为民众对国家法律的遵守，还体现为民众对村规、民约等软法规则的尊崇。枫桥镇在健全普法工作网络的基础上，每年投入20多万元用于法治宣传教育。在基层社会治理过程中，解决社区人员文化素质、法治意识不足的难题，不能忽略法治宣传教育的作用。应当结合“法律六进”扎实开展法治宣传活动，充分利用基础设施，如文化广场、图书馆、宣传栏、公众号、官方网站等多种途径进行宣传。通过长时间、持续不断的宣传教育潜移默化地影响民众，强化法律思维，鼓励通过多种途径表达自身需求，推动矛盾的解决。首先，统筹“枫桥经验”与案结事了实质化。创新发展新时代“枫桥经验”，扎实推进诉讼内部不同环节的案件源头治理，把调解贯穿于“立审执”等环节，及时、妥善、实质化解矛盾纠纷。在基层社会中，要准确地把握社情民意，积极推动人大代表、政协委员参与司法调解的新模式，始终追求“案结、事了、人和”。其次，应打造基层治理法治化的专业队伍，提升基层行政机关和村居两委人员的法治素养，打造专业化服务队伍。将法治宣传教育深入基层干部当中，积极培育和树立法律意识，教育基层干部带头学法、模范守法、执法为民，强化依法决策、依法行政的意识，真正把依法办事作为行动自觉和行为准则。最后，应当加快公共法律服务体系中心建设，在基层开展法律服务和法律援助，为民众解决难题，普及法律知识。如华宁县的“云岭法务通”为基层的法律服务工作提供了良好的范例，其利用法律服务机器人结合人工智能技术，将法律服务分门别类，为公民提供精准的咨询和建议，这一新举措在提升智能化法律服务的同时，满足了民众法律服务的需求。群众懂法用法的意识增强了，形成了带动全社区形成办事依法、遇事找法、解决问题用法、化解矛盾靠法的良好法治环境。

（三）建设优良的社会文化，加强群众的社会心理建设

新时代“枫桥经验”是共建共治共享“大平安”的新经验。新时代的平安建设要求疏导社会情绪、化解矛盾纠纷。如果一味使用高压手段处理社会矛盾，强制疏导社会矛盾，尤其是突发群体性事件，不仅使得矛盾难以化解，反而会使问题越来越大，矛盾越来越激化。要以社会主义核心价值观引领道德建设，充分实现道德在基层社会治理中的规范与约束功能。第一，提高文化建设思想认知，重视基层文化建设。以基层干部为主导，在基层治理中加大对文化建设的管理和干预，将文化建设项目安排在重要决策项目之列，并保障基层文化建设的资金充足，确保所有矛盾纠纷都能消除。第二，努力提高基层人民群众的思想道德素质和社会责任感。基层组织可以组织一些奉献爱心、帮助他人的活动，引导人民群众树立主人翁意识，积极为经济社会发展贡献自己的力量。

优良社会文化的形成，离不开全面开展人员培训。在基层政府针对社会矛盾的化解工作开展过程中，一般会对相关的调解人员进行业务培训，培训内容非常丰富，具体包括法律知识、网络操作技能以及具体工作流程等。但是，当前的培训内容大多属于理论性课程，实践操作性课程较少，尤其是在社会矛盾处理工作开展之后，调解人员的相关培训和学习机会大大减少，不仅针对实践工作内容的学习机会较少，理论基础性知识的学习机会也十分有限，因此，

必须对基层调解人员开展操作性技能的培训，以提升调解人员队伍的社会矛盾实际处理能力。同时，要积极采取多种措施提高基层调解人员的业务能力，进而提升人才队伍的整体能力。此外，在具体的培训过程中，可以采取讲座的形式，请专家指导，对沟通技巧和心理学方面的知识进行系统学习，使得调解员能够快速学习到沟通的技巧。同时，可以举办调解员之间的经验交流会，为成功的调解员分享成功经验提供平台。另外，应积极补充人才队伍。在具体的工作过程中，基层政府可以建立专门的特殊矛盾化解专家库，该专家库的人员由行政部门、司法部门、律师事务所等组织的人员加入，也可以吸纳政协委员、人大代表以及在当地具有较强的社会威信和公信力的人员代表，也可以引进各行各业的专家。因此，在遇到特殊的社会矛盾问题时，可以从专家库中有针对性地挑选适合的专家进行调解。乡镇（街道）部门在处理社会矛盾的过程中也应当注重积极吸引青年人才，并对其进行培训，使其成为专职的社会矛盾调解员。与此同时，也应当注重对当地有名望人员的运用。此外，在基层人才引进方面，应积极引进专业性人才。优秀人才的引入会带来资源和力量，充分调动群众的积极性，营造出和谐的社会氛围。还可以多渠道开展法治宣传工作，创建法治文化宣传小广场，宣传法律法规知识、村规民约、移风易俗等内容；利用广播及巡逻车播放法治宣传录音材料，利用党员和居民代表大会宣讲法律法规知识，提升居民法律意识；通过朋友圈、微信等途径，及时转发法治宣传相关图文消息；组织社区两委、基层网格员、驻村工作队逐家逐户分发各类宣传单，形成线上线下互动的良好局面，进而营造和谐稳定、崇尚法律的良好氛围。

（四）发挥群众作用，建立健全多元化矛盾纠纷解决机制

“发动和依靠群众，坚持矛盾不上交，就地解决问题”是“枫桥经验”的突出特点，组织广大干部群众深入基层开展矛盾纠纷的排查化解工作，让人民群众充分参与矛盾纠纷的预防、化解全过程，体现了“枫桥经验”在源头上和根本上预防、化解矛盾的特点。[1]。

枫桥在基层各村、社区以及一些重点企事业单位等都建立了相应的调解组织。村民委员会作为基层群众自治组织，通过排查化解矛盾纠纷把组织成员的需求反映给政府，同时还应充分运用基层群众自治组织自我服务、自我管理职能，化解矛盾纠纷。我国部分基层自治组织自我管理职能缺位，使得政府与社会之间丧失了缓和和沟通的环节，不能建立起有效的多元化纠纷解决机制。群众“不信法”“以访代法”等问题较为严重，通过信访渠道反映问题的意识强烈，无理“缠访”“闹访”现象已经成为影响社会稳定、损害司法权威的重症顽疾。因此，推进“枫桥经验”实现基层治理法治化显得尤为重要，应根据轻重缓急和差序格局区别对待。[2] 一般来讲，在基层社会治理方面，如果地方和基层既有的规则方法习俗，如当地的村规民约、民间调解等能够解决问题，全国性法律和国家法治就尽可能不要介入；如果私法规范和手段可以解决问题，公法规范和手段就尽可能不要介入；如果民商法、经济法、行政法等部门法的一般制裁调控手段能够解决问题，刑法部门最严厉的刑事惩罚手

---

[1] 郭星华．任建通．基层纠纷社会治理的探索：从“枫桥经验”引发的思考［J］．山东社会科学，2015，(01)：65－69.

[2] 李林．推进新时代“枫桥经验”的法治化［J］．法学杂志，2019，40（1）：9－16.

段就尽可能不要采用；如果民主协商、民间调解、相互妥协等手段可以解决问题，司法诉讼裁判就尽可能不要介入；如果当事人愿意私了且不违反法治，国家法治就尽可能不要介入。在现代社会治理中，法治应当保持必要的谦抑性、被动性、中立性、有限性和终局性，能不介入的尽可能不介入。即使需要法治介入，也要区别对待，运用法治思维、遵循法治原则，把握好法治介入社会治理的时机、程度、范围、力度，绝不能“一刀切”，一概而论。因此，应从以下四个方面尽快建立健全多元化纠纷解决机制。

1. 提高社会矛盾协同治理意识

协同治理理论强调政府、企业、社会组织、社会公众等多方力量通过协同合作的方式对公共事务进行管理，这些主体在协作处理复杂事务的过程中能够充分发挥自身优势。根据协同治理理论，基层政府要建立社会矛盾多元化调解机制，必须要更新原有的矛盾治理观念，提高社会矛盾协同治理意识，强化多元思维，在治理主体、治理模式和治理机制的构建过程中，将协同治理观念作为社会矛盾处理过程的主线。[1] 一方面，要在社会矛盾的处理主体上注重协同。要充分发挥多个主体的职能，如行政机关、司法机关、社会组织、基层乡镇（或街道）以及村（居）民委员会等。要平衡好矛盾处理主体之间的关系，使所有主体都能够积极参与到社会矛盾的处理过程中，构建多元主体协同的社会矛盾治理格局；另一方面，要注重多元的社会矛盾调解机制协同效应的充分发挥。在社会矛盾处理的

[1] 长宁区人民法院课题组，胡安之，周嘉禾，上海市长宁区人民法院党组．探索多元化纠纷解决机制　推动基层社区矛盾化解［C］//上海市法学会．《上海法学研究》集刊（2020 年第 4 卷总第 28 卷）．中共上海市长宁区委政法委文集．2020：9.

方法中，调解被认为是最高效、最便捷且低成本的途径之一，充分提高矛盾主体的协同治理意识，在解决社会矛盾的过程中灵活运用多种方式，并积极联动多个矛盾治理主体。在具体的解决方式上，也要注重运用多种方式进行协调治理，注重依法、依德、依理和依情等手段的运用。具体的社会矛盾处理方法包括诉讼、仲裁、协商以及调解等，这些具体的方法通常都是通过制度化手段对社会矛盾进行协调，进而使得矛盾利益主体之间达成共识。多元化的矛盾解决方法也提倡引入非制度化的方式来化解社会矛盾，如市民公约、道德标准、村规民约等。这些准则对于社会群体具有一定的引导性和约束性作用，因此是基层政府在处理社会矛盾的过程中需要考虑的重要方面。

2. 发动多元主体参与

党的十八届三中全会指出，要坚持系统治理，加强党委领导，发挥政府主导作用，鼓励和支持社会各方面参与，实现政府治理和社会自我调节、居民自治良性互动。让乡村干部、联村法官、驻村干部和德高望重的老人参与说事，整合社会各方面的智慧和力量，将自治手段、行政手段和司法手段结合起来，实现政府治理、群众自治的良性互动，构筑起纵向多层级管理与横向多主体协同管理的树状社会治理模式，从根源上预防和化解基层社会矛盾纠纷。

3. 完善基层诉调一体对接机制，促进诉调对接实质化

建立由法官、法官助理、书记员及调解员组成的调解速裁团队，及时做好调解指导，强化诉调统筹衔接，做到能调则调、当判则判。对起诉到法院的纠纷，释明各类解纷方式的优势和特点，提供智能化风险评估服务，宣传诉讼费减免政策按照自愿、合法原则，引导

鼓励当事人选择非诉讼方式解决纠纷。对能够通过行政裁决解决的，引导当事人依法通过行政裁决解决；对适合调解且当事人同意的，进行立案前先行调解。调解成功后需要出具法律文书的，由调解速裁团队法官依法办理；调解不成的，调解员应当固定无争议事实，协助做好送达地址确认的工作。明确诉前调解时限，规范调解不成后的立案和繁简分流程序。建立诉前调解案件管理系统，做到逐案登记、全程留痕、动态管理，并将诉前调解工作量纳入考核统计范围。

4. 有效发挥人民陪审员和法律援助的作用

人民民主要求人民群众更广泛地参与国家和社会管理，人民陪审员参与诉讼和人民调解组织积极化解矛盾和纠纷是人民群众广泛参与国家和社会治理的生动实践，有利于促进社会自治能力的提高，培育社会中的解纷力量，从而推动社会的发展与壮大。一方面，要大力开展法律援助工作，将执法力量援引到基层治理实践中，引导基层群众通过法律途径、运用法治思维和法治手段化解基层社会治理中的矛盾。另一方面要积极利用多种渠道、采取多种方式加强基层普法宣传，广泛宣传与人民群众生活息息相关的法律知识。重视法治文化产品的开发并丰富法治文化的载体，依托网络、手机 App、服务热线等方式为民众提供触手可及的法律援助。同时，要坚持依法治国与以德治国相结合，把法治与德治紧密结合起来，使二者相互依托、互为促进。

（五）设置矛盾纠纷多元化解中心，推行一站式服务

随着我国经济社会的发展，基层矛盾也呈现多元化特点，并且

日趋复杂。设置专门机构来化解人民群众在生产生活中的矛盾就显得尤为重要。社会矛盾纠纷多元化解中心是由党委统一领导，政府组织，综治办协调，以司法为民为依托，有关职能部门参加的合力解决重大、疑难矛盾纠纷的调解工作机制，是党委政府加强社会治安综合治理、解决新时期人民内部矛盾的一个有效抓手。矛盾化解纠纷机制应当充分发挥统筹协调相关部门，凝聚治理合力，齐抓共管，优势互补的相关职能，增强调解工作的实效。

第一，设置矛盾纠纷化解中心。矛盾纠纷化解中心坚持全过程控制、闭合式管理，建立受理—分流—办理—结案—回访等各个环节的工作流程。工作时坚持“以人民，为中心、群众事无小事”的原则，实现“只进一扇门，最多跑一地，事情全办清”，明确“四步调处”化解工作流程，形成矛盾纠纷调处闭环，有效防止发生越级上访，使“小事不出村、大事不出镇、矛盾不上交”的目标得以实现。第二，中心应当坚持以群众需求为导向，整合司法行政、法院、信访等部门集中入驻，设置便民服务大厅、调解室、信访接待室、巡回法庭、法律援助中心和心理咨询室等部门，建立诉讼调解、信访调解、法律援助调解、行政调解、警务调解“五调联动”工作机制，以此保证诉求便利反映，矛盾高效化解。实现多部门集中入驻、联动多元化解矛盾纠纷。第三，通过公开招标，选派具有律师资格的调解员等专业人员入驻矛盾纠纷多元化解中心，分类设立婚姻家庭、侵权、合同、劳资等多个专业化调解室，为基层人民群众免费提供调解服务。第四，中心应当坚持“互联网+”思维，设置“智慧调解”应用系统，以矛盾纠纷多元化解中心设立地区为核心，联通县市区、街道、社区三级调解组织，连接各行业性、专业性调解组织，实现矛盾纠纷收集上报、分析研判、办理反馈和远程视频调解等各项服务。通过在基层矛盾纠纷多元化解中心的设立，充分以人民群众的需求为中心，最大限度地为人民群众排忧解难、化解矛盾。基层矛盾得到化解，治理才会有动力继续向前推进。矛盾及时疏导、及时化解，才会有和谐的社会环境，经济社会发展才会稳定。建立完备的矛盾疏导组织制度体系，设立专门的矛盾纠纷多元化解中心，严格遵守法律法规，依法办事，基层党员干部、村以及社区两委成员和广大人民群众等社会多元主体积极参与、相互配合、共同作用，疏导、化解基层的社会矛盾冲突，促进社会的和谐稳定，以此保障国家的长治久安，构建社会主义和谐社会，提升人民群众的幸福感。

同时，为了促进社会和谐，需要用强大的社会主义核心价值观作引导，带动思想观念变革，引领社会思潮，培养公众积极向上、健康乐观的人生观、价值观。和谐文化的建设要求坚持社会公正、以人为本的价值观念，一切以人民群众的利益为出发点，以造福于民作为制度建设、政策颁布的基础，谋发展、促稳定，使全体人民共享发展成果。因此，要疏导日益激烈的社会矛盾与冲突，就必须建构和谐社会文化，以多元共存、相互尊重的精神，持续不断地推进社会主义和谐社会建设进程，从而实现“和而不同，美美与共”[1]。

---

[1] 张成，刘衡．试论社会矛盾冲突疏导机制构建［J］．人民论坛，2012（14）：38－39.

第四节　标本兼治、预防为主原则

标本兼治、预防为主就是既要解决基层治理中的表面问题又要解决制约基层发展的根本问题。凡事预则立，不预则废。社会治理要求我们居安思危、未雨绸缪，防患于未然，从源头解决问题，最大限度地预防问题的发生。努力将各种影响社会稳定的不利因素消灭在萌芽状态是社会治理的最佳办法。通过预测、预警、预控来防止影响社会和谐稳定事件的发生；通过采取预防措施，将无法化解的社会矛盾造成的社会和谐稳定影响降到最低程度。基层治理是社会治理的关键，基层是党和政府政策落实的“最后一公里”。当基层人民群众享有先进的民主制度、较高的经济收入、健全的社会保障、丰富的精神生活、优美的生态环境时，基层治理才能够取得阶段性成就，才能构建多元共治的社会治理格局和治理模式。

我国在基层治理中，贯彻标本兼治的指导思想，既注重从源头上预防基层治理问题的发生，又注重提高基层治理的策略水平，努力把问题解决在萌芽状态，把问题的消极危害控制在最低限度以内，才能维护社会秩序的大局稳定。坚持预防为主，把预防的着力点放在准确掌握基层人民群众的生产生活状况，密切关注他们的心声上。密切关注农民工在生产、生活中遇到的新问题，密切关注党和政府的政策和措施在基层的落实情况，及时了解和掌握群众的意见、诉求，坚持抓早、抓小、抓苗头，把各类基层治理问题消灭在萌芽状态，合理解决群众最关心、最直接、最现实的利益问题。不断健全社会主义民主政治，不断优化完善基层治理的政策措施，以先进制度措施预防和解决基层治理问题。大力推进社会主义文化建设，用社会主义核心价值观武装全国各族人民，为促进社会主义市场经济、民主政治与和谐社会发展提供精神动力，不断增强预防和解决基层治理问题的思想基础。在基层治理中，完善基层治理制度，大力发展基层经济，提高人民群众的收入水平，弘扬积极向上的基层文化，培育和践行社会主义核心价值观，从政治、经济、文化三方面不断提升基层治理水平，这对于提高我国基层治理法治化水平具有重要意义，能够为促进我国经济社会发展提供强大指引。

一、完善基层治理制度

基层治理管理事项繁多，职责不明确，公共服务存在不均衡，行政决策比较随意等表面现象，从根本上说，这是制度不完善造成的结果。为了预防此类问题的再次发生，需要从完善相关的制度和法律法规着手。

1. 坚持发展和完善基层群众自治制度

基层群众自治制度是我国的一项基本制度，是保障人民当家做主的重要途径。合寨村开创了我国基层群众自治制度的先河，通过完善基层群众自治制度，解决基层存在的基层组织不作为、贿选行为，以先进制度预防此类事情的发生。合寨村的治理为我们提供了有益的治理经验。合寨村是广西壮族自治区宜州区一个比较偏远的山村，这里是中国“村民自治”的发源地。中国第一个村民自治组织当年就产生于此，合寨村因此被称为“中国村民自治第一村”，是首个利用村规民约进行村民自治、民主管理的村民委员会，此后，各地纷纷效仿，得到了党中央、国务院、全国人大的高度重视并载入宪法。1982年该村成立“议事会”，即“村民代表会议”，由村民代表推选曾担任乡村干部的、有威望的老人、参政议政能力强的党员以及部分现任村干部组成。村里重大事情必须通过“议事会”讨论研究。每年年初，合寨村的村民们总会汇集到村民委员会所在地，观看最新公布的“政务公开”“民主管理”专栏墙报。村民委员会允许村民按程序查看村里的账目，要求村干部如实回答村民提出的问题。村民委员会还将群众关心的热点、难点、敏感性问题、重大建设项目定时向村民公开。现今全村人均收入有所提高，人民生活水平得到了很大的改善。村里还投资50多万元，兴建了老年人活动中心、五保新村和村民委员会办公楼等一批新的活动场所。村民之间有小矛盾、小纠纷的，再不会像早些年一样“用嘴巴和刀棍解决”，而是主动找村民委员会调解。在各项硬件设施逐渐完善的情况下，村民委员会也越来越注重发展村民素质文化的教育，并举办各种文体活动，以此提高村民的各方面素质。现代基层治理社会应当善于借鉴合寨村的做法，充分发挥人民群众当家做主的积极作用，完善基层群众自治制度。首先，完善相关法律法规，保障基层群众自治制度的正确运行，充分保障人民群众的选举权和被选举权等基本权利。其次，加强对人民群众的宣传教育，积极引导其正确行使自己的民主权利。引导人民群众依法行使民主选举、民主监督、民主决策、民主管理，积极主动地参与到基层治理当中。再次，应当坚定不移地坚持中国共产党的领导，充分发挥基层党组织和基层政府的指导作用。党的领导是我们进行社会主义现代化建设的根本保证，村民委员会和居民委员会都要严格贯彻落实党的方针政策，基层党支部应充分发挥基层战斗堡垒的作用。最后，加强对基层自治组织权力运行的监督。充分发挥村务监督委员会的作用，严格监督基层财务支出，确保每一分钱真正花在老百姓身上。健全基层群众自治制度，从根本上解决存在困扰基层治理的表面问题，保障人民当家做主的权利，以先进的制度为解决群众自治过程中的矛盾和问题提供充分的保障。

2. 坚持以人民为中心

深入贯彻落实党的群众路线，必须将落脚点和出发点都定位在实现和发展最广大人民群众的利益上，构建全方位的服务体系。应当深入群众之中，了解他们的情况困难，及时帮他们解决，防止大的问题发生。服务群众、服务社会是基层组织的基本功能。还要提升基层组织的统筹服务能力，把群众需求摸清楚，大力推进干部下基层，广泛搭建服务平台，拓展服务领域，开辟服务途径，开展为民服务。一方面充分发挥人民群众的积极性、主动性和创造性，另一方面通过统筹推进“五位一体”总体布局，协调推进“四个全面”战略布局，使广大人民群众不断共享改革的成果，获得切实的利益，让社会发展的成果惠及全体人民。广大党员干部要起带头作用，从群众中来，到群众中去，充分了解人民群众的需求，发现问题，剖析问题根源，解决问题，形成良好的工作经验，提升基层组织的服务能力和服务水平。

3. 推进党建引领与基层治理的深度融合

自党的十八大以来，党中央高度重视基层党建和社会治理的有机结合，多次提出要探索以党建为引领推动社区治理的重要指示。

党的十九大报告中明确提出要把“基层党组织建设成为宣传党的主张、贯彻党的决定、领导基层治理、团结动员群众、推动改革发展的坚强战斗堡垒”。基于此，应积极探索新时代“基层党建+社会治理”创新的有效路径，推动社会治理重心向城乡、社区下移，发挥好基层党建的职能作用，实现基层党建与社会治理创新的深度融合和良性互动。社会治理离不开基层党组织。基层党组织是党的全部工作和战斗力的基础，是基层社会治理创新的平台和组织要素，更是社会治理创新的引领者和实践者。推动“基层党建+社会治理”的深度融合。首先，要转变治理理念，创新治理的思维模式，促进“管理”向“治理”的转型、“管控”向“服务”的转变。其次，充分发挥网格员的作用，做到一网治理、一网兜进民生事，真正将党建网格打造成社会治理的管理网、服务百姓的民生网。再次，按照组织建网、工作嵌网、党员在网、群众用网的要求，加快党建网格化建设。最后，加强基层党建的队伍建设。基层党组织最关键的是要有个好书记。通过举办培训和交流学习，加强对党支部书记和党员队伍的教育。同时，充分发挥社区在职党员、社区退休党员的力量，建立一支可靠的、有力的工作推进队伍。推进党建引领与基层治理深度融合，解决党组织习惯于用强制管理思维进行社会治理、过度行政化和依赖硬权力、服务意识缺乏问题，并引导基层政府、基层自治组织找准角色和灵活有效地开展工作，问计于民、问需于民，提升社会号召力和群众组织力。

为深入推进党建引领与基层政府深度融合，应以党建网格化管理为抓手，进一步优化网格设置，把辖区企业、学校全部划入网格，实现网格管理全覆盖。放大“党建网格+”效应，将人居环境整治、综治维稳、疫情防控等工作全部嵌入网格，各项工作任务得到有效承接和落实。网格员和联户队员以身示范，率先完成走访任务，带头查找整改自身存在的问题。网格员和联户党员提升责任意识，遍访贫困户、孤寡老人等，逐门逐户开展政策宣传，找准问题，标本兼治。如在疫情期间，部分基层组织为有效应对疫情的突发状况，抽调骨干镇村干部、网格员组成工作专班，成立党员志愿服务队，选拔疫情防控信息员，建立覆盖全域的疫情防控工作体系。将疫情防控列为网格重点任务，每天召开调度推进会，掌握各社区工作开展情况，及时传达要求、布置任务。以社区为单位组织开展疫情防控工作培训会，编发《农村地区新冠肺炎疫情防控提示》《外出人员返乡工作流程图》等，指导“两委”成员、网格员、信息员有序开展工作。组织网格员进户上门服务，摸清人民群众疫情期间存在的困难，能解决的及时解决，解决不了的及时上报，解决好人民群众存在的切身利益问题。

二、大力发展基层经济，努力提高人民收入水平

人民生活富裕，才会提高人民的幸福感，才会减少基层问题的出现。标本兼治，必须注重经济发展和人民幸福感、获得感的提升。我国城乡社区经济发展不平衡，人民收入水平也存在差距，因此，要积极探索适合基层经济发展的路径，提高人民收入水平，预防或减少问题的发生。

1. 发展农民专业合作社

农民专业合作社是具有法人资格、享有生产经营自主权的独立

的市场经济主体，是建立在农村家庭承包经营基础之上的一种自愿的、民主的专业经济组织。我们可以以南小王晟丰土地股份专业合作社为例展开说明。山东省青州市南小王晟丰土地股份专业合作社成立于2008年10月。合作社依托南小王村传统的区位和资源优势，以村民承包土地，经营权入股为核心，以全体村民互助合作、收益共享为目标，走出了一条蔬菜种植、加工、销售和乡村旅游于一体的产业融合发展之路，极大地促进了农村经济的发展。目前，合作社成员越来越多，入股的土地规模也越来越大，合作社年经营收入一年比一年高，并且注册了“南小王”商标，蔬菜绿色产品认证达到12个，被评为省级示范社。可以看出，该村创新发展成立土地股份合作社，组建土地合作社让原本的土地再度“活起来”。另外，该村制定了有关合作社章程，成立了社员大会，下设理事会、监事会，并选举产生理事长、监事长，为各项工作的开展提供制度依据。该村村民借助该合作社，提高了收入水平，获得了较多收益。这也是适合当前农村发展的一种有效路径。大量农村劳动力外出务工，土地闲置，中共中央提出三权分置的模式，外出务工农民可以以土地入股方式，加入合作社，每年还可获得一部分分红。合作社统一种植经营有利于土地集约化利用，提高土地利用率，也有利于大型农业机械的使用，容易形成规模效应，提高产品品质和竞争力。农民专业合作社对农业产业结构的调整优化起到了积极的促进作用，使农业生产模式更加科学、合理，有力推动了地方经济的快速发展，增加了农民收入。

农民专业合作社是农民、政府、市场三者之间的桥梁和纽带，能够加强农村与城市之间的商贸往来，促进城乡融合发展。第一，完善农业合作组织运营管理机制，建立健全内部运行管理机制，依法依规设立理事会和监事会，明确各自职责义务。第二，加大专业人才培养，鼓励大批农业科技人员进入农村地区发挥作用，定期邀请农业专家培育农民新技术新思维。第三，制定相关法律法规，规范政府和农民合作组织的合理活动范围，处理好政府和农业合作组织间的正确关系，让农业合作组织健康有序向前发展。因此，发展农民专业合作社，对于提升人民群众收入水平、提升人民幸福感、预防人民群众收入短缺导致生活水平下降有着重要意义。

2. 大力发展特色产业

我国不同基层地区之间的自然环境、地理环境和当地经济发展水平都有所不同。因此，要因地制宜，根据当地的自然资源优势和产品特色发展适合本地区的经济发展模式，大力发展属于自己地方特色的产品，使其符合人们的个性化需求，做到精准发展。首先，要准确分析自身条件，找到自身优势特色，进而找到适合自己的产品或产业。如有些地区利用自身优势条件，发展第三产业，成立各种生产基地，利用大棚生产各种农作物等。其次，注重科技创新，积极利用新技术，并融入生产过程之中。要把这种特色建立在一些对手不能模仿或者难以模仿的优势上，或者是把自己的特色建立在持久而迅速的创新上，即使对手在不断地学习，但自我的创新速度更快，将很难被超越。再次，建立属于自己的品牌，通过互联网以及传统新闻媒体大力宣传，推动品牌效应，增加产品附加值，提高经济收益。最后，遵守相关法律法规，保证产品质量。大力发展特色产业，提高人民收入水平，为乡村振兴奠定基础，有效防止人民群众返贫。通过发展特色产业，进而发展基层经济，鼓励各地区积极探索属于自己的生产模式以及经济发展之路。

三、弘扬积极向上的基层社区文化，积极培育和践行社会主义核心价值观

基层文化发展存在滞后性，不能满足人民群众日益增长的文化需要。城乡地区文化水平发展也存在不平衡性，文化基础设施短缺。人民群众参与基层精神文明创建活动的积极性也不高。党的十八大以来，人们积极培育和践行社会主义核心价值观，提出坚定文化自信、建设社会主义文化强国。公共文化资源配置进一步向基层倾斜，建设基层图书馆，将优质图书资源输送到乡村。党和政府出台一系列政策措施做好预防，减少问题的发生。

1. 加强党对意识形态领域的领导

大力开展精神文明创建活动能有效解决基层文化环境的混乱状况，以及党的领导被忽视、削弱、淡化问题，预防人民群众思想状况出现问题。第一，充分发挥基层党组织和党员的引领作用。从解决好群众反映强烈的封建迷信、打牌赌博等问题入手，强化党建引领，开展“治陋习、树新风”专项行动，革除陈规陋习，培育时代新风，以党风促民风，从党员干部抓起，出台党员干部“治陋习、树新风”相关规定，立规明纪，强化约束，发挥党员先锋模范带动作用，以党风带政风促民风。第二，开展多种形式的精神文明创建活动，号召大家积极参与。开展多种形式的文化活动，丰富文化供给。成立文化宣传和法治宣传的文艺团体，开展“文明乡风”专场文艺演出，丰富村民文化生活。第三，充分发挥道德模范作用，号

召大家向模范人物学习。选典型、树示范，弘扬乡风文明。加强村办媒体建设，提高微信公众号的影响力，强化先进人物事迹宣传，提高村民参与乡风文明建设的热情。

2. 加强基层地区文化基础设施建设

基层群众文化发展要有充足的阵地场所，要在农村基层文化设施的管理中加大场地建设投入。解决基层文化基础设施薄弱问题，满足基层人民群众文化需求，预防因基层文化设施不足而制约人民群众文化素质的提高。一般情况下，人民群众往往更喜欢生动的娱乐形式，如戏曲、舞蹈、民乐、棋类、球类、庙会、节日仪式等，基层政府可以在群众习惯的日常文化活动的基础上建设文化广场、口袋公园、主题教育基地等项目。在群众平时休闲锻炼的基础上，适时举办一些综合类文化活动。建立基层图书馆，放置一些适合各年龄阶段喜欢的图书，并及时向公众开放。

3. 积极培育和践行社会主义核心价值观，充分发挥价值观的引领作用

引导人民群众树立正确的价值观，预防产生错误的价值观，影响个人的发展。社会主义核心价值观是社会主义核心价值体系的内核和集中表达，引领基层人民群众积极弘扬以爱国主义为核心的民族精神和以改革创新为核心的时代精神。基层党员干部应带头，充分发挥党员模范先进带头作用，加强对社会主义核心价值观的弘扬，开展多种形式的宣传教育活动，张贴宣传标语，邀请专家团队进行宣讲活动。培育和践行社会主义核心价值观要坚持全民行动，从家庭做起、从娃娃抓起。引导基层人民群众积极培育和践行社会主义核心价值观，不仅对于建设社会主义文化强国，培养高度的文化自

信，形成良好社会风尚，提高人民群众的思想道德素质具有重大现实意义，而且对于促进社会发展、解决基层发展难题提供强大的精神支持、有效减少和预防基层治理中问题的出现发挥着重要作用。

四、上下联动，大力推进基层反腐

近年来，全国各地查处的基层干部涉农腐败案件时有发展，主要涉及领域包括新农村建设、涉农惠农资金、征地拆迁补偿等。基层腐败涉及的这些领域，和农民群众的切身利益紧密相关，是基层百姓最痛恨的腐败现象。基层腐败的发生既会直接损害群众利益，还会使政府财政资金流失，降低人民群众对政府的信任度，带给政府公信力极为恶劣的负面影响。实际上，针对基层腐败治理问题，当前很多工作都停滞在“治标”阶段，属于发现一起后查处一起的“推着走”模式。在新的反腐环境下，上至中央、下到地方展现出来的反腐态度都极为坚决，反腐手段都极为强硬。然而，针对基层腐败问题的理论分析与实践探索长期停滞不前，并未将腐败治理相关的点和面相结合，纵横联动进行完美地融合，仍须深入探索更具实用价值的基层腐败治理策略。

首先，完善基层纪检组织结构。全面优化基层纪检组织的组成结构，将权力关入制度的牢笼，切实堵塞基层社区的管理漏洞与不足，保障权力能够在阳光下良好运行将是基层纪检组织成立以及组建的核心目标。组建适合的基层纪检组织能够更大程度上激发群众参与监督与管理的热情，提升党风廉政建设的影响力与覆盖面。其次，要优化基层干部队伍配置。良好的基层工作是保障社会稳定的重要前提。在社会生产与生活实践中，基层干部与群众直接接触，不但承担着贯彻上级要求的责任，而且需要承担发动群众展开实际社会建设的责任，是党和政府面向群众的主窗口。因此，腐败治理的关键要从基层干部队伍的优化配置着手，以便更积极地展现党员的先锋模范以及党支部的战斗堡垒作用，进一步强化基层的民主政治建设与完善。在选配基层干部队伍时，应征询群众的建议，增加基层群众对基层干部任用的监督力度和积极性，在持续强化基层党员干部自我约束力量的同时，辅助做好制度层面的规范与限制，建立健全“两委”民主决策与议事制度，严格落实“四议两公开”工作，实现政风水平的稳步增强。再次，要加大基层反腐推进力度。发挥基层巡察的“利剑”作用。在明确基层腐败问题的过程中，需要做好全方位的巡察工作，经由对镇、街区以及村民委员会展开的巡察工作，进一步找到出现在群众周边的“蝼蚁腐败”问题，严厉打击歪风邪气，对于基层腐败的治理起到积极的效果。全面反腐和专项整治相结合。针对腐败多发区做好专项反腐事宜，有效处理土地流转和拆迁安置相关的突出问题，全面维护群众的根本利益，保障上级的资金、政策能够完整落地。明确重点领域相关的反腐措施，实现监督制约机制的优化与完善。经由专项反腐工作的施行，切实展现治本功效，切记不可出现“只查不治”，针对重点领域内存在的违法、违纪案例做好深层次的剖析与处理，对党委、政府出具相应的监督与管理意见。基层党委、政府需要对专项治理期间暴露出来的不足进行反思与完善，切实将与监督、管理相关的工作联系起来，力求能够全面协调、推进各项工作，达成有权必有责、有责必担当、用权必监督、失职必追究的完善制度建设。

第五节　及时应对网络舆情原则

随着我国民主法治建设的不断完善，人民群众对基层党政机关、群众自治组织的关注度不断提升，对公平正义的追求不仅体现在内心的渴望，也体现为积极的发言和实质的行动。基层党政机关作为基层群众利益的重要保护者，又是社会公平的重要维护者，其承担的公共权力涉及面广泛，涉及群众利益深切，必然受到社会的广泛关注。大众传媒和互联网的发展，使得针对基层社会治理的舆情形成速度加快，传播的范围变广，对基层社会治理法治化提出了新挑战。由于人们对负面事件的关注程度高于对正面事件的关注程度，且在社会转型阶段确有颇多不能及时得到解决的社会问题和无法平复的社会矛盾，因此，基层社会的舆情很大一部分是对基层党政机关的负面评价。在互联网时代，舆情潜伏期不易被基层党政机关察觉，在极短的发酵期后会迅速产生巨大的影响。发酵后一天内还未被回应和处理的舆情事项将对应对主动权产生极大冲击，“拖字诀”“瞒字诀”在网络时代不再有效。甚至一些业已解决的事件会因新的因素引发舆情，导致基层党政机关被动实施应对措施，陷入自证清白的尴尬处境。基层党政机关的不适时、不适当回应也会激发舆情的负面扩大，产生新的舆情震荡。

基层党政机关在进行网络舆情治理时，应当树立正确的治理理念，尊重公民的知情权、参与权和监督权，加强与社会公众进行理性的沟通协商，通过多种机制进行舆情引导，使舆情向更加客观、更加理性的方向发展。无论是正面舆情还是负面舆情，其治理的目标都是既要充分尊重网民的表达权和建议权，又要引导网民自律，用理性的思维、规范的表达方式合法、合规、有序地表达自己的意见和见解。网络舆情产生的原因主要还是政府和部分民众间的信息掌握不对称，还有部分原因是不法分子利用舆论扰乱社会秩序。因此，应对网络舆情的基本规律是基层党政机关掌握客观公正的信息，并真实地将信息传达给社会公众，满足公众的诉求。对于公众的合理意见和建议应予以听取、分析和采纳，实现良性互动。具体来说，基层党政机关应当通过多种机制建设，及时发现舆论信息，分析研判舆情态势，了解舆情发展势态，从而深入分析舆情反映的民众诉求，并通过各种手段供给信息，与社会媒体与群众进行真实而细致地交流和沟通，最终化解负面舆情，理性实现司法公平正义。

一、建立快速反应机制，注重公开信息

基层网络舆情发生之后，在大数据和新媒体时代，不仅利害关系人或者相关人员，甚至不仅是本地群众，全社会都有可能将关注点聚焦于基层党政机关，并期待基层党政机关能够回应舆情诉求，及时表态发声。基层党政机关必须具有快速反应意识，建立健全并迅速启动快速反应机制，全面客观地回应社会舆情，占据舆论引导先机。近几年涉及基层的网络舆情有几件是由很小的网络评论发酵成的大的舆情事件，其中的重要原因是基层党政机关面对社会公众关注的热点事件，一些部门采用“拖字诀”，试图通过采用延缓通报，等待社会关注度“降温”之后再发布后续情况的方式来“大事

化小”；也有些部门，甚至在持续拖延之后，索性不再对事件进行处置和回应。于是“正在调查”成为地方政府回应舆论的普遍方式，由此导致各类“烂尾新闻”与日俱增。政府部门对事件进行“冷处理”的技巧从表面上看是降低了舆论的关注度，但却酝酿着更大的舆情危机，真相姗姗来迟就会助长谣言的滋生空间；民众负面情绪得不到正常宣泄，一旦“决堤”，破坏力巨大，基层党政机关的形象与公信力就会一损再损。知情权作为公民的一项基本权利，是他们参与社会各项事务舆论监督的基础。2016 年 8 月，国务院办公厅印发《关于在政务公开工作中进一步做好政务舆情回应的通知》，明确指出对涉及特别重大及重大突发事件的政务舆情，要快速反应、及时发声，最迟应在 24 小时内举行新闻发布会，对其他政务舆情应在 48 小时内予以回应，并根据工作进展情况，持续发布权威信息。2019 年 4 月 17 日，国务院办公厅印发《2019 年政务公开工作要点》，提出对政务舆情回应的新要求，新要求与以往相比更加细化，更加强调主动性和针对性。因此，基层党政机关必须把做好政府信息公开、提高信息发布实效作为重要工作，确保在应对重大突发事件以及社会热点事件时不失声、不缺位。为处理热点事件确立规范的“时间表”“流程图”，以更加阳光、透明的调查方式，更加快速、高效的处理过程，用实际行动重塑民众信任，提升政府公信力。

根据新闻传播的经验，舆情应对是有黄金期的，错过这个时机窗口，不仅会导致舆论持续发酵，更使得随后的应对处置工作处处被动。一般来说，在“黄金 24 小时”内回应的事件往往容易获得网友的理解和支持，而拖延战术反而容易让事件引起更多质疑和不满。如某县政法舆情出现后，警方在事发两天后才对相关视频进行公布，不免让网友猜疑监控视频被做了手脚，使其权威性大打折扣，出现了诸如“封口论”“背景论”“视频造假论”等多种声音满天飞，应对处置工作越发被动和困难。因此，网络舆情产生后，政府部门应该抓住黄金处置期，坚持第一时间正面回应，还原事实真相，以实情引导舆情，把住“喇叭口”，不给谣言传播留机会。可以充分利用好地方政府与公众的交流渠道，如网站、短信、微博、微信等信息平台，或者利用地方新闻媒体公布事实，发布现场监控、录音录像等信息，并及时在发布舆情的网络平台与网民进行互动，答疑解惑。通过地方新闻发言人快速“发声”的办法，迅速澄清事实经过。即使是政府部门或者是官员的责任过错，也不能逃避，更不能包庇过错、封锁消息，这样才能把负面影响降到最低点。

同时，在第一时间回应过程中，应该注重回应信息的客观、真实，也就是第一时间说真话、说实话、说客观话，并且回应公众的内容和措辞应基于事实真相。如果舆情发生后，基层党政机关回应信息遮遮掩掩，甚至内容虚假，群众就可能将“非直接利益冲突”演变为“非直接利益迁怒”。一些非直接利益相关者，将矛头直指地方政府和执法机构，并迅速在陌生群众中形成“雪球效应”和一呼百应的“广场效应”。若干不法分子则借机制造事端，事件的“雪球”就可能越滚越大。因此，要按照公开是原则，不公开是例外的政府信息公开要求，做到信息公开多渠道、完整性发布，使民众充分了解事件真相和发展过程，减少舆情中不实信息在社会中的影响，促进权力运行的公开、透明、有效率，努力避免社会矛盾的产生与激化；使政府与百姓之间的信息充分对称，尤其在事件萌芽时期，从尊重公众的原点出发，进行正常而诚恳地沟通。当然，信息公开并不是所有信息都不加选择、不加处理、毫无保留地向社会发布，而是要综合考虑舆情事件的社会效果、处理方式、发布主体、发布口径和措辞等各种因素。

二、强化监测预警机制，强化分析研判

2008年“瓮安事件”发生后，《法制日报》剖析了其发生的深层次原因。“瓮安事件”的起因并不复杂，但由于处置方式不当，致使谣言被黑社会势力利用，酝酿成大规模群体性事件。县城与大城市相比，比较封闭，是熟人社会；与边远农村相比又比较开放，民众的权利意识较强。因此，在县城中，最引人注目的事件，恐怕就是公民的非正常死亡。民众天然地具有警惕强权、同情弱者的善良心态，一旦获知公民的非正常死亡可能涉及官员家属子女，可能发生纵容包庇、销毁证据、推脱责任的情况，必然会有过激反应。一些地方发生的群体性事件，与此种心态都有直接或间接的关联。群体性突发事件虽然具有突发性的特点，但在事件发生前还是有迹可寻的。政府应建立监测机制，倾听民声、关注民生，注意公众反映的种种问题，及时察觉舆论的走向变化，迅速反应，才能有效防止此类事件的发生。这是防患于未然的最好方法和根本之策。当时的自媒体并不发达，大数据分析与现代水平的数据分析不可同日而语。大数据和自媒体的发展既为政法网络舆情野蛮生长提供了土壤，也为政府有效对社会舆情尤其是网络舆情监测预警、分析研判提供了有力的、有效的平台。

网络环境下的社会舆情，特别是负面舆情具有迅速的传播能力

和规模化的影响力，尽早、及时发现负面舆情的萌芽非常重要。建立健全舆情监测预警机制，能够把网络舆情从事后回应提前到事前化解，将舆情遏制在萌芽状态，这是做好舆情回应和引导的前提和基础。在监测预警机制中，首先要完善舆情信息收集机制，配备专职或者兼职的网络信息收集工作人员，设立专门的部门舆情收集研判队伍，同时，配备专门的政法舆情收集软件系统，通过软件系统进行收集、分析。人工信息收集主要集中在门户网站、热门论坛、网络大V、社会名人中，尤其是针对微博名人的舆情言论的收集；计算机软件的信息收集主要是通过设置关键词和关键事件，及时关注和跟踪舆论中敏感的微博文章、社会热点事件的评论，特别是博主首发、社会影响以及社会关系等信息。软件系统收集信息具有更强的便捷性、客观性和速度快的特点，可以通过购买社会服务的方式，委托社会企业研发针对舆情的软件系统，从而提升反映能力和信息的全面性、客观性、中立性。

对收集到的舆情信息，可以通过信息分析处理系统及时进行分析研判，对其性质、社会影响、可控程度、发展态势进行合理判断、分类处理。在大数据时代，基层党政机关应当有效利用大数据和现代技术手段，第一时间和全时段追踪和检测舆情信息，尤其是研发利用舆情信息收集、追踪研判舆情的发展变化、及时启动预警功能一体化的处理系统，深入进行信息挖掘和客观分析，即可研发包含舆情信息收集、舆情形势演化跟踪、舆情预警等功能于一体的在线舆情监测系统，从而提高我国媒体舆情监测与预警的科学性和有效性。当然，在分析研判中，应当注重人工分析研判与信息智能技术相结合，通过技术分类、数学模型、图画音像等综合技术，甄别信息的真伪，客观地把握舆情信息的深度和广度、社会影响度，全面掌控舆情发展趋势，并及时根据分析研判资料制作详细分析报告，提供给基层党政机关的决策领导，为领导层的决策提供客观的、前瞻性的决策依据。

三、设立预警级别机制，分类分级回应

随着我国应对突发公共事件制度机制的完善，突发公共事件设置了特别重大、重大、较大和一般四个等级，也就是我们经常说的红色预警、橙色预警、黄色预警和蓝色预警。借鉴突发公共事件应对经验，我们建议在基层舆情应对中，可以考虑科学制定舆情预警和回应等级。在基层党委的统一领导部署下，分析舆情紧急程度、严重程度、发展态势、社会影响和可控性程度等诸多因素，将网络舆情分为特别重大等级、重大等级、较大等级和一般等级，并且用红色、橙色、黄色和蓝色标注，社会影响越大，可控程度越难，等级颜色越深。同时，也应当考虑到舆情并不都是负面舆情，基层党政机关也应当与正面舆情进行互动，从而进一步提升政府形象。为了统一舆情应对，可以考虑将正面舆情设立为绿色，应对措施更多的是与舆情互动。

根据网络舆情的不同样态，各基层党政机关的关注程度和回应程度应有所区别，做到分类关注、分级回应。红色为特级关注，由县级党政机关统一领导进行研判和回应，各基层部门联动配合。橙色等级为重点关注，由乡镇政府或者县党政机关各部门协调其他部门联动回应，并重点关注发展态势，全时段进行监测、研判和发声。

黄色等级为一般关注，由舆情涉及党政部门及时回应，并重点进行监测和实时回应舆情，尤其是网络舆情。蓝色等级为常态关注，由舆情相关部门做出回应，做一般常态监测和回应即可。在当前基层党政机关，如各级法院应急处理系统中，可将舆情统一标准化，在应急系统产生预警信号的同时，能够根据不同样态，如社会关注人数、地域等关注程度大致确认级别，并启动相应的关注和回应。

四、注重信息可视机制，规范语言表达

在大数据和自媒体时代，基层党政机关对于负面网络舆情治理的理念不应当是禁止群众发声，或者采取“冷处理”的方式置之不理，甚至采取“压下去”的方式，而应当对舆情，尤其是负面舆情进行积极回应、主动引导，从第一时间回应到中间的互动，到最后的处理结果，都应设置可视机制，让信息公开透明，从而引导基层党政机关与社会的舆论对话更加理性，最终实现良性互动。

在可视化信息互动的过程中，基层党政机关应当规范语言表达方式。首先应抛弃官本位的思想，避免用“官话”“套话”式的语言回应。在近期的负面舆情事件中，这种“官话”“套话”有所减少，但是出现了两种现象，容易将舆情推向风口浪尖。一种是将“坏事当好事报道”，尤其是在一些涉及灾难性事故，并且舆论涉及党政部门，避开灾难性事件本身，去报道领导重视、不顾个人安危迅速处置，这种处理方式已经被网友抨击。另一种现象是简单地采用“煽情”语言，“祝愿”“祈福平安”“过度赞扬救助人员”等语言，这种语言运用不仅起不到平息舆情作用，反而会推波助澜。当

然，这也提示我们，对于运用信息可视机制处理网络舆情人员，应该具有较高的政治素质、法律素质和语言表达能力，需要我们进行专门的舆情方面的专业培训，才能引导舆情趋于理性。同时，在舆情处置语言中，首先要做到有话会说。在发布结论性信息时，应当充分运用图表、文字、音像资料、现场视频等方式，用证据说话，用事实说话。其次，要做到难话巧说。网络舆情发生后，基层党政机关往往处于不利地位，话语权处于被动。在舆情处置中，应当注重语言技巧，注重引导社会情绪，用有理有利的话语体系提升处置效果。最后，还应当做到坚持不说谎话。在信息时代，谎话的代价非常高，舆情处置中的谎话更会引发社会不满情绪，并且影响基层党政机关的公信力。

在构建信息可视机制中，应当充分利用政务微博的力量。政务微博传播迅速及时，与群众互动性强。及时有效的政务微博信息发布，既能有效地避免网络舆情的出现，又能够通过迅速传播的信息快速处理网络舆情。随着我国对微博的管理日益规范，基层党政机关必须善于充分利用政务微博这一平台，及时公布权威信息，回应群众关切，与民众交流互动，主动抢占舆论话语权。应当利用政务微博有效遏制和打击网络谣言。网络谣言是助推网络舆情的重要手段，一旦谣言产生，并被部分另有企图的人推波助澜，很容易引导舆论和群众的思路。应及时有效地通过微博公布事实真相，让权威信息引导正确的舆情走向。

五、协调联动机制，加强部门合作

现实中的网络舆情往往不是针对一个机关或者一个部门产生的，

而是涉及多个部门，甚至是不同地区的。如一个基层刑事案件可能涉及公安、检察院和法院多个政法机关。因此，基层党政机关在处置网络舆情时，往往涉及多个部门。如果总体管控不力，部门协调欠缺，没有采取集中统管的应对措施，甚至缺乏统一协作的回应举措，出现各自为战、自说自话或干脆无话的混乱局面，显示出各部门之间协调不力，对事件的重视不足，缺乏科学合理的应对预案，会严重损害政府的公信力。因此，政府应当建立完善的针对负面事件的应急预案以及可操作性的联动协调机制，由一个部门牵头协调，相关政府部门互通有无，针对负面事件各部门应统一回应口径，各司其职，进行善后处置，同时对网络舆情及时监测、研判、处置和引导。只有政府部门联动协调，才能高效且有效地处置负面事件和网络舆情，避免各部门各自为政，应协同起来化解危机，提升政府公信力。否则势必出现口径不统一，甚至自相矛盾的尴尬。

六、构建科学合理的信息公开及反馈机制

网络舆情信息的监管对于舆情信息的处理是最关键的步骤，因此，要构建科学合理的信息公开与反馈机制。对于舆情信息的收集、分析、处理与反馈要尽量做到便捷准确。应当对现有的网络舆情信息监管主体进行改革，对于基层政府设立的网络舆情监管机构确立基本工作规范，同级别监管机构的工作规范应当确定协调一致的工作程序。监管机构中应当设有专人进行网络舆情信息的收集，并进行分类汇总，舆情信息的分类汇总应当严谨、规范。要在做好基本筛查工作的基础上进行有效信息的分类汇总，按照一定的格式递交

下一环节的工作负责人员。利用大数据技术对有效舆情信息进行分析，可以采取绘制报表、撰写报告的形式将舆情信息的内容分类、参与主体分析、热度分析、走向趋势等基本问题直观地表达出来，方便决策者有效及时地做出研判，对于网络舆情做出处理。筛选的舆情信息经过整理分类后，可以在网站上及时地公布网络舆情信息的内容、种类和走向，让网络民众能够了解网络舆情信息监管的程度，在一定程度上起到了提示作用。网络舆情收集过程中获取的不真实信息进一步确定是否涉及侵犯权利、违法犯罪等情形，一旦出现违反法律法规规定，应当追究责任的情形，应当交由相应国家机关进行惩处。通过网站发布收集舆情信息的工作方式是对于网络舆情监管采取的积极手段，及时公开事实真相和处理结果，把最真实的情况利用大数据平台由政府权威公布出来，网民就能直观地了解网络舆情信息，也能在热点时事中发表更有根据的言论，这种积极的监管手段能够起到引导网络舆情信息走向正轨的作用，间接抵制了负面言论的流通。此外，科学合理的信息公开与反馈机制对于网络媒体也起到了引导作用，当有更权威的信息公布时，网络媒体就不能肆意地为了扩大影响力而只站在一方的角度去夸大报道，减少了网络媒体利用民众偏向弱势群体的朴素正义观而造成舆论压力的现象。各级政府建立舆情信息公开与反馈机制，在面对网络舆情信息危机时具有重要作用。谣言止于智者，只有当政府采取公开透明的工作方式，用事实说话，以法律为准绳，将经过专业人士分析过的信息公开，才能更好地解决网络舆情引发的社会问题，网民才能更好地对政府行使监督权和建议权。

科学合理的网络舆情信息公开与反馈机制，是政府依法行政的工作方式。政府应当树立权威，在符合法律规定的情况下对网络舆情信息进行收集、公开与反馈。政府面对各类热点新闻应当如实说明情况，并依法表达立场。传统的网络舆情信息监管采取的更多是截取监管信息，对于敏感信息，即便是真实的内容也不公开，造成网民的各类猜想，热点事件一直处于风口浪尖，严重时再进行管控已经为时已晚。政府应当坦然面对社会舆情，对于网络舆情信息表明开放包容的立场，降低网民的不信任，给予网民更多能够直抒胸臆的表达平台，让网民在遵法守法的基础上畅所欲言，这样才能维护好政府的权威，获得公众的信任与支持，维护社会的公平正义，实现网络舆情的本质精神。网络平台传播的速度快、范围广，能够迅速地传递信息。很多事件在发生时就已经在网络中进行传递，甚至在有关政府部门尚未接到消息时就已经引起网上发酵。面对此类事件时，再采取传统的截断模式不能起到积极作用，反而得到相反的效果。在突发事件发生时，政府利用科学合理的信息公开与反馈机制去抢占热点，通过权威理性的分析把媒体想要夸大的事件公布，主动引起网民的关注，降低网络媒体在网络舆情中的煽动作用，并通过科学的数据分析进行理性的引导，促进网民网络舆情理性素养的养成。

第五章　基层社会治理法治化路径

基层社会治理侧重社会权力运行的法治化，强调包括基层群众自治在内的社会力量民主自治，强调公共权力与基层群众自治权利的民主协商。基层社会治理法治化需要满足规范至上、权利保障、民主自治、秩序和谐的要求。现阶段，我国基层社会治理法治化必须立足于已经转化的社会主要矛盾；立足于法治国家、法治政府、法治社会“三位一体”建设的法治中国基本建成的目标和共建共治共享的社会治理格局。推进新时代基层社会治理法治化建设，需要在推动宪法的乡土实施，完善法治社会建设的法律规范，充分发挥党委、政府、社会组织和公民等的主体作用，提升基层司法公信力，弘扬社会主义法治文化等方面具体推进。

第一节　推动基层社会治理主体法治化

推动基层社会治理主体法治化，构建全民共建共治共享的社会治理格局，按照完善党委领导、政府负责、民主协商、社会协同、公众参与、法治保障、科技支撑的社会治理体系的要求，注重多方主体参与基层治理。在党委领导的根本下，更好地发挥政府主导的关键作用，充分调动社会各方面力量积极参与社会治理的主动性与积极性，促使多元主体良性互动，形成基层社会治理整体合力，促进基层社会公共事务全面发展。

一、基层社会治理基本格局

（一）党委领导是根本

中国共产党的领导是中国特色社会主义最本质的特征，也是中国特色社会主义制度最大的政治优势。加强和创新社会治理，必须始终坚持党的领导。[1] 基层社会治理法治化，要求各级党委要切实担负起推进辖区法治社会建设的第一责任人使命，带头遵守宪法和法律，坚决摒弃人情、权力对法治的践踏和破坏，不折不扣地以习近平新时代中国特色社会主义思想为指导，将以习近平总书记为核心的党中央关于法治社会建设的系列重要部署贯彻到基层经济社会法治实践中，并积极引导政府、社会组织及公民等其他社会主体切实发挥在基层法治社会建设中的主体作用，并形成合力，确保基层社会治理沿着符合中国特色社会主义发展方向的道路推进。

党的十九届四中全会提出："必须加强和创新社会治理，完善党委领导、政府负责、民主协商、社会协同、公众参与、法治保障、

---

[1] 魏礼群．提高社会治理水平　决胜全面小康社会：全面建成小康社会之时中国社会的景象特征及实现目标任务与路径选择［J］．社会治理，2016（5）：20.

科技支撑的社会治理体系。”❶ 党的十九届四中全会正是我们党站在“两个一百年”奋斗目标历史交汇点上召开的一次十分重要的会议，是在实现中华民族伟大复兴的关键时期，决胜全面建成小康社会的收官阶段召开的一次关键会议。全会专门研究国家治理体系和治理能力现代化问题，并对此进行了宏观部署。坚持治理体系和治理能力现代化，是党中央从政治上、全局上、战略上的全面考量，是立足当前、着眼长远做出的重大决策。❷ 从国际形势来看，世界发展面临百年未有之大变局，中国发展的外部环境更趋复杂；从国内形势来看，随着国内基本矛盾由人民日益增长的物质文化需求和落后的社会生产之间的矛盾转化为人民日益增长的美好生活需要和不平衡不充分的发展之间的矛盾，也对社会治理提出了新要求。总结过去、规划未来，党的十九届四中全会对坚持和完善中国特色社会主义制度、推进国家治理体系和治理能力现代化提出了要求。因此，我们必须要把党的领导落实到国家治理各领域、各方面、各环节。“完善社会治理体系，健全党组织领导的自治、法治、德治相结合的城乡基层治理体系。”❸ 在这一体系中，凸显党的核心领导作用。党带领基层人民群众、社会组织广泛参与社会治理，“以社会主义法治体系为底线，以社会主义道德体系为高标准，在‘顶天立地’中协同形成合力，构建体系完备、共治共享、和谐有序、群众满意的基层社

❶ 中共中央关于坚持和完善中国特色社会主义制度　推进国家治理体系和治理能力现代化若干重大问题的决定［N］. 人民日报，2019-11-06：8.

❷ 杨典．以党的治理体系现代化引领国家治理体系现代化：基于政党社会学的分析［J］. 社会科学文摘，2020（9）：5-7.

❸ 中共中央关于制定国民经济和社会发展第十四个五年规划和二〇三五年远景目标的建议［N］. 人民日报，2020-11-04：10.

会治理格局。作为治理体系中的核心力量，中国共产党的领导地位进一步凸显”❶。

（二）政府主导是关键

基层社会治理过程离不开政府这一重要参与主体的主导作用，特别需要政府在党委的领导下，尽快建立健全关系，维系与落实基层社会保障制度、基层社会公共安全防控体系，并积极出台配套制度，以便引导、支持旨在实现民主自治的基层群众性自治组织能够在现实中享受“特别法人”的各项权利，从人、财、物等方面支持各类社会矛盾调解机构依法履行职责，尽快从依附政府各部门的行业协会等社会组织和行业组织中进行剥离，借助“有限政府”建设，进一步推进“放管服”改革，减少政府对基层社会事务的过度干预，激活社会自治活力，支持社会力量借助各类社会组织独立行使社会权力。

（三）社会协同是依托

追求以人民为中心、民主自治的法治社会，在强调社会权力由公民依法独立行使的同时，也应当注重由公民组成的行业协会、基层群众性自治组织等社会组织代表公民独立行使社会权力和调整社会关系。社会组织一方面可以凝聚公民力量，防止单个公民难以对抗强大的公权力；另一方面还能够在降低社会权力运行成本的同时，提升社会权力运行的规范化和专业化水平，也能防止社会权力被滥

❶ 李美茹，曾盛聪．党领导基层社会治理的逻辑理路与实现路径［J］．理论探讨，2021（2）：144.

用，无法达到法治社会建设旨在限制和规范国家公权力以保障公民私权利的目的。无论是在城市还是乡村，基层社会矛盾容易聚集，甚至呈现高风险状态，这意味着基层突发性事件出现的可能性增加，因此，更需要发挥社会自治的力量，而不能单纯依赖政府。如在诸多突发灾害情况下，基层社会组织成员的互助成为紧急状态下的第一选择，基层自治组织的作用率先被发挥。[1] 但是这并不是说在突发重大风险与灾害中要忽略以政府为主导的外部救援队伍的作用，相反，优化的基层社会治理，应当是在发挥政府主导作用的同时，充分发挥基层社会组织等自身力量，以社会协同作为依托。

（四）公民参与是基础

在由社会管理走向社会治理的过程中，公民不再是社会管理中的被管理者，而是社会治理的主体。公民作为社会力量的重要组成，不应该是基层社会治理的被动受体，而应是基层社会治理过程中重要的参与主体，应当在推动法治基层社会建设进程中起到应有的重要作用。一方面公民要严格遵守法律法规，依法理性地通过人民调解、诉讼等渠道解决矛盾纠纷，维护自己的权利；另一方面公民还要积极参与各类群众性自治组织或行业协会等社会组织，借助民主磋商机制和渠道，充分行使民主参与社会事务的权利。

---

[1] 赵延东．培育应对特大型城市风险挑战的社会资本［J］．探索与争鸣，2015（3）：28.

二、推进基层治理主体法治化

推进基层社会治理主体法治化就是要在党委领导、政府负责、民主协商、社会协同、公众参与、法治保障、科技支撑的前提下，注重基层治理的整体性，鼓励、支持社会多方力量共同参与基层治理，包括企事业单位、各类社会组织以及公民个人等。只有正确界定各主体参与治理的范围，才能协调多元主体之间的关系，充分发挥多元主体的互动作用，实现共建共治共享。

（一）完善公众参与机制，扩大社会力量有序参与基层治理范围

基层社会治理需要全体社会成员的广泛参与，这也是提高基层政府决策民主性的重要途径。[1] 鼓励支持社会各方面积极参与基层治理，增强社会活力，实现基层社会有效治理。浙江省象山县的“村民说事”、温岭市的“民主恳谈”、桐乡市的“三治融合”建设等基层治理的核心都在于广泛激发群众参与。完善公众参与治理的制度化渠道，让民众在参与基层治理过程中提升参与感与主人翁意识。依法保障民众的知情权、参与权、表达权和监督权才能确保基层治理的有效治理。

（二）健全基层社会自治制度

基层群众自治制度是基层群众自我教育、自我管理和自我服务、

---

[1] 伍俊斌，卢琳．基层社会治理法治化创新的典型案例分析［J］．攀登（哲学社会科学版），2019，38（3）：81－87.

维护基层社会和谐稳定的有效制度。在基层自治中优化治理是创新基层社会治理的有效方法。但在基层自治制度的具体实施过程中，基层部分民众只是将其简单理解为民主选举，忽视了民主决策、民主管理、民主监督，导致“四个民主”发展不平衡。[1] 因此，基层自治制度很可能与制度设计本意相违背，导致低质量、低水平自治。基层社会一方面要扩大群众自治范围，不能局限在民主选举，还应当包括民主管理、民主决策、民主监督等方面，逐渐扩大基层民主、自治权力，规范提升村居民的自治能力与自治水平，积极探索基层自治的新途径与新形式。丰富基层自治的内容，健全基层自治的调解系统，提高基层自治能力，努力实现基层政府与基层群众性自治组织的良性互动，打造基层社会治理人人有责、人人参与、人人共享的共同体。落实基层民主自治制度建设，全面促进基层自治程序化、规范化、制度化，促进基层自治优化发展，顺应基层社会治理创新发展趋势。党的十九大报告提出健全自治、法治、德治相结合的乡村治理体系，也对基层社会的自治水平提出了更高要求。

（三）充分发挥基层社会组织的作用

社会组织作为我国社会主义现代化建设的重要力量，对推进基层治理法治化，保障与改善民生具有重要意义。《关于改革社会组织管理制度促进社会组织健康有序发展的意见》提出：“改革社会组织管理制度，正确处理政府、市场、社会三者关系，改革制约社会组织发展的体制机制，激发社会组织内在活力和发展动力，促进社会

---

[1] 任中平．村级民主发展的路径、障碍及对策思考：以四川省为例［J］．探索，2010（1）：55.

组织真正成为提供服务、反映诉求、规范行为、促进和谐的重要力量。”

经济的发展程度与社会组织发展水平呈现高度相关性，即发达国家的社会组织也相对发达，这反映了现代社会治理结构对社会组织与社会部门的认知。[1] 一是要加强社会组织的监管，整治其体制与治理结构，减少发展无序现象，促使其良好发展。提高社区工作者的能力水平与素质，加强与本社区的联系，厘清基层政府与社区组织的权责范围，加快城乡社区的服务管理体系，有效发挥基层社区作用，更好地服务基层民众。二是支持社会组织，特别是非营利性公益社会组织的发展，大力培育发展社区基层社会组织。要深化社会组织管理体制改革，健全社会组织管理制度，正确处理政府、市场、社会三者的关系，加快形成政社分开、权责明确、依法自治的现代社会组织体制和科学管理制度，激发社会组织的内在活力和发展动力，促进社会组织真正成为提供服务、反映诉求、规范行为、促进和谐的重要力量。全面实施政社分开，如期实现行业协会、商会与行政机关脱钩。健全法人治理结构，推进社会组织明确职责、依法自治、发挥作用。要在国家、政府、社会、社会组织、公众之间建立一种广泛平等的合作关系，构建开放型现代社会组织生态系统。[2] 由政府引导培育专业化、法治化的社会组织，保证社会组织充分发挥治理作用的同时进行科学的规范与制约，实现法律效果与社会效果的统一，如发展人民调解组织，选拔、聘任具有一定法律专

---

❶ 魏礼群．提高社会治理水平　决胜全面小康社会：全面建成小康社会之时中国社会的景象特征及实现目标任务与路径选择［J］．社会治理，2016（5）：10－20．

❷ 同①。

业背景的人担任人民调解员，邀请具有不同专业背景的专家、学者参与人民调解工作，提高人民调解队伍的能力水平。积极引导、支持、推动社会组织参与社会治理，管理社会事务、提高公共服务、化解社会矛盾、维护社会秩序，为实现社会治理的目标任务发挥积极作用。要完善扶持社会组织发展的政策措施，支持社会组织提供公共服务，完善财政税收支持政策等。发达国家的社会企业比较发达，我们也要规范发展社会企业，发挥它们服务社会的功能和作用。[1]

第二节　促进基层社会治理过程法治化

一、规范权力运作

（一）坚持党的领导，提升基层党组织的依法执政水平

1. 发挥党的领导优势，推进基层治理体系和治理能力现代化

党的领导是中国特色社会主义制度的最大优势，推进国家治理体系和治理能力现代化的关键在于坚持党对一切工作的领导。提升基层党组织依法执政水平，对实现党的长期执政，实现国家治理体系现代化，全面提高国家治理能力与治理水平，实现中华民族伟大复兴具有重要的现实意义。中国经济的蓬勃发展离不开具有显著优

[1] 魏礼群．提高社会治理水平　决胜全面小康社会：全面建成小康社会之时中国社会的景象特征及实现目标任务与路径选择［J］．社会治理，2016（5）：15.

越性的中国特色社会主义制度和现代化治理体系，发挥党的领导优势，确保党在国家治理现代化中的核心地位，保持党的领导的绝对性与权威性，提升党的创造力、凝聚力和战斗力，助力“两个一百年”奋斗目标，为实现中华民族伟大复兴的中国梦提供有力法治保障。

党的十九届四中全会第一次集中概括了我国国家制度和国家治理体系的 13 个方面的显著优势，党的领导制度是我国的根本领导制度，它统领和贯穿其他 12 个方面的制度体系。针对坚持和完善党的领导制度体系，推进党的治理体系现代化，党的十九届四中全会提出六个方面的要求：“建立不忘初心、牢记使命的制度；完善坚定维护党中央权威和集中统一领导的各项制度；健全党的全面领导制度；健全为人民执政、靠人民执政各项制度；健全提高党的执政能力和领导水平制度；完善全面从严治党制度。”[1] 把这六个方面要求落到实处，将进一步健全总揽全局、协调各方的党的领导制度体系，把党的领导落实到国家治理各领域各方面各环节，确保国家始终沿着社会主义方向前进。

2. 坚持和加强党的领导，提升依法执政水平

只有坚持党的领导，才能保证中国特色社会主义制度和治理体系具备强大生命力。在基层社会治理体系建设、体制改革、制度创新等基层社会治理领域各方面，坚持以人为本、与时俱进，从人民的新期待与时代的新要求着手，不断强化党在领导基层社会建设和

---

[1] 习近平．关于《中共中央关于坚持和完善中国特色社会主义制度，推进国家治理体系和治理能力现代化若干重大问题的决定》的说明［N］．人民日报，2019－11－06（4）：12－13.

完善基层社会治理等各方面的能力和水平。

第一，加强基层党组织建设。党的十七届四中全会提出："全面推进各领域党的基层组织建设，实现党组织和党的工作全社会覆盖，做到哪里有群众哪里就有党的工作、哪里有党员哪里就有党组织、哪里有党组织哪里就有健全的组织生活和党组织作用的充分发挥。"❶ 党的基层组织建设能够保证党的全局执政能力、执行能力和斗争能力。新时代社会治理体系要求基层党组织建设全面覆盖到民营企业、村（居）民自治组织、村改居社区、经济开发区（工业园区、高新技术园区、创新创业园区）、商业街区（楼宇）、社会组织，以人民群众喜闻乐见的方法增进党与人民群众的血肉联系，增进党群密切友好关系，增强基层党组织在群众中的威信力、凝聚力和政治引领力，努力解决基层党组织的弱化和边缘化问题，不断提升党组织在新经济形态、新社会阶级和新行政区规划中的突出作用，为国家治理体系现代化的发展提供强有力的支撑。❷ 基层党组织应当着力推动党组织存量改革，提升党在党政机关、国有企业、农村与社区、事业单位中的领导力和战斗力。推进基层党组织增量发展有序进行，进而实现在新经济形态、新市场主体、新社会空间、新社会机构等方面的基层党组织有效全覆盖。注重发挥基层党建在社会治理中的重要作用，通过党组织建设提升党的政治影响力，贯彻全面从严治党"最后一公里"。党领导基层社会治理，要全面建设基层党支部，作为党在社会基层组织中的"根据地"。党的十九届四中全

❶ 中共中央关于加强和改进新形势下党的建设若干重大问题的决定［N］．人民日报，2009－09－28（1）：6.

❷ 杨典．以党的治理体系现代化引领国家治理体系现代化：基于政党社会学的分析［J］．社会科学文摘，2020（9）：5－7.

会指出："把不忘初心、牢记使命作为加强党的建设的永恒课题和全体党员、干部的终身课题，形成长效机制，坚持不懈锤炼党员、干部忠诚干净担当的政治品格。"❶ 基层党支部要不忘初心、牢记使命，积极进行党员教育、管理、监督和服务等。《中国共产党支部工作条例（试行）》第九条规定的八项共同任务和第十条列举的十项具体任务，都是党支部发挥政治功能的具体体现。首先，基层党支部要创新党建工作方式与工作机制，强化组织吸引力和凝聚力，实现党建工作规范化、制度化。杜绝党建和业务工作两张皮，强化二者协同发展。其次，创新基层党组织领导体制，落实基层党建责任制，提升基层党组织书记队伍的水平，健全党组织书记队伍建设，改善党的领导方式方法。加强党对基层社会治理工作的领导，发挥党组织和党员的先锋模范带头作用，加强基层领导干部改革创新、科学治理、化险为夷的能力。提升基层党组织干部依法执政水平，加强基层党组织干部法治观念，完善治理监督机制，引导社会资源与力量下沉到基层，参与基层社会治理法治化建设过程。以"党管干部"为原则，建设一支有信仰、靠得住、有能力、为人民的干部队伍。以"党管人才"为原则，注重高素质、有道德、有技术，敢创新的基层人才队伍建设，为国家治理体系和治理能力现代化建设提供强有力的干部保障和人才支撑。❷ 以法治化、制度化的党的治理体系引领国家治理体系，充分发挥新时代基层治理中党的领导作用。最后，提升基层党的组织力。中国共产党的历史实践告诉我们要重

---

❶ 中共中央关于坚持和完善中国特色社会主义制度　推进国家治理体系和治理能力现代化若干重大问题的决定［N］. 人民日报，2019－11－06（1）：2.

❷ 杨典. 以党的治理体系现代化引领国家治理体系现代化：基于政党社会学的分析［J］. 社会科学文摘，2020（9）：5－7.

视组织发展，不断提升组织力。在基层治理中，党的组织力主要体现在党支部建设中。“支部建在连上、支部建在科（科室）上、支部建在班（班组）上、支部建在楼（商圈楼宇）上、支部建在村（自然村）上、支部建在社（合作社）上、支部建在会（社会组织）上、支部建在网（互联网）上，加强党支部标准化、规范化建设等做法，就是增强党的组织力的普遍做法。”[1] 如中共清远市的“三个重心下移”策略，支部建在自然村上，不仅实现了农村土地资源整合、农业类资金整合和农业线上线下服务资源整合，而且有效解决了农村生产用地分散、农业发展资金零散以及农业生产服务体系不健全等难题。深圳市罗湖区《党建引领构建居民小区共建共治共享工作体系三年行动计划（2019—2021）》，将党建制度体系划分为居民小组、业委会和物业服务企业，以党建引领社区治理，显著提升了社区治理效果。广东、浙江、山东等省大力推行“党建带社建，村社共同建”的规划思想，积极推广乡村振兴战略。“一切工作到支部”，确保社会经济稳步发展，基层社会治理稳步扎实推进。

第二，加强党对基层社会治理的全面领导。党的十九大修改通过的《中国共产党章程》将“党领导基层社会治理”的提法写入党章，党的十九届四中全会将这一治理实践上升为国家制度。只有加强党的全面领导，通过政治引领和服务引导实现对基层社会的全面领导，方能凝聚起共同的奋进力量。发挥基层党员的“关键少数”作用。基层政权中担任各类自治组织、社会组织负责人的党员是基层治理法治化的“关键少数”，要持续加强对基层政权公职人员的普

[1] 祝灵君．党领导基层社会治理的基本逻辑研究［J］．中共中央党校学报，2020，24（4）：42.

法教育，从靠政策治理转变为依法治理。党员参与农村合作社、业委会、物业的领导必须依靠合法选举，在日常管理中要以更高标准落实民主决策、民主管理、民主监督，为发展社会主义协商民主事业起到示范作用。[1] 首先，构建社会治理主体多元化，坚持党的领导，充分发挥党总揽全局、协调各方的作用。基层党员干部要将党的路线方针政策全面覆盖到广大基层社会治理实践中，同时逐渐增加基层自治组织中的党员数量，加强党对基层自治组织的领导，加强党与社会组织的联系，增加基层社会治理合力。具体而言，坚持发展基层自治组织，健全党领导基层群众自治，提高基层治理活力。党的十九届四中全会明确树立了健全生机活力的基层群众自治制度的鲜明旗帜。基层自治是基层治理的重要支撑，要加强党对基层自治组织的领导，帮助基层自治组织解决人员资源与素质问题，释放基层自治活力。“高度活跃的各种社会组织，还有群团组织体系，行业协会、志愿者协会等，它们是国家与社会之间，不同社会组织之间的桥梁与纽带。”[2] 党要把发展基层社会组织作为推动基层社会治理的重点工作，扶持帮助扩大社会组织规模，引入资源，开展有效联系，保证其规范化运作，提高基层社会治理的专业化水平。其次，根据基层治理的需求变化不断改进党的领导方式。“伴随着改革开放以来基层社会发生的巨大变化，中国共产党对基层社会的领导已经很难回到改革开放前的全面控制模式，在基层治理中改进党的领导

[1] 李美茹，曾盛聪．党领导基层社会治理的逻辑理路与实现路径［J］．理论探讨，2021（2）：145.

[2] 鄢一龙．党的领导与中国式善治［J］．行政管理改革，2020（1）：16－25.

方式是时代发展的客观需要。”❶ 最后，现代化治理目标的实现，需要党逐步调整创新党组织结构、体制机制以及运作方式，根据新时代社会治理的需求调整党的领导方式，以更好地满足复杂多变的基层社会治理环境的需要。

第三，与时俱进，加强利用平台机制领导基层社会治理。习近平总书记指出：“从我国实际出发，遵循治理规律，把握时代特征，加强和创新社会治理，不断完善中国特色社会主义社会治理体系，推进国家治理体系和治理能力现代化，更好解决我国社会出现的各种问题，确保社会既充满活力又和谐有序。”❷ 党的十九届四中全会报告的辅导读本指出：“处理好活力和秩序的关系，是社会治理的大学问。”“坚持把活力和秩序统一作为根本目的。”❸ “互联网上出现了各种各样的平台，许多大型网站拥有数量巨大的网民并成为人们获取信息、相互交流的主渠道。”“迎接‘平台’现象的机遇和挑战。”“下好先手棋，进而影响‘平台’、建立和维护自己的‘平台’，已经成为群众工作的现实任务。”❹ 同时，信息新技术正在逐渐改变人民的生产生活方式，使人们逐渐“依赖”平台技术。当今时代网络平台迅速崛起，大量网络大 V、热门博主、演员歌手、网红、带货主播等传媒职业者或自由职业者大量活跃在新经济组织、新社会组织和其他基层组织群体，网络是他们最主要的活动空间。这是中国网络信息化新时代成长的标志，是市场经济、互联网、新媒体乃至

❶ 马丽．党的领导与基层治理：嵌入机制及其发展［J］．当代世界与社会主义，2020（1）：163－170.

❷ 习近平．论坚持党对一切工作的领导［M］．北京：中央文献出版社，2019：194.

❸ 郭声琨．坚持和完善共建共治共享的社会治理制度［N］．人民日报，2019－11－28.

❹ 吴知论．健全为人民执政、靠人民执政各项制度［N］．光明日报，2019－12－04.

全球化等多维因素共同作用的结果，是中国社会个体发展趋势的重要体现。

善用平台机制领导社会治理是新时代对中国共产党的新要求。“平台机制”的发展能够广泛运用于企业组织、社会组织和政治组织，辅助基层社会治理。如大数据平台、生产生活平台、共享经济平台等众多平台，可实现多方链接，大规模资源集中和分配，便于社会互动，加快经济发展，提升发展动力。因此，要广泛建立并利用平台机制，加强利用平台机制领导基层社会治理，全面推进社会治理法治化，让基层社会治理稳定有活力。同时，在互联网时代，党的各级组织要善于运用平台机制做好群众工作，把群众有效地组织起来，以互联网思维建立起组织化的平台机制。[1] 如主动传输正确的网络价值观、主动构建网络平台、熟练接受并掌握新技术、创新网络空间工作方法、建立网络支部等。党组织应当抓住新媒体发展的趋势，顺势而入、因势利导，为各类社会组织搭桥接线，组织新兴群体，提升社会自主联结能力，增强社会活力。

第四，推动习近平法治思想在基层落地生根。“依法治理是党建引领基层治理的必然要求，基层治理必须要在宪法和法律的框架内进行。”[2] 中国共产党第十八次全国代表大会以来，党中央明确提出全面依法治国，从党的十八届三中全会“提高社会治理水平”到党的十八届四中全会“提高社会治理法治化水平”，反映了我党对社会建设规律认识的深化。习近平法治思想来源于党治国理政的科学实

---

❶ 祝灵君．党领导基层社会治理的基本逻辑研究［J］．中共中央党校（国家行政学院）学报，2020，24（4）：43．

❷ 张戈．党建引领基层治理：逻辑机理、价值表征和实践进路［J］．云南社会科学，2020，（2）：17－21．

践，是回答基层治理水平提升历史之问、时代之问的重要思想武器。首先，深刻体会习近平法治思想内涵。一方面，需要将习近平法治思想的理论精髓和核心要义宣传推广到基层人民群众手中，带领广大人民群众共同学习、积极领会，并组织基层群众开展宣讲和交流活动，探讨习近平法治思想在基层治理实际问题中的应用，提升理论解决问题的能力；另一方面，要创新学习习近平法治思想的语言和方法，学会将科学的理论体系结合基层现实生活，用适当的实践语言和方法将政治话语转变为广大人民群众听得懂、记得住、好理解的大众语言。同时要善于利用新媒体等网络平台，以人民群众喜闻乐见的方式将习近平法治思想呈现在群众面前。其次，坚决维护习近平总书记党中央的核心、全党的核心地位，坚决维护党中央权威和集中统一领导。《中国共产党章程》规定，必须“坚定维护以习近平同志为核心的党中央权威和集中统一领导，保证全党的团结统一和行动一致，保证党的决定得到迅速有效的贯彻执行”。《中国共产党纪律处分条例》规定：“坚决维护习近平总书记党中央的核心、全党的核心地位，坚决维护党中央权威和集中统一领导，落实新时代党的建设总要求和全面从严治党战略部署，全面加强党的纪律建设。”❶ 最后，坚持建设高素质的法治工作队伍和抓住关键少数。习近平总书记指出：“工作作风上的问题绝对不是小事，如果不坚决纠正不良风气，任其发展下去，就会像一座无形的墙把我们党和人民群众隔开，我们党就会失去根基、失去血脉、失去力量。”❷

---

❶ 张荣臣．把党的领导落实到国家治理各环节［J］．人民论坛，2020（15）：120－121.

❷ 习近平在十八届中央纪委二次全会上发表重要讲话［EB/OL］．（2013－01－22）［2021－06－28］．http：//cpc. people. com. cn/n/2013/0122/c64094－20289660. html.

中国共产党第十八次全国代表大会以来，以习近平同志为核心的党中央全面推进从严治党、扶正祛邪、正风肃纪、反腐惩恶，开创了党建新局面和党风新气象，整政风、正民风，社会优良风气呈现欣欣向荣的局面。预防和治理“四风”，一刀解决形式主义、官僚主义、享乐主义和奢靡之风。要坚持制度治党、制度管权、制度治吏，以打造纪律严明、党风正派、遵守党规的党员队伍为目标，深化改革反腐体制和机制，加强反腐力度，进一步加强反腐斗争。紧抓党内作风问题，严治深层次问题，实现党风的根本好转，从而带动政风、民风以及整个社会风气进一步向好发展，为基层社会治理现代化、法治化发展提供政治后盾和组织保障。

（二）建设基层法治政府，提升基层政府依法行政水平

基层政府处于我国行政管理体制的末端，直接面向广大人民群众，直接关系到广大人民群众的意志落实与利益实现，我国宪法明确规定：“中华人民共和国的一切权力属于人民。”基层民主必须通过基层人民政府才能实现。建设基层法治政府，是实现基层民主的主要途径。

法治政府建设是全面依法治国的重点任务与主体工程。党的十八届四中全会提出：“加快建设职能科学、权责法定、执法严明、公开公正、廉洁高效、守法诚信的法治政府。”[1]党的十九届五中全会提出，“到二〇三五年基本实现社会主义现代化远景目标”“基本建

[1] 中共中央关于全面推进依法治国若干重大问题的决定［N］. 人民日报，2014－10－29（1）：4.

成法治国家、法治政府、法治社会”[1]。法治政府建设是推动国家治理体系现代化的重要动力，也是实现依法治国的重要手段。

1. 推进基层法治政府建设

深入贯彻党的十九大精神，全面推进依法行政，加快建设法治政府。明确基层法治政府的建设目标，并且以阶段重点目标、分项规划任务的形式，将中央对法治政府建设的十年要求，省、市（直辖市、设区市）政府的五年规划等精神逐年分解，分步实施，落到实处。[2] 提升基层政府依法行政水平，切实保障人民民主的充分实现。

第一，确定基层法治政府建设的阶段重点目标。为深入贯彻落实全面推进依法治国的重大战略部署，深入推进法治政府建设，以习近平新时代中国特色社会主义思想为指导，以“十四五”规划为纲领，根据《法治政府建设实施纲要（2021—2025 年）》认真落实习近平总书记全面依法治国新理念新思想新战略，严格按照关于法治政府建设的部署和要求，推进基层法治政府建设，强化基层政府法治建设工作。当前，部分地区，尤其是部分基层政府制定的法治政府建设的规划只停留在文本阶段，内容照搬，缺乏可操作性，对于法治政府建设的具体规划与阶段性重点目标并不清楚，依法行政工作推进缓慢。因此，基层政府应当分阶段的循序渐进的规划法治政府建设的阶段重点目标，规定一个五年计划，明确该阶段基层政

[1] 中共中央关于制定国民经济和社会发展第十四个五年规划和二〇三五年远景目标的建议［N］. 人民日报，2020－11－04（1）：2.

[2] 郭祎，孟大川. 新时代基层法治政府建设理论定位与实践任务［J］. 理论与现代化，2019（5）：116.

府法治建设的总体目标与重点目标，重点规划每年应当解决什么样的问题，实行“规范化—制度化—法治化三步走”战略[1]，加快推进基层法治政府建设。

第二，确定基层法治政府建设的分项规划任务。我国幅员辽阔，人口众多，各地区发展情况不同，基层政府应当具体根据本地区的实际状况，以党中央、国务院关于建设法治政府的新要求、新思路为指导，紧扣《法治政府建设实施纲要（2021—2025年)》，认真贯彻落实各级文件精神，在阶段重点目标的基础之上，紧密结合本地区的实际情况，认真组织，强化领导，严抓落实，并进行充实与细化，确保《《法治政府建设实施纲要（2021—2025年)》提出的目标、任务等能在本地区得以全面贯彻落实，提高总体目标与分项规划任务的可操作性，规范政府依法行政，加快法治政府建设。坚持问题导向机制，提出具有针对性、时效性的改革举措。在执法过程中出现的法律制度空白、不完善等内容纳入本地区的法治规划，提升法治保障。

2. 加强执法队伍建设，规范执法行为，提升执法水平

第一，完善执法队伍编制，促进执法队伍法治思想建设，推动综合执法。在执法队伍人才培养方面，其一，制定出台以法律法规为依据的量化标准。加强基层执法队伍的法治建设，由国务院科学确定一个可执行的标准制度，规定基层政府执法队伍的职位和法治专职工作人员的编制，组建一支以法律法规为标准的执法队伍，从严管理执法队伍。其二，创新高素质法治人才培养机制。加强和改

[1] 郭祎，孟大川．新时代基层法治政府建设理论定位与实践任务［J］．理论与现代化，2019（5）：116.

善法治人才的引进与培养，组建高水平的法治人才培养专家队伍，建立规范化的法治人才培养系统，加强对基层领导干部和执法人员的法治教育培训，尊重宪法与法律权威，提高法治素养，自觉以法律规范自己的言行。在执法队伍人员中负责执法审核的人员根据要求必须通过国家法律职业资格考试，构建法治人才数据库，提升基层执法队伍的法治化与专业化水平。在执法队伍理念建设方面，更新基层政府社会治理理念，强化政府的服务与法治意识，加强对基层领导干部和执法人员的法治教育培训，提升职业道德素养，以法律规范执法言行，提升执法队伍思想政治素质，从思想上严格确立法律的权威性与有效性，自觉运用法治思维与法治方式处理基层问题，明确职权法定，做到法无授权即禁止，规范执法行为，提升政府公信力。

第二，严格执法行为，规范公正、文明执法。坚持依法行政与严格执法，实现权力与权利的有序互动。行政执法是指行政主体依照行政执法程序及有关法律、法规的规定，对具体事件进行处理并直接影响相对人权利与义务的具体行政法律行为，是国家行政机关在执行宪法、法律、行政法规或履行国际条约时所采取的具体办法和步骤，是为了保证法律、行政法规的有效执行，而对特定的人和特定的事件所做的具体的行政行为，具体包括行政确认、行政处罚、行政强制、行政许可等活动。严格执法并不意味着随意“顶格处罚”，而是要求执法人员必须严肃公正执法，执法过程尽职尽责，严格按照法律规定和程序办案，真正做到以事实为依据，以法律为准绳，杜绝“态度执法”“关系执法”“人情执法”行为，做到见违必纠，纠违必罚，处罚有据。基层政府承担着大量的行政执法工作，执法行为的好坏直接影响着基层政府的形象。因此，基层政府必须严格遵守“合法行政、合理行政、正当程序、诚实守信、便民高效、权责统一”等基本要求，严格规范执法行为，依法公正文明执法。

第三，厘清政府职责，完善执法程序。首先，转变政府职能，建设治理型政府。转变政府职能是推进基层社会治理法治化的前提。[1] 加快转变政府职能，推进基层政府职能优化协同高效，简政放权，规范政府权力依法行使，提高基层社会治理能力与水平。其次，简政放权，厘清政府各机关权力的边界，发挥政府在基层社会治理中的助推与促进作用，解放和增强社会活力。[2] 在基层社会治理中，基层政府应当简政放权，让基层社会因地制宜自行探索治理模式。政府则作为一个外在的辅助力量协助完善基层社会治理，而不能武断地直接“设计”。再次，完善基层政府职能定位、机构设置、权责分工、运行机制等方面问题。基层政府要注重履行社会治理的职能与职责。要依据法律以及各基层地区的实际情况来界定部门职能，减少基层政府各部门之间权责失衡、利益寻租等问题，改善重复处罚、管理责任分散、责任定位模糊等局面，提高执法效率，形成执法合力，创造优良的执法环境。最后，理顺乡镇政府与县级政府的关系，减轻乡镇政府的压力。当前基层县乡政府之间权责分配失调，县级政府“权大事少责任轻”而乡级政府“权小事多责任重”等问题严重。要深化乡镇行政管理体制改革。乡镇政府作为农村基层政权，赋予其应有的行政管理职能，加强对乡镇政府的“强权扩镇”

---

[1] 周铁涛．基层政府主导农村法治化治理的困境与路径［J］．湖湘论坛，2016，29（3）：122－127.

[2] 郁建兴．新常态下的社会治理现代化［J］．今日浙江，2015（7）：22－24.

改革，改变“层层加码施压、层层下卸责任”的乡镇压力体制，落实乡镇政府的人事匹配，充实乡镇机构与编制，推进乡镇政府“权力有多大，责任有多大”。明确县乡政府的权力与责任，厘清县乡级政府之间的权责分配、职能分工、相互关系等，制定清晰科学合理的权力清单与责任清单，推进乡镇政府权责对等建设，纠正县级政府下放责任不放利益，下放负担不放权力。下放权力反而新增基层负担等问题端倪，从而加快建设职能科学的基层效能政府。

3. 厘清基层政府的权力清单和责任清单，建设权责法定的基层有限政府

权责法定是依法行政的基本要求，党的十八届四中全会提出“权责法定”的准则。“权责法定强调：主体的法定性、权力的有限性、授权的明确性、行为的公权性。强调主体法定、行为法定、权力有限、越权无效。”❶ 权责法定是指行政机关的创设源于法律规定，行政权力的存在与取得必须源于法律规定，行政主体必须在法律规定的权限范围内，依照法定程序行使权力。行政主体的职能、权力、责任等必须按照法律的确认来执行，政府决策、政策、措施等必须于法有据，政府的违法行为必须受到法律的追究，真正做到法无授权不可为，法定职责必须为。

第一，厘清基层政府的权力清单与责任清单。权力清单与责任清单制度是规范政府权力运行、建设基层有限政府的重要途径。中共中央办公厅、国务院办公厅印发了《关于推行地方各级政府工作部门权力清单制度的指导意见》，推行地方各级政府工作部门权力清

❶ 郭祎，孟大川．新时代基层法治政府建设理论定位与实践任务［J］．理论与现代化，2019（5）：118.

单制度，是党中央、国务院部署的重要改革任务，是国家治理体系和治理能力现代化建设的重要举措，对于深化行政体制改革，建设法治政府、创新政府、廉洁政府具有重要意义。[1] 基层政府在编制权力清单的过程中，要梳理现有的行政职能权力并进行清理、调整和确认。在建立权责清单的同时，依据权责统一原则，建立责任清单，明确责任主体，健全问责机制。权力清单与责任清单公布后，可以进一步明确基层政府的职能与权责，把依法享有的权力利用起来、规范起来，把应该负责的责任负起来，落实法无授权不可为，法定职责必须为。

第二，强化规则程序，加强行政执法程序建设，规范执法手段。《关于全面推行行政执法公示制度执法全过程记录制度重大执法决定法制审核制度的指导意见》（国办发〔2018〕118 号）提出："着力推进行政执法透明、规范、合法、公正，不断健全执法制度、完善执法程序、创新执法方式、加强执法监督，全面提高执法效能。"通过正当法律程序规范权力行使，细化岗位责任，合理设置行政职能权限；加强公示公开制度，事前信息全面公开，事中公示合法规范，事后结果及时公布，推进行政执法公示制度，从源头规范行政行为，严格依照法律规定办理案件；完善行政执法工作机制，规范行政处罚、行政强制、行政许可、行政确认等行政行为，健全表明身份、说明理由、调查取证等执法工作流程，规范当场处罚的简易程序，充分保障行政相对人的合法权益，全面推行执法全过程记录制度，发挥记录作用，完善文字记录、录音录像记录；健全重大执法决定

[1] http://www.xinhuanet.com/politics/2015-03/24/c_1114749180.htm [EB/OL].(2015-03-24) [2021-06-28].

审核机制，明确审核机构、审核范围、审核内容与审核责任等，保障执法决定合法。把权力关进制度的“笼子”，从根源上杜绝讲人情、托关系、滥用权力的现象。

第三，践行守法诚信，杜绝朝令夕改。“诚实守信”是各级政府依法行政的基本要求，是政府安身立命之本，生生不息之源，是政府的行政道德底线。“诚”是行政信息真实原则。行政机关公布的信息应当全面、准确、真实。无论是向普通公众公布的信息，还是向特定人或者组织提供的信息，行政机关都应当对其承担法律责任。“信”是指信赖利益保护原则。非因法定事由并经法定程序，行政机关不得撤销、变更已经生效的行政决定；因法定事由需要撤销、废止或者变更行政决定的，应当依照法定权限和程序进行，并对行政管理相对人因此受到的财产损失予以赔偿或补偿。“法治国家不只是通过法律把大量丰富的行政活动限制起来，而是还要使行政活动在其内部也逐渐形成一些确定内容，以保证个人权利及个人对行政活动的可预测性。”[1] 践行守法诚信，纠正政府弄虚作假的做法，整改朝令夕改、言而无信的作风。

4. 完善治理监督与考核评价机制

第一，树立科学的政绩观，完善基层政府法治考核，建立有效的考核评价体系。

（1）树立科学的政绩观。“‘功成不必在我’，不是消极、怠政、不作为，而是要牢固树立正确政绩观，既要做让老百姓看得见、摸得着、得实惠的实事，也要为后人作铺垫、打基础、利长远的好事，

[1] 奥托·迈耶．德国行政法［M］．刘飞，译．北京：商务印书馆，2002：94.

既要做显绩，也要做潜绩，不计较个人功名，追求人民群众的好口碑、历史沉淀之后真正的评价。”[1] 树立科学的政绩观，要有“为官一任，造福一方”胸怀与眼界，把人民群众的利益时刻放在首位，坚持以人民为中心，实事求是，摒弃急功近利的思想，改变政府官员只注重眼前局部利益的错误政绩观，不搞劳民伤财的面子工程、豆腐渣工程、政绩工程，稳步扎实做事，踏踏实实做人，逐步提高基层社会治理能力。

（2）完善基层法治政府考核。在基层治理实践中，由于基层没有具体严格的考核评价体系，使得治理规划流于形式，依法行政困难较大。因此，省、市（直辖市、设区市）政府应当制定基层级法治政府建设的指标考核体系，把依法行政与依法办事水平纳入考核内容，改变以往单一经济指标，增设环境指标、民生指标、人民满意度指标、法治建设指标，细化考核目标，严格督促贯彻落实。

（3）以示范政府创建活动为引领，发挥榜样力量。中央全面依法治国委员会办公室印发《关于开展法治政府建设示范创建活动的意见》（以下简称《意见》）中规定了法治政府建设的量化评估指标，主要包括政府职能依法全面履行、依法行政制度体系完善、重大行政决策科学民主合法、行政执法严格规范公正文明、行政权力制约监督科学有效、社会矛盾纠纷依法有效化解、政府工作人员法治思维和依法行政能力全面提高、法治政府建设组织领导落实到位等方面内容。[2] 该《意见》要求从2019年启动第一批法治政府建设

---

[1] 树立“功成不必在我”的信念［EB/OL］.（2021－06－28）［2021－12－13］. https：//baijiahao. baidu. com/s？ id＝159497761 3367443615&wfr＝spider&for＝pc.

[2] 关于开展法治政府建设示范创建活动的意见［EB/OL］.（2021－06－28）［2021－07－10］. http：//www. moj. gov. cn/government_public/content/2019－05/22/tzwj_235497. html.

示范地区评估认定，两年开展一次。法治政府建设的重点与难点在基层，作为与人民群众打交道最多的基层政府，也更容易评估，因此，法治政府的示范创建活动前期也主要面向于市县政府。通过量化、透明、科学的评估指标，考核基层政府的法治状况，评估基层政府的法治建设情况，及时发现问题，探索改进路径。同时，通过评估法治政府的建设示范创建情况，以评促建，发挥其示范指引作用，在基层法治政府示范创建成熟时，再向国务院各部委以及各级省政府扩展，全面系统地考核完善法治政府建设情况。

第二，推进行政监督与问责机制建设，完善基层治理监督机制。

（1）完善基层政府信息公开制度，建设政务公开透明的阳光型政府。公开作为法治政府公正执法的前提与保障，是建设阳光政府的基本要求。党的十八届四中全会指出："坚持以公开为常态、不公开为例外原则，推进决策公开、执行公开、管理公开、服务公开、结果公开。"[1] 国务院办公厅印发的《关于全面推进基层政务公开标准化规范化工作的指导意见》指出："着力解决基层政府存在的公开随意性大、公开内容质量不高、公开平台不统一、解读回应不到位、办事服务不透明等问题，全面推进基层政务公开标准化规范化工作。以习近平新时代中国特色社会主义思想为指导，全面贯彻党的十九大和十九届二中全会、十九届三中全会、十九届四中全会精神，深入落实党中央、国务院有关决策部署和政府信息公开条例，坚持以人民为中心的发展思想，准确把握新时代政务公开工作的职责定位和面临的新形势新要求，着力加强基层政务公开标准化规范化建设，

[1] 中共中央关于全面推进依法治国若干重大问题的决定 [N]. 人民日报，2014-10-29 (1)：6.

全面推进基层政务决策公开、执行公开、管理公开、服务公开、结果公开，推动基层政务公开全覆盖，让公开成为自觉、透明成为常态，依法保障人民群众知情权、参与权、表达权、监督权，为不断增强政府公信力执行力、深化‘放管服’改革、优化营商环境、加快法治政府和服务型政府建设提供重要支撑。”基层政府应当按照《中华人民共和国政府信息公开条例》《中共中央关于全面推进依法治国若干重大问题的决定》以及国务院办公厅印发的《关于全面推进基层政务公开标准化规范化工作的指导意见》，建设政务公开透明阳光型政府。具体而言，规范政务公开工作流程，推进办事服务公开标准化，拓宽政务公开渠道，通过政府门户网站、官方微博微信等线上渠道以及政务公告栏线下渠道公开信息，线上线下两手抓，共同实现信息的公开透明；完善基层政府行政决策公众参与机制，坚持决策公开，扩大公众参与度，保证群众充分参与本村或社区的各项事宜，提高决策透明度。坚持依法行政与信息公开也是对公民权利的保障，也是减少公民对行政行为的不服与对抗的有效途径。❶

（2）落实监督和问责机制。一是要充分重视与利用监督机制。注重拓宽群众监督渠道，加强新闻媒体舆论监督功能，有效发挥政府门户网站、官方微博微信，政府论坛等方式的监督作用。畅通群众举报投诉以及媒体监督渠道，加强社会力量对基层政府权力的制约与监督，重视社会权利对政府权力的制约与监督。一方面，各地政府应推进维护监督渠道的专项工作，配备专门的技术人员保障监督渠道的畅通；另一方面，政府要针对群众举报或投诉的事项做出

---

❶ 梁平．基层治理的践行困境及法治路径［J］．山东社会科学，2016（10）：71－76.

回应，及时公布处理结果，对媒体提出的监督意见或者建议在做出回应的同时进行公示，对重大问题可通过召开发布会做出回复，增强监督的公开性和透明性。二是要促进问责机制的制度化并保障落实。建立行政自由裁量权基准制度、重大决策终身责任制度以及责任倒查机制、行政执法错案责任追究制度、监督失职连带责任追究制度、行政首长问责制等，克服现存的问责机制适用范围过窄、适用领域较少等问题，监督与制约行政权力，对于违法行政行为从严问责，有效落实行政执法责任制度。

（3）加强作风整顿，打造基层清正廉洁政府。中国共产党第十八次全国代表大会报告提出："要坚持中国特色反腐倡廉道路，坚持标本兼治、综合治理、惩防并举、注重预防方针，全面推进惩治和预防腐败体系建设，做到干部清正、政府清廉、政治清明。"[1] 深入贯彻落实改进工作作风、密切联系群众的八项规定，推动作风建设。加快清正廉洁政府建设，把权力关进制度的笼子里。"加快基层政企分开、政资分开、政事分开、政社分开的理念培育与制度建设，促进基层政府'管理退出、监督跟进'，促进决策、管理、监督法治化。"[2] 加强作风整顿。治理三公消费，规范公务用车与公务用房，规范三公经费预算与支出，加强三公经费审核批准与公示监督，严禁超预算或无预算安排支出，并进行明察暗访，设立举报信箱与举报热点，自觉接受群众监督，严格查处有关三公消费的违法活动；整顿四风问题，全面规范整治作风建设问题，推动作风建设常态化，

---

[1] 坚定不移沿着中国特色社会主义道路前进　为全面建成小康社会而奋斗［N］. 人民日报，2012-11-09（2）：13.

[2] 郭祎，孟大川. 新时代基层法治政府建设理论定位与实践任务［J］. 理论与现代化，2019（5）：119.

开展自查自纠，整治懒散奢浮的工作作风，完善内部公示制度，抓好责任落实，严格责任追究，加大追责力度，从严从快处理，及时通报。

（三）提升基层司法公信力，增强社会主体的法治信心

中共中央印发的《法治社会建设实施纲要（2020—2025年）》提出，加强人权司法保障，加强对公民合法权益的司法保护。加大涉及民生案件的查办力度，通过办理具体案件，保障人民群众的合法权益。探索建立消费者权益保护集体诉讼制度，完善律师制度，强化诉讼参与人诉讼权利的制度保障。加强对非法取证行为的源头预防，严格执行非法证据排除规则，建立健全案件纠错机制，有效防范和纠正冤假错案。健全执行工作长效机制，依法保障胜诉当事人及时实现合法权益。加强检察机关对民事、行政、刑事诉讼活动的法律监督，维护司法公正。在司法调解、司法听证等司法活动中保障人民群众参与。落实人民陪审员制度，完善人民监督员制度。推动大数据、人工智能等科技创新成果同司法工作深度融合，完善“互联网+诉讼”模式，加强诉讼服务设施建设，全面建设集约高效、多元解纷、便民利民、智慧精准、开放互动、交融共享的现代化诉讼服务体系。

坚持司法公正，提升司法公信力。司法公正作为基层社会治理的最后一道防线具有极其重要的作用。随着司法体制的改革，司法公开、司法责任制、法官员额制等措施稳步扎实推进，基层治理实现法治化未来可期。

第一，做实司法的法律效果，确保各社会主体相信法律。司法

的法律效果，强调司法机关在执法办案中要严格的依据法律法规，特别是法院的裁判要严格适用现行法律法规，进而确保法律的权威性、确定性和统一性，能够定分止争，维护社会公平正义，并为人们的行为提供指引作用。同时也要求不得僵硬地照搬硬套法律，以避免法律因滞后性而违背其公平正义等价值追求。因此，必须要强化基层法院、检察院等司法机关严格司法办案，守住司法作为法治社会公平正义的最后一道防线的价值。应当以司法体制改革为契机，综合借助法官、检察官员额制及办案终身责任制等配套制度，进一步加强法官、检察官队伍的职业化、专业化和精英化锻造，通过严格而又不失灵活性的司法活动，将法的平等、公正、自由等价值贯穿到现实社会生活之中，进而让包括公民、社会组织等在内的社会主体相信法律，愿意把法律作为解决各类矛盾纠纷的最后一道救济程序及其依据，充分通过司法活动实现法律预期的价值与目标作用，对各社会主体的社会生活产生积极的作用。

第二，追求司法的社会效果，确保让各社会主体相信司法。包括司法活动在内的法治建设系客观存在的实践活动，而非单纯的主观思想活动。[1] 因此，在强化基层司法部门严格适用法律以做实司法的法律效果的同时，法治社会建设还强调注重和追求司法的社会效果，力求实现司法的法律效果与社会效果相统一。首先，切实贯彻“谁办案，谁普法”，加强法律文书的释法说理工作，避免当事人及群众因不理解相关法律法规而产生误解，发生扰乱法庭秩序甚至故意伤害司法办案人员的流血事件，造成矛盾转化升级和恶劣的社会

[1] 苏力．道路通向城市：转型中国的法治［M］．北京：法律出版社，2004：32.

影响。其次，要借助人民检察院案件信息公开网、中国裁判文书网等载体，充分利用“互联网+”带来的便利条件，强化司法程序及相关法律文件的公开，特别是要逐步实现法院生效判决书和裁定书的全面公开，确保公民等社会主体对司法活动的知情权与监督权，防范因司法不透明而降低其应有的社会效果。最后，要加强对司法部门司法办案活动的全程有效监督。一方面要持续强化检察机关案件管理部门、法院审判监督部门等司法机关内部业务监督管理部门对案件程序性监控和实体性督查，严防因司法裁判不公导致的冤假错案。另一方面要以国家监察体制改革为契机，积极探索对检察院、法院行使司法权的外部刚性监督，严查司法人员因玩忽职守或徇私情私利枉法裁判而对社会公平正义的破坏。

二、发挥民主协商作用，加强基层民主化治理

党的十九届四中全会对社会治理体系做出重要创新，将民主协商纳入社会治理体系中，这既是新时代中国社会发展的内在要求，也是加强创新社会治理体系的现实需求，对于解决基层社会治理难题，促进社会和谐稳定具有重要意义。

（一）基层民主的建立和完善离不开社会组织及民众的广泛参与和支持

基于社会治理所涉及的多元主体的利益诉求各不相同，因此需要构建包容多元主体共同参与的民主协商机制，加强基层民主化治理。基层民主协商机制本质上是以平等协商、沟通交流的方式来解决问题。“民主程序通过运用各种交往形式而在商谈和谈判过程中被

建制化，而那些交往形式则许诺所有按照程序而得到的结果是合理的。”❶ 民主管理、民主决策、民主监督是我国基层社会民主协商的重要内容。在民主管理过程中，民主协商形式改变了传统政府中心主义的治理模式，各基层社会主体通过对话沟通的方式参与到基层社会治理；在民主决策过程中，民主协商以多数人意志为基础；在民主监督过程中，基层社会主体能够直接监督政府部门。在这些涉及社会公众利益的治理中，平等对话协商可以提高决策的民主性与合理性，有效化解矛盾纠纷，维护社会的和谐稳定。

（二）善于运用新技术进行协商民主

在信息技术迅速更新的变革时代，基层的民主选举、民主监督、民主管理、民主决策等方式并未随着信息新技术的进步得到改善。因此，还应当运用新技术手段拓展公众参与民主协商的途径和方式，建立信息化治理的民主参与机制。“深入开展以居民会议、议事协商、民主听证为主要形式的民主决策实践，以自我管理、自我教育、自我服务为主要目的的民主治理实践，以村务公开、居务公开、民主评议为主要内容的民主监督实践，全面推进居民自治制度化、规范化、程序化，”❷ 提高基层民众参与社会治理的热情。

（三）基层民主协商机制要依法进行

民主不依法进行，人民当家做主就无法保证，“如果许多人意见

❶ 哈贝马斯．在事实与规范之间［M］．童世骏，译．北京：生活·读书·新知三联书店，2014：15.

❷ 李立国．加快向现代社会治理转变［J］．西部大开发，2014（10）：62.

分歧，他们永远不能产生社会的统一”[1]，基层社会治理法治化就是一句空话。民主协商机制法治化，是推进依法治国的应有之意。民主协商机制只有在符合法治要求的前提下才是合理正当的，其运作才能取得更大实效，才能得到社会广泛认同，更好地推进基层社会治理建设。因此，要推进基层民主协商机制法治化，应当在立法中细化基层民主决策的实体内容与程序规则，明确规定基层民主决策的方式程序，将“村民说事”“民主恳谈”“三治融合”等成效显著的基层民主协商形式进一步推广，将其融入法规政策中进行统一规范，切实推进基层民主协商法治化，更好地促进基层社会的法治化治理。

三、推动基层网格化依法治理

我国基层网格化治理就是充分利用信息技术，多主体参与在基层社会治理中的具体实践应用。从网格化管理到网格化治理的转变过程，就是重新定义社会治理理念、广泛吸纳民众参与、转变功能定位与运行体制机制的过程，“构建一个以社会自治为基础，以公民及其需求为核心，以网格化综合服务管理系统为平台，以信息技术为手段的基层协同型社会治理系统，以加快社区治理能力的现代化”[2]。互联网技术、大数据技术的迅速发展给基层社会网格化治理带来了一定的冲击：过度运用网格化信息技术，倒置手段与目的的关系，冲击了人文关怀，多元主体离散，共建共治共享机制难以形成。因此，

[1] 托马斯·阿奎那．阿奎那政治著作选［M］．北京：商务印书馆，2009：56.

[2] 姜晓萍，焦艳．从“网格化管理”到“网格化治理”的内涵式提升［J］．理论探讨，2015（6）：139－143.

需要通过多种手段改善网格化治理困境，推动基层网格化依法治理。

（一）落实网格化党建，发挥基层党组织为基层治理工作中的领导核心作用

坚持党建引领基层治理网格化服务，推进网格化治理与基层党组织建设相结合，积极探索“党建＋网格化”治理模式，探索建立“网格”＋“网络”的治理机制。“网格化党建要求把基层党支部放在网络上，党员放在网格上，党的服务介由网线延伸出去，由基层党支部创造空间、开发资源、发挥自主性，给上级组织创设议题，从而扩大党的组织力和影响力。”[1]

在将党建工作纳入网格化治理过程中，要以网格需求为导向，开展党员联户工作，由党员联系走访一个网格辖区，将服务延伸到小区、楼栋以及居民家庭，收集意见与需求；充分利用人工智能、大数据等技术，实现基层党建数据与基层社会治理数据互联互通，及时解决基层社区存在的问题，有效化解基层民众对网格员的不信任，提高网格服务精准化水平，以党建引领基层社会治理。

（二）基层网格化治理要符合合法性治理

许多基层地区网格化治理根据自身需求出台了一系列政策，但这些政策大多为红头文件，缺乏统一规范，导致网格化治理出现诸多问题，难以实现化解矛盾纠纷的目的。“网格是否已经让政府行政重新回到‘全能主义’范式，抑或它是一种不同于大包大揽式国家

---

[1] 祝灵君．党领导基层社会治理的基本逻辑研究［J］．中共中央党校学报，2020，24（4）：44．

的‘新全能主义’。在‘新全能主义’下，许多部门职能可能被下放，权责可能在层级间被重新划定，联动程序可能被重新组合。”[1]因此，基层网格化治理亟待依法规范，实现合法性治理。“所有的国家行为都要符合法律的要求。”[2] 在当前全面推进依法治国的背景下，需要加强与推进基层网格化法治化治理。第一，深化法治手段，坚持负面清单制度，切实遵循法无授权不可为、法定职责必须为的原则。在推进基层网格化治理过程中，切实坚持负面清单制度，确定网格化法治管理统一规范，建立统一制度与程序，深化运用法治手段化解基层矛盾理念，杜绝公权力在网格化治理中的扩张与滥用，完善网格治理问责体制，规范问责方式。第二，增强网格员的法律意识，确保基层网格化治理依法进行，确保网格化治理规范、合法。只有遵循合法性治理原则，基层网格化才能实现有效治理，促进社会公平正义。

（三）基层网格化治理要坚持以人民为中心，促进人的全面发展

基层网格化治理的核心是人，要坚持以人为本、服务为先的新时代执政理念，鼓励民众积极参与基层网格化治理，改善政府与群众的命令与服从模式，做到“群众的事由群众商量，人民的城市人民管”。我国基层社会的网格化治理，本质上是政府的总体性支配转变为多元主体的技术治理。如今社会信息技术的广泛应用极大地解放了社会生产力，提高了人民的生活品质。“尽管这些技术已经让人

---

[1] 胡重明．网格化社会治理：研究回顾与新的议程［J］．行政论坛，2017，24（3）：112.

[2] 大卫·戴岑豪斯．合法性与正当性：魏玛时代的施米特．［M］．刘毅，译．北京：商务印书馆，2013：174.

兴奋不已，并且可能会带来巨大的好处，但它也可能对我们现在所熟悉的社会造成巨大的破坏。”[1] 因此，在网格化治理过程中，极易造成过度依赖信息技术，而失去了网格化治理本来的价值理念，违背了以人民为中心的治理理念，使得网格化治理的手段与目的本末倒置，不能全心全意为人民服务。如在网格化治理的过程中，信息技术的运用与公民隐私权的保障、全民参与网格与公共权力配置的限制等，都对我们提出了新的课题。也就是说，网格化治理模式一方面虽然提升了基层社会治理水平，但另一方面也随着信息技术的运用，一定程度上冲击了社会治理中的人文关怀，影响到网格中社会成员的归属感和获得感。

因此，网格化治理应当回到治理的初衷，在网格员和信息技术进行网格化治理过程中，必须将公共管理的核心理念“以人民为中心理念”内化于心，网格化治理运用的信息技术手段必须以保护民众的权利为出发点和落脚点，将促进人的全面而自由的发展作为基层网格化治理的最高要求。只有这样，基层网格化治理才能平衡技术与治理，民主与治理之间的关系，才能实现人的全面发展。

（四）加强合作治理，实现共建共治共享

习近平总书记在中国共产党第十九次全国代表大会报告中明确要求：“打造共建共治共享的社会治理格局。”[2] 这为新时代社会治理机制创新和体系完善指明了方向。加强多元主体合作治理，在国

---

[1] 詹姆斯·亨德勒．社会机器：即将到来的人工智能、社会网络与人类的碰撞［M］．王晓，等译．北京：机械工业出版社．2018：14．

[2] 习近平．决胜全面建成小康社会　夺取新时代中国特色社会主义伟大胜利［N］．人民日报，2017－10－28（1）：14．

家与社会以及国家与社会内部间建立良性合作机制，实现治理主体多元化，运行机制合作化，进而实现共建共治共享。

第一，利用新技术调动多元主体的参与积极性。部分基层地区的网格化治理提供了“互联网+政务服务”等便民服务措施，虽然解决了大量矛盾纠纷和问题，但是却忽视了基层民众的参与机制建设，出现了“公民参与和社区多元主体互动缺乏问题”[1]“多元主体离散与网格治理资源难以有机整合”[2]等治理困境。因此，亟待运用网格化治理的新技术、新平台，来拓展基层民众在双重空间中的公共参与途径和形式，建立智慧治理的民众参与机制，有效引导提高公众参与治理积极性，充分调动基层自治组织、社会组织、民众等多元主体参与网格化治理体系建设，并予以法治化保障。第二，有效推动多元主体联动协同机制建设。在实际治理中，网格员不是执法主体，不享有行政执法资格，“只是信息‘二传手’，充当信息搜集员和反馈员”[3]。在这一行政管理体制机制下，解决问题还需找上级部门，这就使得网格化治理始终处于被动状态，不能有效发挥作用。应改善网格化治理模式，推动多元主体共同参与治理，实现多元主体良性互动。具体而言，要摆脱政府中心倾向，“通过‘赋权予能’实现利益协商与权力共享，建立多元主体间的良性互动机制，

[1] 姜晓萍，焦艳．从“网格化管理”到“网格化治理”的内涵式提升［J］．理论探讨，2015（6）：142.

[2] 李颖．断裂与弥合：“互联网+”时代城市社区网格化治理的困境与再思考［J］．山东社会科学，2016（11）：187.

[3] 何瑞文．网格化管理的实践困扰［J］．苏州大学学报（哲学社会科学版），2016（1）：21.

为构建多元主体治理新格局奠定基础”❶，借助“党政领导服务化、基层民主实质化、民众参与实效化”❷，将简单的政府对社会管控模式转变为政府、网格、社会主体平等协商模式，注重化解矛盾中心下移，解决矛盾促进关口前移，实现多元主体共建共治共享的资源有效整合。第三，注重地域、区域的联动信息化建设。降低地域化区分，强化区域信息化一体建设，着力解决信息孤岛与数据碎片化问题，实现“科技融合促进共建、信息互通推进共治、流程再造实现共享”❸。

第三节　完善基层社会治理手段法治化

一、综合治理手段

面对在基层社会治理中日渐复杂的情形，基层政府传统思维方式已不能适应当前的市场经济体制和管理方式，政府的命令习惯、强制性的手段也已经不能满足基层社会治理的需要。基层政府应当加快改革建设，由过去的“管制”职能逐渐向“服务”型方向的转型与发展，充分发挥“服务行政”型政府的职能，增加人们的福祉

---

❶ 吴晓燕，关庆华. 从管理到治理：基层社会网格化管理的挑战与变革［J］. 理论探讨，2016，189（2）：151.

❷ 马长山. 智慧社会的基层网格治理法治化［J］. 清华法学，2019，13（3）：26.

❸ 陈东升，等. 杭州智慧治理领跑全国：“互联网+”为共建共治共享插上翅膀［N］. 法制日报，2018-02-22.

并积极促进社会运转和发展。[1]

首先，基层政府要转变治理思路，改变以往的官僚主义思想，重点关注多元治理主体合作治理。其次，创新治理手段，从管理压制向服务治理转变，从单一治理手段向综合治理手段转变。刚柔并济，善于运用多种手段进行社会治理，综合经济手段、信息技术、科学技术手段等，加强系统治理、依法治理、综合治理、源头治理。尤其是在大数据时代，基层政府作为治理的主体和数据的发出者，应更多地起到引导员和裁判员的角色，通过数据资源的共享为公众和非政府组织提供全新的服务。智慧化治理与传统治理方式相比，更强调数据的前瞻性。因此，基层政府在治理教育、交通、医疗、住房、养老等众多与公众生活息息相关的领域时更应转变思维方式，更加关注通过大数据得到的预测结果，为政府决策提供有效的科学依据。[2]

二、提升信息化水平建设

在基层社会治理过程中，要高度重视信息化水平建设。要“坚持信息化引领，构建纵向贯通、横向集成、共享同用的平安建设信息化综合平台，推动信息化成果转化为平安建设能力。”[3] 基层信息化建设是国家信息化发展的重点环节，也是完善基层社会治理手段多样性的重要途径。提升基层信息化水平建设，顺应信息技术时代

---

[1] 张娟娟．山东省公共法律服务体系建设研究［J］．科技视界，2019（11）：96.

[2] 尤田甜，李兆友．“智慧中国”背景下基层政府治理的新特征与新途径［J］．领导科学，2019（8）：17.

[3] 孟建柱．以法治为引领深入推进平安中国建设［N］．人民公安报，2015－02－27（1）：1.

的发展潮流，注重治理方式与时俱进，创造性运用现代科技成果，尤其是现代互联网信息技术，创建法治建设平台，同时加强对大数据平台的运用，推进“互联网+法治化治理”行动，实行线上线下共同治理，整合信息资源，提高效率，降低基层社会治理成本，提升基层社会治理智能化水平。

（一）加强信息技术培训，培养现代复合型人才

加强基层政务人员信息技术培训，熟练掌握互联网有关知识与技能，提升其信息技术运用能力，培养其利用现代化技术手段与现代化思维解决基层实际问题的能力；掌握大数据预测技术，推动基层治理智能化、数字化发展；促进政府、企业组织、民众的有机结合，充分发挥其作用。更好地运用大数据、互联网等工具为基层民众服务，提高政府治理能力与水平。

（二）促进基层实现信息数据共享，加强网络安全规范

李克强总理多次就加快国务院部门和地方政府信息系统互联互通，推动政务信息跨地区、跨层级、跨部门互认共享做出重要批示。

为深入贯彻落实《政务信息资源共享管理暂行办法》（国发〔2016〕51号）、《政务信息系统整合共享实施方案》（国办发〔2017〕39号）精神，加快政务信息系统整合共享工作，全面推进信息数据共享建设，还要注重个人隐私泄露等数据安全问题。加强政务信息系统整合安全防护，加强网络安全规范，推动基层实现信息数据共享，推动数字中国建设。

第一，针对基层地区的信息基础设施薄弱、信息技术资源不足

等问题，要加强信息技术革新与数字基础设施建设，全面普及新一代光纤传输网络系统，提升网络传输速度，积极推进政府智慧化建设，建立政府部门信息数据库，提升数据检索运用能力。第二，加强信息数据共享，规范网络安全。推动政府信息互联互通，提高行政效率，加快政府跨部门信息交换建设，推动部门有机协同与合作，促进政务信息跨部门共享，增进政府、企业组织、民众之间的互动合作，增进基层民众对信息数据的信任程度；建立奖惩与监督机制，对于信息数据开放程度不同的政府予以不同的对待，将政府信息互通纳入政府绩效考核，加强民众对政府的监督，减少治理过程中的不作为与乱作为问题；制定信息安全规范，落实个人信息保护政策，保障公民的隐私权；学习借鉴国外先进信息技术，吸收域外良好经验，提升基层社会治理的信息技术自主研发能力与数据共享程度。第三，加快制定在社会治理领域信息技术系统和平台的行业标准，完善社会治理规则体系，坚持科学、理性、精细，推动社会治理与信息化特别是大数据技术高度融合，按照精、准、细、严的要求，综合运用大数据实现依法高效基层社会治理。

第四节　推进基层社会治理制度法治化

在明确基层社会治理过程中存在的诸多问题以及法治化评估指标的基础上，应当紧紧围绕法治社会建设的目标，自觉以习近平新时代中国特色社会主义思想和党的十九大精神为行动指南和思想武器，综合运用各种途径推进基层法治社会建设。

一、推进宪法的乡土实施，夯实基层社会治理的宪法基础

规范至上是法治社会的首要基本内涵，而宪法作为“法律的法律”，则是关系到法治社会建设的规范依据中的根本性制度，特别是习近平总书记将法治社会与法治国家和法治政府作为平行地位提出，彰显了法治社会建设与宪法实施的重要逻辑关系。宪法将公民权利提到代表国家公权力的国家机构之前，贯彻了私权利优于公权力及包括执政党在内的一切社会主体尊重宪法和法律的理念，也符合法治社会建设的内涵与目标。因此，必要注重宪法在乡土社会的实施，夯实法治社会建设的宪法基础。

（一）基层社会治理要全面以宪法实施为基础

宪法作为保障公民等社会主体私权利、限制立法权、司法权及行政权等在内的国家根本大法，不仅是法治中国中法治国家和法治政府建设强调的依宪治国和依宪行政，是根本和基础，同样也是作为法治中国建设重要组成部分的法治社会建设的基础。因此，基层社会治理的各个环节和阶段均要严格以宪法实施为基础，做到基层治理“时时依照宪法实施”和“事事依照宪法实施”。

1. 基层社会治理要以宪法为依据

宪法明确规定，包括立法权、司法权及行政权在内的国家“一切权力”均系人民所享有，并赋予人民依照法律法规等规范性文件，通过各种途径和形式，管理国家事务，管理经济和文化事

业，管理社会事务等事项的权利，为公民及由公民组成的社会组织等社会主体参与包括社会事务管理在内的法治社会建设提供了依据。同时，宪法还赋予人民等社会主体对国家机关及工作人员有批评和建议的权利，这也为限制公权力保障公民等社会主体私权利提供了宪法依据，进而为公民等社会主体参与社会治理提供了广阔的领域和空间。

2. 基层社会治理要以宪法为动力支撑

基层社会治理要实现法治化，离不开各种动力的支撑，而宪法则从根源上为基层社会法治化治理提供了动力。基层社会法治化建设不同于法治国家、法治政府的建设，并没有强大的、固定的国家公权力作为后盾，而主要借助公民及社会组织等力量予以推进。因此需要强大的动力支撑，才能实现基层法治社会治理的实质建设和基本内涵。以基层社会治理中公民等社会主体需要的参与权为例，《中华人民共和国宪法》第 35 条明确规定了我国公民的言论、出版及集会等与参与法治社会建设密切相关的政治自由与权利，防范了以公民等为主体的法治社会建设成为“空中楼阁”，做实了基层法治社会治理的动力支撑。

3. 基层法治社会建设要以宪法为规范基础

关系到基层法治社会建设的社会权力运行和社会关系调整等事项，均需依据符合公平、公正等价值的社会规范与规则加以调配，而宪法则为实现基层社会治理法治化所依据的规范提供了根本性和核心性的基础。宪法作为根本大法为基层法治社会建设提供了根据。宪法还强调，一切法律法规都不得与宪法相抵触，因此，基层法治社会治理依据的法律法规及规范性文件，甚至乡规民约等制度，应当全面以宪法为依据，不得有违背宪法的情形发生。即使宪法未明文规定的内容，也应当从宪法限制公权力及保障私权利等精神理念出发推进基层社会法治化治理。

（二）基层社会治理要全面推进宪法的乡土实施

要想落实社会法治化治理以宪法为基础，必须将宪法制度及其精神贯彻于包括乡镇农村基层在内的法治社会建设的各领域，切实推进宪法的乡土实施。

1. 以“八五”普法教育为契机，加强宪法宣传

以中央宣传部、司法部具体部署，并经中共中央、国务院转发的“八五”普法计划为契机，大力开展宪法宣传活动。突出宣传宪法。结合“12·4”国家宪法日，开展“宪法宣传周”集中宣传活动，大力弘扬宪法精神，提升全体公民及社会组织和国家机关及其工作人员等法治社会治理主体的宪法意识，进而为基层社会治理营造良好的氛围。

2. 突出强调宪法的权威

在推进基层法治社会建设中，突出强调对任何组织及个人不得有违背宪法和法律之特权的贯彻执行，坚决遏制直至杜绝人治和特权对法治社会建设的破坏与阻碍。要结合正反两方面的典型事例，强化对宪法权威的锻造与维系，将宪法作为基层法治社会建设实施的最高行动指南，把宪法精神及核心价值贯彻于法治社会建设始终，有机地将宪法权威树立与维护和基层法治化治理统一起来。

3. 保障宪法规定的涉及基层公民的权利

旨在排斥人治的法治社会，还应当充分保障宪法规定的公民基

本权利，特别是与保障公民这一重要社会主体参与基层法治社会建设相关的“平等权”“选举权与被选举权”“受教育权”和对国家机关及其工作人员的“批评建议权”等权利，不因权力等因素而造成公民权利有“高低贵贱”之分。唯有在基层社会治理中将宪法赋予的公民基本权利落在实处并得以保障，才能将习近平总书记以人民为中心的理念与基层社会法治化治理有机结合起来，并能够从根本上调动公民等社会主体参与基层社会治理的积极性。

4. 注重宪法精神塑造和宪法文化建设

将宪法制度及其精神贯穿于推动基层社会治理法治化进程中，进而夯实基层治理法治化的宪法基础，强调与法治社会建设相关的社会治理制度要符合宪法制度及其精神。决不允许存在违背宪法规定的基层社会治理制度及有悖宪法精神的基层社会治理运作模式，并要积极探索符合新时代要求的中国特色宪法审查制度，切实依照宪法实施基层社会治理。

二、完善基层社会治理的基础性法律规范，架构科学的规范体系

解决基层社会治理的立法滞后问题，完善基层社会治理的基础性法律规范，架构科学的规范体系，增强基层社会治理法律制度的系统性与针对性，保证法律实施的统一性，为基层社会治理提供坚实的法治保障。根据《中华人民共和国立法法》的有关规定，将基层社会治理纳入地方立法计划。

（一）注重基层社会治理法律规范建设

基层法治社会建设应当以保障公民权利为出发点，即坚持以人民为中心的基本内涵，将维护与保障公民权利贯彻于基层社会法治化治理的始终。

1. 完善基层治理的法律规范

以基层社会治理为抓手，全面加强对法治社会建设相关的社会治理等方面基础性法律规范的立法，实现基层社会有效治理。具体来说，应当以习近平总书记自 2012 年 12 月 4 日正式公开提出的法治国家、法治政府及法治社会一体建设为契机，充分借助法治社会从中央层面得到独立地位之认可的有利机遇，以公民基本权利维系和国家公权力规范及制约为重点，明确基层治理主体的权力边界，确定基层治理的程序规则，统一行政执法标准，规范权力运行机制，使治理主体在法定范围内充分发挥各自职能；明确基层治理的自治范围，避免基层政府直接领导基层自治组织，干扰基层自治，减少直至消除权力对基层社会事务的不当干涉，推进基层社会治理有序进行。

2. 完善社会重要领域立法

中共中央印发《法治社会建设实施纲要（2020—2025 年）》提出，“完善教育、劳动就业、收入分配、社会保障、医疗卫生、食品药品、安全生产、道路交通、扶贫、慈善、社会救助等领域和退役军人、妇女、未成年人、老年人、残疾人正当权益保护等方面的法律法规，不断保障和改善民生。完善疫情防控相关立法，全面加强公共卫生领域相关法律法规建设。健全社会组织、城乡社区、社会工作等方面的法律制度，进一步加强和创新社会治理。完善弘扬社会主义核心价值观的法律政策体系，加强见义勇为、尊崇英烈、志愿服务、孝老爱亲等方面立法”。

第一，强化对基层社会公共安全防控制度的建立完善，特别是要结合各地社会综合治理形势和经验，由各级人大和政府出台适合本地实际的社会公共安全防控配套基础性规范制度。一方面要避免政府部门之间因存在权责规定不清而导致出现“推诿扯皮”情形，无法有效开展关系到公民生命和财产安全等基本权利的社会公共安全防控工作，另一方面还要注重对涉嫌侵犯公民权利、有悖正当程序原则的社会公共安全防控领域的“恶法”进行清理，进而构建科学的规范体系，切实保障人民权益。

第二，完善包括社会保障等在内的基层民生方面的立法。习近平总书记在党的十九大报告中指出：“增进民生福祉是发展的根本目的。必须多谋民生之利、多解民生之忧，在发展中补齐民生短板、促进社会公平正义。”[1] 我们必须以发展促进民生，尤其是要推动我国依法治国不断向前发展，通过不断完善民生领域立法，确保广大人民共享改革发展的最新成果。衡量法律是否良善的一个重要标准，就是对关系国计民生重要问题的关注和回应。在我国，增进民生福祉是发展的根本目的，必须多谋民生之利、多解民生之忧，在发展中补齐民生短板，促进社会公平正义。着力构建民生保障体系，确保关系到人民群众住房、养老、医疗等基本生活保障的制度能够平等地落实到每一位公民，让人民享有更舒

[1] 习近平．决胜全面建成小康社会　夺取新时代中国特色社会主义伟大胜利［N］．人民日报，2017-10-28（1）：7．

适的居住条件，更可靠的社会保障、更高超的医疗技术等，不受个别领导人意志的变化而有所差别，减少人治因素对基层民生事项的不当干涉。

第一，应当在各地条件允许及试点成熟的基础上，积极推进城乡居民医疗保险及基本养老保险制度的整合和统一，尽快建立健全全国性的社会保险信息网络系统，加快实现基本医疗保险和基本养老保险在全国范围内实现统筹管理，确保公民不因地域、户籍等差别无法享受平等的基本保障制度。第二，严格按照习近平总书记在党的十九大报告中提出的“房子是用来住的、不是用来炒的”[1]这一关系到群众住房保障的基层民生事业的重要定位和政治宣言，积极探索利用农村集体建设用地建租赁住房等满足广大人民群众，特别是外出务工的农民等群体的基本住房需求，同时也能促进包括贫困人口在内的农村集体成员在集体建设土地以租赁等形式流转中获得一定的土地增值收益，进而为生活保障提供可持续基础。

（二）与时俱进，规范规章政策、村规民约，与经济社会发展相适用

1. 准确适用处理正式制度与村规民约

立法要以民为本，反映人民意志，重视村规民约的建设。健全基层法律法规治理体系，要求正确对待正式法律制度与非正式法律规范的关系，既重视国家法，又重视村规民约等民间法的软法治理

[1] 习近平．决胜全面建成小康社会　夺取新时代中国特色社会主义伟大胜利［N］．人民日报，2017－10－28（1）：14．

方式。[1] 村规民约具有良好的群众基础，各地应当结合本地的具体实际情况，在国家法的框架下制定村规民约、居民公约等，减少国家法与民间法的冲突，共同推进基层法治化建设。

2. 加强行政规范性文件制定与监督管理工作

国务院办公厅印发的《关于加强行政规范性文件制定和监督管理工作的通知》提出："近年来，各地区、各部门不断加强行政规范性文件制定和监督管理工作，取得了一定成效，但乱发文、出台'奇葩'文件的现象还不同程度地存在，侵犯了公民、法人和其他组织的合法权益，损害了政府公信力。"针对以上问题，必须规范行政规范性文件。第一，严格依法行政，防止乱发文件。严格禁止越权发文，法无授权不可为、法定职责必须为，必须严格按照法定权限履行职责，不得以部门内设机构名义制发行政规范性文件；严格控制发文数量，禁止重复性发文，内容相近发文。第二，规范制发程序，确保合法有效。必须按照法定程序制发，强化制发程序管理；认真评估、全面论证规范性文件；向社会公开，广泛征求意见；建立合法性审查机制，做好合法性审核工作；发挥民主作用，集体审议；及时向社会公开发布。第三，加强监督与责任问责机制。加强监督，健全责任机制；健全备案监督制度，健全规范性文件动态清理制度，审查违法文件；加强监督考核，并纳入法治政府建设督察内容。

---

[1] 唐寿东，孙英．全面依法治国视域下基层治理法治化研究［J］．天津行政学院学报，2017，19（5）：39－47.

第五节　强化基层社会治理法治环境保障

一、注重基层社会法治文化培育

习近平总书记提出："我国今天的国家治理体系，是在我国历史传承、文化传统、经济社会发展的基础上长期发展、渐进改进、内生性演化的结果。"❶"必须弘扬社会主义法治精神，建设社会主义法治文化，增强全社会厉行法治的积极性和主动性，形成守法光荣、违法可耻的社会氛围，使全体人民都成为社会主义法治的忠实崇尚者、自觉遵守者、坚定捍卫者。"❷ 由社会管理向社会治理的转变，得益于秩序建立从对人们外在行为的"压制"向人们内心自觉的演变，而这一演变又必须借助于传统文化的力量，尤其是在社会变迁的历史进程中，借助于不断与新的历史条件相结合的道德伦理、口碑人缘等社会底蕴的力量。❸

弘扬社会主义法治精神，建设社会主义法治文化。法治文化是推动全面依法治国的内驱力，基层社会治理法治化建设离不开法治文化的引领与熏陶。基层社会治理需要注重法治文化培育，着力建

---

❶ 习近平在省部级主要领导干部学习贯彻十八届三中全会精神全面深化改革专题研讨班开班式上发表重要讲话［EB/OL］（2014－02－18）［2021－06－28］. http：//pic. people. com. cn/n/2014/0218/c1016－24387045. html.

❷ 中共中央关于全面推进依法治国若干重大问题的决定［N］. 人民日报，2014－10－29（1）：7.

❸ 杨善华，孙飞宇. "社会底蕴"：田野经验与思考［J］. 社会，2015，35（1）：74－91.

设社会主义法治文化，培育法治理念与法治思维，牢固树立法治意识。借助重大纪念日开展基层法治文化活动，鼓励动员基层民众广泛参与。建设法治文化基地，以基层群众易于接受的形式将我国法治文化与基层传统文化相结合，法治文化与传统文化、红色文化等融合发展，提升法治文化的影响力。

（一）弘扬社会主义法治文化，厚植基层社会法治化治理的文化底蕴

1. 激活基层内在力量，促进法治与传统文化的交融

社会治理创新“适应性重构”的内涵表明，社会治理是一个根据实际环境不断决策、执行的“对症下药”的过程。“半熟人社会”环境下，国家法治与民间传统文化存在断裂与冲突，单一法治无法满足乡村治理的现实需求，径直输入的法律难以获取村民的认可与参与。在这种背景下，法律输入基层的方式方法应当依据乡村社会环境的特征做出适应性调整，借助基层内生力量构建法治下乡与基层社会传统文化的有效融合。不可否认，基层社会，尤其是乡村社会对于法治并不完全了解，依托道德力量化解矛盾更为常用。基层治理法治化，必须消除基层民众对法律的排斥，培养其对法律的信任和情感，促进依法治理与基层社会传统德治文化的交融互动。同时注重基层群众自治，将法律规范融入基层群众自治中，为基层法治与基层传统形成良性互补。

2. 发挥文化治理与道德教化作用，引入优秀中国传统文化

国无德不兴，人无德不立。发挥道德的引导作用，注重发挥道德中规则的力量，加强社会思想道德教育，弘扬中华民族传统美德，

培育践行社会主义核心价值观，将其融入法治文化建设过程中，推动全民族思想道德水平建设，为实现中华民族伟大复兴中国梦提供道德滋养。推动基层城乡社区道德文化建设，开展社会美德与家庭美德培育，引导人们遵守道德，提升道德水平。

文化兴则国运兴，文化强则民族强。“注重发挥文化治理建设，引入中国优秀传统文化。”❶ 加快建设社会主义文化强国，坚定文化自信，推动中华民族传统文化发展，尤其注重发掘基层优秀传统文化资源，优化提升社会风气，创新社会治理。习近平总书记2013年到山东省曲阜市考察，在孔子研究院同有关专家学者代表座谈时指出：“一个国家、一个民族的强盛，总是以文化兴盛为支撑的，中华民族伟大复兴需要以中华文化发展繁荣为条件。对历史文化特别是先人传承下来的道德规范，要坚持古为今用、推陈出新，有鉴别地加以对待，有扬弃地予以继承。”❷ 作为中华民族传统文化的重要组成部分的儒家思想文化，其发源地曲阜市坚持以道德教化人民，注重文化治理，提高国家文化软实力，规划优秀传统文化传承发展示范区建设，推动优秀传统文化创造性发展，将文化建设融入社会建设中，形成“尚勤、向善、为公、致和”的社会风气❸。积极发掘中华民族优秀传统文化，践行社会主义核心价值观，为改革发展与社会治理提供强大的精神力量。

---

❶ 韩伟．社会治理需要遵循民主法治导向：对基层社区网格化社会治理的反思［J］．理论导刊，2016（1）：48．

❷ 中华民族伟大复兴需要中华文化发展繁荣：学习习近平同志在山东考察时的重要讲话精神［EB/OL］．（2013－12－16）［2021－06－29］．http：//theory. people. com. cn/n/2013/1216/c40531－23849634. html．

❸ 李长胜．基层社会治理应坚持民生为本［N］．人民日报，2015－05－13（7）．

（二）坚持法治与德治并举，促进社会主体的内心拥护与真诚信仰法治

全面建成小康社会，提升基层社会治理水平，既要靠法治，也要靠德治。推进社会治理现代化需要法律和道德共同发挥作用。坚持依法治国与以德治国相结合，既重视发挥道德的教化作用，又重视发挥法律的规范作用。将法律规范与道德规范相结合，坚持以道德滋养法治精神，强化道德对法治文化的支撑作用。加强道德规范建设与教育评价作用，形成良好的公共秩序与社会风俗，充实法治的道德底蕴。面对道德领域突出问题，注重发挥法治的规范作用，依法惩处失德失范的违法行为。注重把符合社会主义核心价值观要求的基本道德规范上升为法律规范，以法律权威推动践行社会主义核心价值观的自觉性。

第一，要结合各地创建文明城市等过程中的社会主义核心价值观培育工作，充分利用各类媒体，强化面向社会公众开展的法治、民主、公平等价值元素的宣传，在社会层面广泛形成崇德尚法的浓厚氛围，促进各社会主体初步提升法治意识和养成法治思维方式。第二，要以国家法律职业资格制度改革为契机，提升行政执法人员、法官、检察官、公证员及执业律师等法律职业共同体的专业素养，由法律职业共同体形成共同的“法治信仰”，进而带动各社会主体逐步形成法治信仰。[1] 一方面能够为严格执法司法夯实人才基础，另一方面还能够发挥法律职业共同体模范遵守法律法规的示范作用，全面带动各社会主体自觉学法、守法。第三，引导、支持村、居民委

[1] 何国强．也谈法治中国下的法治社会建设［J］．法治论坛，2017（2）：382.

员会及工会等基层群众性组织实现对涉及自身利益的社会事务的自我民主管理，促进村民、社区居民及职工等社会主体充分行使公民权利，并通过人民调解委员会、工会调解委员会等社会组织高效、低成本地解决社会成员间的矛盾纠纷，进而逐渐养成严格依法办事的习惯，最终从内心深处拥护法治和真诚地信仰法治。

（三）牢固树立并贯彻规则至上的理念，推动各社会主体切实恪守规则

第一，以排斥人治为重要目标和规范至上为基本内涵的基层社会治理。要注重规则至上这一重要理念与思维方式，确保在基层社会治理过程中“事事依照规则”和“时时依照规则”，严格按照经过正当程序制定的法律法规及规范性文件办事，强调党委、政府等公权力主体带头遵守法律法规，进而带动公民、社会组织等各社会主体也恪守规则并积极参与基层社会治理。第二，在基层社会治理过程中，要严格划清立法权、行政权及司法权等国家公权力与公民私权利及其组成的社会组织的社会权力间的边界，一方面要求公权力既不得超越权力边界滥用，亦不得违背法律规定或法治精神而出现“推诿扯皮”等怠于履行职责的情形，另一方面又要求公民私权利及社会组织的社会权力行使也不得超出必要的限度，以免侵犯其他公民权利或者破坏社会秩序及公众利益。第三，为了确保在基层社会治理过程中，各社会主体能够依照规则自主行使社会权力来化解社会矛盾纠纷及实现社会生活有序进行，亦需要注重行政权及司法权对社会权的兜底性制约与监督作用，防止公民等社会主体滥用社会自治权力而对法治及公民权利的破坏，避免基层法治化治理陷入“新的人治”局限。

二、创新法治宣传教育形式

（一）灵活普法形式，加大普法力度

党的十九大报告指出："加大全民普法力度，建设社会主义法治文化，树立宪法法律至上、法律面前人人平等的法治理念。"[1] 1986年以来，我国已连续实施完成了七个五年普法规划，为法治宣传教育提供了重要保障，全民法治观念明显增强。为进一步形成全社会尊法学法守法用法的良好法治氛围，提升基层社会治理法治化水平，中央宣传部、司法部制定了《关于开展法治宣传教育的第八个五年规划（2021—2025年）》。为此，基层应当结合"八五"普法规划，加大全民普法力度，把全民普法与守法作为基层法治社会建设的长期基础性工作，宣传中国特色社会主义法律体系，宣传国家基本法律，夯实全面依法治国基础。

第一，基层的普法宣传教育应当"入乡随俗、因材施教"。充分结合基层各地区的地方特色，根据基层的实际情况与现实问题，丰富普法内容，有针对性地向基层群众进行普法宣传，灵活普法形式，减少走过场的无效普法，提高普法的针对性。首先，充分利用各基层的图书馆、法制学校等资源，鼓励社会组织、媒体新闻积极参与宣传法治建设，拓展新闻媒体、微信、门户网站等普法渠道，创新普法载体，引导报社、电台等媒体自觉履行普法责任。其次，深入

[1] 习近平. 决胜全面建成小康社会　夺取新时代中国特色社会主义伟大胜利［N］. 人民日报，2017-10-28（1）：11.

学习习近平法治思想，深入领会习近平法治思想的精神内涵与实质，充分认识了解习近平法治思想的重大意义和深远影响。最后，加大宣传与社会治理现代化密切相关的法律规范，重视学习民法典，让民法典走到群众身边，走进群众心里。

第二，建立基层普法专业队伍，组建法律知识丰富、法治素养较高的专业团队。建立以政府为主导的多元普法主体机制，组织落实“八五”普法规划。首先，完善法官、检察官、律师等以案释法制度。把普法过程与法律服务相结合，充分发挥公共法律服务队伍的法治宣传教育作用。其次，把普法与立法过程相结合，鼓励社会各方面积极参与立法。在立法过程中宣传法律法规。法律法规正式公布时，运用多种方式加强对新出台法律法规的同步解读。最后，把普法与执法、司法过程相结合。执法、司法部门应当根据自身职责积极向基层群众进行法治教育，注重行政许可、行政处罚、行政强制、行政诉讼等过程以及法律规范的普法宣传，落实执法办案普法，确立“谁执法谁普法”的原则，健全普法责任制。

（二）加强法治教育培训，提升法治理念

培育全社会的法治观念，树立法律面前人人平等的法治思想，持之以恒地开展法治教育培训。深入学习中国特色社会主义法律体系，了解有关法律知识，提高民众法治思维与法律意识，引导全社会形成知法、懂法、守法、用法的法治氛围。

第一，加强宪法学习，维护宪法权威。深入学习宪法，了解宪法内容，学习宪法精神，增强宪法意识，宣传宪法内涵。加强对国

家公职人员的宪法教育，全面了解宪法的基本内容，准确把握公民享有的基本权利与应尽的义务，落实宪法宣誓制度。学校要加强宪法教育、弘扬宪法精神，积极开展“学宪法、讲宪法”等演讲比赛、主题班会等活动，将宪法教育融入国民教育过程中，提高青少年的宪法意识，实现宪法宣传教育常态化。

第二，增强法治观念，树立法治意识。深入学习贯彻习近平法治思想，深入开展法治教育培训，引导民众自觉守法，遇事找法，解决问题靠法。让基层群众全面认识法律，自觉尊重宪法和法律权威，了解法律既具有惩罚犯罪还具有保障公民合法权利的作用，学会运用法律武器维护自己的合法权利，引导基层群众形成知法守法的良好习惯。开展学习民法典活动，学习民法典的基本原则和主要内容，让民法典走到群众身边、走进群众心里。加强基层青少年法治教育，坚持法治教育从青少年抓起，把法治教育纳入国民教育体系。完善法治校长制度，提高青少年法治教育的科学性与针对性，加强法治观念教育。企业定期开展法治教育培训，树立合规意识，切实增强企业管理者和职工的法律意识与法治观念。积极推动以案释法，发挥司法裁判的教育指引作用，加强对社会热点的法治解读，引导社会尊重司法裁判，维护司法公信力。加强对基层党员干部法治教育培训。基层党员干部要带头遵纪守法，基层社会治理法治化离不开基层党员干部的领导。基层党员干部要带头学法、遵法、守法、用法，以自己的行动带动全社会崇尚法治，尊重法律权威。加强党员干部法治培训，强化法治权威思维，增强党员领导干部的依法办事能力与水平。

三、加强法治惠民与法治保障

目前，基层公共服务需求大于供给，基层公共产品短缺、公共服务薄弱、供给模式落后问题突出，因此要大力增加公共服务供给，尤其要着力促进基本公共服务均等化。坚持普惠性、保基本、均等化、可持续的方向，提高公共产品和公共服务的供给能力。并根据民生的需求变化，特别是针对老弱病残群体和贫困人口的公共服务需求，调整公共政策，实行差别化社会政策，深化公共服务体制改革，创新公共服务方式，丰富公共产品，改善供给结构，提高供给质量，努力满足广大人民群众多样化、多层次公共服务需求。[1]

1. 完善基层社会的公共法律服务体系

公共法律服务体系是实现基层社会治理法治化的重要基础，“因其在政策构造上融入社会治理的核心理念而具有强大的生命力和适应性，能够在满足基层民众多样化法律服务需求的同时，改善基层地区的法治水平、提升基层治理的效能”[2]。完善基层社会的公共法律服务体系建设，也是推进国家治理体系和治理能力现代化的重要内容之一。

为基层民众提供高效便捷的公共法律服务，保障民众及时获得有效的法律帮助。首先，向欠发达地区政策倾斜，加大对偏远地区

---

❶ 魏礼群．提高社会治理水平　决胜全面小康社会：全面建成小康社会之时中国社会的景象特征及实现目标任务与路径选择［J］．社会治理，2016（5）：14.

❷ 王亚丰，黄春蕾．乡村公共法律服务体系建设的价值、困境与优化：基于社会治理视角［J］．安徽行政学院学报，2021（1）：111.

的专业法律服务的人才、财政、技术支持，促进发达地区法律服务资源向欠发达地区辐射，扩大法律服务城乡覆盖面，解决各地法律服务发展不均衡问题。其次，扩充法律服务供给内容，预防与调解相结合，健全公民权利救济途径，引导基层民众提前规避纠纷冲突，减少矛盾产生。探索公共法律服务中基层矛盾化解与法律援助、司法救济之间的关联性，完善法律援助与司法救济制度，形成均等普惠的公共法律服务体系，保障特殊群体的合法权益。最后，推进基层法律服务体系规范化、标准化建设，健全公共法律服务工作管理体制机制，加强公共法律服务与技术手段融合创新，充分发挥线上线下双平台作用，加快建成便捷高效的公共法律服务体系，满足基层民众多元化的法律服务需求。

2. 入乡随俗，发掘基层内生力量

当前法治下乡活动与基层传统文化尚存在冲突，直接向基层输入的公共法律服务难以取得基层民众的认可。在此背景下，法治下乡要入乡随俗，基层公共法律服务体系建设应当借助基层内生力量搭建公共法律服务体系与基层社会的有效连接点，为公共法律服务体系进入基层创造条件。例如，“新讼师”既熟悉乡村的村规民约和风土习俗，也清楚法律的规定和诉讼的程序，扮演着连接法治规范和乡土社会的中介角色。[1] 比起专业的法律服务组织，“新讼师”由于更熟悉基层传统风俗习惯而更容易获得基层民众的信任。但是，想要实现基层的规范化、法治化治理，就必须引导“新讼师”向“法律明白人”等专业法律服务组织转换，借助既熟悉传统民俗与村

[1] 朱岩．“新讼师”的出现及其角色退出［J］．人民论坛，2020（23）：110－112.

规民约，又熟悉法律法规与诉讼程序的“法律明白人”作为法律下乡的内生力量，连接法律与基层社会，向基层民众普及推广法律知识，拓宽法律服务进基层的渠道，提升基层村居民的参与度与接受度。

3. 良性互动，构建基层公共法律服务共同体

在建设基层公共法律服务体系过程中，政府、法律服务队伍、广大人民群众之间的互动参与是提高公共法律服务质量的前提基础。“政府作为法律服务制度方案的制定者和实践的主导者，居民作为受益者和反馈者，法律服务组织作为服务或产品的供给者和政民沟通的黏合剂。”[1] 各主体之间进行良性互动，合力构建基层公共法律服务共同体，完善基层公共法律服务体系建设。

第一，加强主体互动建设，明确责任主体。明确基层各主体的权利义务关系与主体责任。政府、社区以及法律服务组织以签订三方协议的形式，明晰各主体之间的权利义务关系，确定共同的目标，加强互动建设，形成治理合力。确定管理主体责任，在政府的领导下，司法行政机关要担负起公共法律服务体系的管理主体责任。各级司法行政机关要建立专门的管理部门，并安排骨干力量担任管理人员；明确服务主体责任，律师、基层法律服务、公证、仲裁、法律援助、司法鉴定等法律服务机构及其执业人员作为公共法律服务的直接实践者和落实者，由以上法律服务人员担任公共法律服务体系法律顾问，积极参与矛盾纠纷化解、参与信访接待、参与社区法律服务站点值班等法律公共服务体系相关工作。规范相关人员编制

[1] 颜玉凡．城市社区公共文化服务的多元主体互动机制：制度理想与现实图景：基于对 N 市 JY 区的考察［J］．南京社会科学，2017（10）：134－142.

及工作的职能，切实保障公共法律职能的履行。加强各主体互动，提高服务效率。具体可以分为线下与线上互动。线下是在基层公共法律服务中心建立互动平台机制，提供方案制订、项目展开、服务创新等内容；线上则借助互联网平台机制，利用微博、微信小程序、App等渠道建设公共法律服务互动中心，落实基层公共法律服务组织、政府的法律服务及时通报情况以及民众意见诉求的及时表达。

第二，建立一支专业公共法律服务队伍。首先，政府通过购买服务搭建基层公共法律服务体系，建设由律师、高校法学院教授、法律服务工作者等专业法律从业人才共同组成的公共法律服务团队，为基层民众提供公正、普惠、高效的法律服务。同时建立激励法律服务人才流动机制，逐步解决基层法律服务资源不足和高端人才匮乏的问题。[1] 其次，加强基层公共法律服务人员保障。加强基层公共法律服务人员编制待遇保障，具体包括人员编制、薪资水平、发展和晋升机制，增强公共法律服务队伍体系建设规范化与稳定化。最后，加强对公共法律服务的财政保障，将基层公共法律服务体系建设纳入地方财政计划，给予法律服务建设财政支撑；加强基层公共法律服务体系各项体制机制保障，促进组织机制、制度机制等各项机制建设以及体系内各项机制协同发展，“根据实践情况予以调整及完善，确保各项机制与实践发展相适应，从而保障与促进实践发展。”[2]

第三，提升法律服务水平。淄博市中级人民法院党组成员、副

---

[1] 唐皇凤．中国法治政府建设的历程、困境与路径选择［J］．中共福建省委党校学报，2015（2）：18－21．

[2] 杨凯，张怡净．论公共法律服务体系建构的法学理论构架基础［J］．南海法学，2020（4）：13．

院长王淑玲说："全面推进一站式多元解决和诉讼服务体系建设，实现一站通办、一网通办、一次办好，打通参与社会治理的'最后一公里'。"❶ 在治理手段上综合运用行政手段、法律手段、思想道德教育手段等，将群众利益诉求纳入法治化轨道；加强人民调解、行政调解、司法调解的联动衔接配合，推进调解协议司法确认制度，完善诉调对接机制。完善村居便民法律服务机制，及时为村居民提供法律建议与帮助，了解社情民意，解决民生诉求。对于基层出现的大量矛盾纠纷，寻找其存在的共性，梳理其存在的法律风险，提前掌握并应对可能出现的群体矛盾纠纷；加强基层法律援助建设，合理配置法律援助资源，为经济困难的弱势群体提供法律服务，维护基层社会的和谐与稳定；健全多元纠纷解决机制。党的十九届五中全会提出："坚持和发展新时代'枫桥经验'，畅通和规范群众诉求表达、利益协调权益保障通道，完善信访制度，完善各类调解联动工作体系，构建源头防控、排查梳理、纠纷化解、应急处理的社会矛盾综合治理机制。"❷ 鼓励基层法律服务所为乡镇、社区提供法律援助等公益性法律服务，创新法律服务方式，运用新媒体技术，挖掘网络社区功能，提供更为便捷、优质的法律服务，选派基层法律服务者为基层提供法律服务，担任法律顾问，开展基层法律服务工作者协助司法所开展法制宣传教育、法律协助等基层司法行政工作。以下三种模式是良性互动模式的代表。

---

❶ 十九届五中全会精神解读　国家治理效能得到新提升［EB/OL］.（2020－11－06）［2021－06－28］. https：//wap. peopleapp. com/article/rmh16765121/0.

❷ 中共中央关于制定国民经济和社会发展第十四个五年规划和二〇三五年远景目标的建议［N］. 人民日报，2020－11－04（1）：11.

①温岭市的“民主恳谈会”

“民主恳谈”是指在民主决策过程中，借助于相关平台机制，基层民众、社会组织等多方主体以对话、协商、沟通的形式表达意见，达成共识，做出决策的民主形式。“民主恳谈会”起始于1999年温岭市松门镇的群众与干部平等对话形式；2000年在全市推广；2001年“民主恳谈会”转变为基层民主制度，适用范围逐渐扩大；直到2008年制度创设完成。温岭“民主恳谈”涉及范围广泛，种类多样，具体有：对话型民主恳谈、决策型民主恳谈、党内民主恳谈、参与式预算以及工资集体协商等。其核心是广泛吸收民众参与到公共事务的决策中，提高决策质量。“民主恳谈”极大地带动了基层民主政治的发展，多样化了民主协商的实践形式，创新了民主协商机制，完善了公众参与机制，提高了行政效率，促进了社会的和谐稳定。

②浙江省象山县的“村民说事”

浙江省象山县“村民说事”起源于2009年西周镇村集体的工程补偿款纠纷，由于基层的村务公开不透明，村民对工程补偿款的去向以及用处存有疑问，干群关系较为紧张。2009年4月份，村民委员会专门召开说明会，将补偿款的去向细致地向村民沟通，事后得到了良好的效果。此后，村民委员会把每月的10日、25日作为“说事日”，将涉及公共利益的事项与民众面对面沟通，保证人民群众有秩序地参与。完善民众参与机制，象山县的“村民说事”制度逐渐形成。这种化解基层矛盾纠纷的方式取得了良好的社会效果。此后，“村民说事”制度逐渐向全县推广展开，形成了“村务会商”“村事民办”“村事民评”等环节，极大地丰富了“说”的形式。2014年，形成了以“说、商、办、评”为基本程序的“村民说事”制度，“村民说事”制度不断完善。

③桐乡市的“三治”建设

2013 年，浙江省桐乡市探索自治、法治、德治三治融合建设，自治是核心、德治是基础、法治是保障。提高村民的参与意识，完善民众参与渠道，促进村民自治；利用乡贤治村，发挥优秀传统文化的道德教化作用，加强德治；加强法治宣传与培训，提高村民法治意识和依法办事水平。促进法治。自治、法治、德治三治融合贯通，实现乡村善治。桐乡市的“三治”建设实施以来，村民从被管理者转变为治理者，激发了村民参与本村事务的积极性，有效地化解了基层矛盾，减轻了政府的维稳压力。

第六章 结 语

中国共产党第十八次全国代表大会提出了“乡村振兴”中的农村社会治理问题，提出了农村治理的“德治、法治和自治”相统一的治理体系，在党的十九届四中全会审议通过了《中共中央关于坚持和完善中国特色社会主义制度、推进国家治理体系和治理能力现代化若干重大问题的决定》，这一决定把国家治理体系和治理能力提升到新高度。国家治理以国家政策文件的方式确认，国家治理的各个层面在新时代有了新的指引灯塔。社会治理不同于政府治理，也区别于社会管理，是社会管理的升级版。社会治理是社会中的各主体对社会事务发挥作用，形成合力的过程。党的十八届三中全会中提到“社会治理”，这是首次在党的重要文件中被写入，意味着社会治理提升到了党和国家的政策层面。党的十九大报告中提出“打造共建共治共享的社会治理格局”。这些文件中的表述，显示了党和国家的对社会的治理理念发生了转变。这一转变，确认了社会治理的主体多元、面向多元、方式多样、互动多维的治理特征。

新时代法治社会建设对于法治中国能否全面建成具有重要意义，甚至有长期研究法治社会建设的专家指出，法治社会建设应当作为法治中国建设主体内容之一的法治国家建设的条件。[1]但是，基层社会治理法治化，特别是在法治轨道上推进治理体系治理能力现代化的新要求下，相比于法治国家或法治政府建设，尚属于“新”事物，故当前对于基层社会治理法治化及其建设的研究还相对较少，甚至对于一些基本的概念、内涵等问题亦未形成统一的观点。因此，有必要在对法治社会概念逐渐形成的历史进行系统梳理的基础上，进一步明确基层社会治理法治化的基本内涵，并在习近平法治思想指导下，探索基层社会治理法治化的新视野和基本路径，实现法治社会在与法治国家、法治政府同步建设中夯实法治中国建设的基础。也正是基于这一时代背景，作者选取这一课题进行研究，并得出了一些粗浅的结论，期待理论界和实务界予以批评指正。

一、法治是基层社会治理的重要依托

法治是基层社会治理现代化的基石。根据党的十九大和党的十九届四中全会精神，基层社会治理现代化首先需要实现治理的法治依据。法治首先是制定“良法”，法律的制定必须是以人民为中心，符合人民利益和科学立法程序的法律制度。法律制度是基层社会治理法治化、现代化的基础。在基层社会治理中，需要基层党组织、政府、基层群众等各个主体参与，要想实现法治化就需要各方合力。在协作的过程中，其中的法治思维和法治方式是基层社会治理主体需要的素质。中国共产党在基层治理中依法执政、政府依法行政、

[1] 姜明安．法治中国建设中的法治社会建设［J］．北京大学学报（哲学社会科学版），2015，52（6）：108－116.

基层群众性自治组织、基层群众等各个主体依法参与。只有基层社会治理的各个主体拥有法治理念和法治的行为，才能实现基层治理的现代化与法治化。因此，必须“坚持在法治轨道上推进国家治理体系和治理能力现代化，是实现良法善治的必由之路”[1]。基层社会治理的法治化需要多主体的参与。其中基层党组织是总揽基层全局的领导作用、基层政府负责具体的推行基层社会法治化推进、基层群众及自治组织积极参与基层社会治理法治化。基层社会治理法治化主要体现在治理主体的法治思维素养和法治行为表现。

二、基层治理法治化现状的调查

新时代基层社会治理主要是由国家和政府推动，在信息高速流动的今天，这种治理方式具有其优点，但是在实现有效性过程中还存在着一些制约条件。基于此，项目组成员带领五名法学研究生设计了两套调查问卷，调查问卷主要分为两个模块：基层群众对法律基本常识的认知、对基层群众自治制度的了解以及纠纷解决方式的选择，28 个具体问题。并带领组织 80 多名学生，在部分农村和城市基层对居民做了法治意识的调查研究。课题组成员利用参加山东省“进企业、进项目、进乡村、进社区”攻坚行动机会，在十几个农村进行了专题座谈调研，发放调查问卷。两次问卷调查的地域涉及山东省 100 多个行政村和 1 827 位村民以及 10 余个县级区域的城市居民。受访者的年龄结构绝大多数在 41 ~ 50 岁，占比 46.3%；51 ~ 70

---

[1] 李林. 习近平法治思想的核心要义［EB/OL］（2020 - 11 - 23）［2021 - 06 - 27］. http：//www.china.com.cn/opinion2020/2020 - 11/23/content_76940601.shtml.

岁合计占比23.2%；41岁以下合计占比28.6%；70周岁以上占比1.9%。文化程度方面，绝大部分是高中学历，占比67.4%；大学及以上学历占比23.5%；初中及以下学历占比9.1%。在从事工作方面，绝大多数受访者选择务农和务工，占比为48.3%；选择纯务农占比20.2%，选择纯务工占比13.1%，选择经商占比6.1%，选择开工厂占比7.2%，选择公务员/事业单位占比2.3%，选择村干部和离退休共1.9%，选择其他工作占比0.9%。

从调查问卷（一）的结果得知，只有6.57%的受访者认为法律与自己无关，大部分受访者认为有一点关系，但是认为法律与自己关系密切的只占5.97%，可以看出基层群众对于法律的认识不够，运用不多；在涉及法律作用方面，56.27%的受访者认为法律是“当官的用来管老百姓的”，只有4.32%的受访者认为法律是限制官员的权力的；根据调查，对于自己的权利义务有69.40%的受访者不太了解，只知道不能违法，23.54%的受访者不了解，只是凭着本心去做，这可以看出大部分群众对自己的权利义务不了解，在做事情时的底线是常识和良心；在受访者对法律常识的认知程度方面，只有8.65%的受访者对法律常识非常了解，77.01%的受访者了解一点和不了解，这可以看出基层群众的法律常识非常匮乏；根据调查受访者获取法律常识的途径还主要是从电视类普法节目中获得，从互联网获取的法律知识比例较低，值得关注的是现在设立的农村法律顾问对于村民法律知识的作用较小；从调查结果来看，受访者最想了解的法律常识是与自身利益密切相关的法律，比如，农村的土地、山林、水利等；在“法律管用还是权力管用”的选项中，53.2%的人认为权力管用，在乡土社会中人情关系和权力对人们的影响比法律更加具有显性的特征。

从调查问卷（二）结果分析，当大部分受访者跟熟人产生矛盾时，通过邻里权威调解和基层干部调解的占比达到87.58%，而通过寻找司法所、派出所和法院来解决的只占10.56%，这可以看出多数受访者还是依赖传统的力量和方式来解决纠纷，法律手段和行政力量在受访者矛盾纠纷中非常式微。在解决矛盾纠纷的方式上，受访者是现实主义者，45.32%的人选择实现自己利益的最大化，而人情面子等在乡土社会是非常重要的存在，在利益面前败下阵来。对于党的十八大以来对基层尤其是农村一直进行的法律援助，73.56%的人从来没有听说过，非常了解和比较了解的占比3.83%，这可以看出，对于法律援助，一些需要的受访者可能了解，但是大部分没有法律诉求的人，很少去了解，甚至根本不了解，也反映出了法律援助制度在基层宣传的效果不佳。当受访者的利益被行政部门所损害时，65.24%的受访者会找行政部门进行交涉，20.74%的受访者会选择上访，打官司的比例只占12.10%，这能够看出受访者看重自己的利益，但在维护自己利益时缺乏法治意识。对于打官司，42.26%的人还是认为脸上无光，损害自己的面子，这也是基层群众在遇到矛盾纠纷时选择调解，而不进行诉讼的重要原因。综合来看，基层群众的法律意识有一定程度的提高，但是受制于乡土社会特殊的人情面子文化以及现实的利益牵绊，农村居民的法治意识还比较淡薄，加之他们对法律法规的了解和运用较少，从而造成法治意识在基层社会的贫瘠。

三、基层社会治理法治化困境

（一）基层群众对于社会治理常识缺乏基本了解，依法治理意识淡漠

关于社会治理的基本理论和认识程度，是通过本人与法律之间的关系、本人与社会治理体系的关系以及自身的权利义务认知、法律在自己生活工作中的作用以及如何了解这些法律知识等问题进行调查的。基层群众普遍认为自己与社会治理关系不大，对有关社会治理的法律了解不多。尤其在农村，村民对农村社会治理的基本制度（村民自治制度）缺乏了解。村民自治是农村居民享有的最重要的政治权利之一，是国家治理方式在基层的体现，体现了国家的民主运行。根据调查，多数村民对于村民自治认识不清，对于在村民自治中发挥什么样的作用不知道；同时多数村民对于村干部的选举程序不清楚，只是认为村干部的选举选自己宗族或者亲戚，承认村干部选举过程中存在着拉票现象，认为选举只是一种表面的形式而已。在具体的村庄治理方面，多数村民认为村支书说了算，村民委员会发挥的作用比较小。对于村内事务的决策、监督权利行使上，多数村民知道有村民议事会，但是具体是否参与决策等知道很少。根据调查，超过80%的被调查村民表示自己没有参与过村内的重大决策，村内大事也没有参与监督过。对于村务公开倒是有，但是很少关注公开的内容。在遇到纠纷时，选择什么样的解决方式，反映了村民的法律意识。就此，我们设计了调查问卷并进行了调研分析。综合来看，基层群众的法律意识有一定程度的提高，但是受制于基

层社会特殊的人情面子文化以及现实的利益牵绊，加之基层群众对法律法规的了解和运用较少，从而造成法治意识在基层社会的贫瘠。

（二）基层政权与基层自治两者之间治理关系有些扭曲

《中华人民共和国宪法》第一百一十一条规定："城市和农村按居民居住区设立的居民委员会或者村民委员会是基层群众性自治组织。居民委员会、村民委员会的主任、副主任和委员由居民选举。居民委员会、村民委员会同基层政权的相互关系由法律规定。"《中华人民共和国村民委员会组织法》第四条规定："乡、民族乡、镇的人民政府对村民委员会的工作给予指导、支持和帮助，但是不得干预依法属于村民自治范围内的事项。"《中华人民共和国居民委员会组织法》第二条第二款规定："不设区的市、市辖区的人民政府或者它的派出机关对居民委员会的工作给予指导、支持和帮助。居民委员会协助不设区的市、市辖区的人民政府或者它的派出机关开展工作。"但是，在现实的治理中，基层社会治理被有些基层政府及其派出机关通过各种途径进行干涉，甚至控制，进而出现了两者关系的异化。这些基层政府将接到的上级政府的命令，直接分解下派到各村、居民委员会，与此同时，这些基层政府又负责村、居民委员会的政绩考核，使得村、居民委员会不得不完全听从，进而使村、居民委员会进一步演变成为政府的代理机构，一方面承担着各种各样政府下派的行政管理事务，行政化色彩浓厚；另一方面又要面对上级的各种检查，对于社区内村、居民的事务管理无暇顾及，村、居民委员会的自治职能被压缩。伴随村、居民委员会的行政化，基层自治组织的自治功能降低。[1] 同时，基层政府长期以来深受官本位管制的影响，习惯于对基层事务大权独揽，影响了其他基层治理主体的权力行使。最突出的表现是有些基层政府习惯于实行行政管控，将乡镇政府与村、居民委员会的指导与被指导的关系异化为命令与服从关系，过于强调管理控制。

（三）基层公共法律服务滞后

基层社会治理法治化的过程，其中很重要的一个方面就是提供良好而有效的基层公共法律服务。党的十八届四中全会对此进行了制度设计，例如，设立农村法律顾问制度，但是公共法律服务软件硬件都存在着问题，落后于国家整体的治理法治化的水平。

1. 基层群众对法律公共服务资源的需求与供给之间存在紧张

基层社会法律公共服务资源供需之间的紧张不仅仅体现在法律服务供给主体数量上的不足，还体现在基层法律服务供给体系纳入公共法律服务体系是一个漫长的过程。例如，在农村，改革开放之后，民营经济如雨后春笋般出现，在企业发展、土地承包等方面面临着法律上的一系列问题，农村各主体对法律的需求也与日俱增；而另一方面，这一阶段中国法律体系在快速地建立与完善，各级政府的法治观念也逐步提高，也需要法律服务。为了服务农村和乡镇基层法律需求，设立了司法助理员、乡镇法律服务所。而司法履行的职能和提供的公共法律服务无法满足日益增长的乡村社会法律服务的需求，甚至出现有些地方法律服务供给的缺位现象。面对基层

[1] 姬艳涛，杨昌军．社会组织在基层治理法治化中的功能及其实现：基于“枫桥经验”的调查和思考［J］．中国人民公安大学学报（社会科学版），2018，34（4）：119.

法律服务的供需矛盾，各地探索解决。其中比较有效的方式是采取政府购买的方式来建立公益性法律服务中心解决供需矛盾。这一模式的建立可以说有效地缓解了农村和城市基层社会公共法律服务供需紧张的问题。总体来说，公益性质的法律服务组织的人员素养、组织架构和社会影响力还是不能有效地满足基层社会法律主体的要求。这说明单靠市场或者政府很难解决供需之间的紧张，需要加强基层的公共法律服务，还需要政府与市场互动互补，达到供需平衡。

2. 法律服务的落地与基层社会传统之间的紧张关系

市场经济的影响从经济逐步延伸到观念。基层社会和人们的思想观念都在发生着巨变，特别是利益观念的影响越来越深。因为利益涉及的法律问题越来越多，基层的法律需求也水涨船高。但是乡土社会的法律服务不仅面临着资源有限的困境，还面临着传统乡土社会因素的阻滞。第一，厌讼、息讼传统观念与基层法律服务之间的紧张。传统的"厌讼""息讼"观念认为打官司是一种双输的行为，也是丢面子的行为，这就使得基层群众在遇到矛盾纠纷时，采取的是邻里具有权威的人或宗族的人进行说和与调解，在调解无效后才寻找司法、行政部门寻求法律帮助。根据统计，通过专业法律服务的比例远远低于人民调解方式。第二，根据调查问卷，在纠纷解决中以利益为中心。在具体的矛盾纠纷中，基层群众会进行利益的计算与考量，很少考虑权利。因此，在基层的熟人社会中，邻里的议论、人情面子和宗族关系等传统因素都是影响纠纷解决的因素。第三，往往出于自愿或在周围关系密切的人群的影响下放弃通过法律方式解决，法律服务自然也受冷落。

四、基层社会治理的法治化指标体系

<table>
<tr><th>一级指标</th><th>二级指标</th><th>主要观测点</th></tr>
<tr><td rowspan="6">1. 基层党组织的法治化建设程度</td><td rowspan="2">1.1 基层党组织对基层党建工作的法治化建设情况</td><td>1.1.1 基层党组织自身的法治队伍建设情况</td></tr>
<tr><td>1.1.2 基层党组织的基层法治实践情况</td></tr>
<tr><td rowspan="2">1.2 基层党组织干部在基层治理中的法律运用能力</td><td>1.2.1 基层党组织干部的依法执政水平</td></tr>
<tr><td>1.2.2 基层党组织干部对干群关系纠纷的依法解决能力</td></tr>
<tr><td rowspan="2">1.3 党内法规对基层党组织成员的约束程度</td><td>1.3.1 党内法规对基层社会治理的影响程度</td></tr>
<tr><td>1.3.2 党内法规对党组织干部行为的规制程度</td></tr>
<tr><td rowspan="6">2. 基层政府的法治化建设程度</td><td rowspan="3">2.1 基层法治型政府的建设情况</td><td>2.1.1 各项法律制度、政策措施在基层社会的落实情况</td></tr>
<tr><td>2.1.2 基层政府在基层治理中的依法行政情况</td></tr>
<tr><td>2.1.3 基层政府机构依法设立、活动依法运行情况</td></tr>
<tr><td rowspan="3">2.2 基层民主型政府的建设情况</td><td>2.2.1 基层组织的民主选举情况</td></tr>
<tr><td>2.2.2 基层组织各项事务的公开情况</td></tr>
<tr><td>2.2.3 政府对基层事务的干预程度</td></tr>
</table>

续表

一级指标	二级指标	主要观测点
3. 城乡基层社会的法治化治理程度	3.1 城乡基层社会治理主体的法治教育程度	3.1.1 城乡基层执法人员的法治教育程度
		3.1.2 村、居民委员会干部的法治教育程度
	3.2 国家法治政策在城乡基层治理中的宣传教育开展情况	3.2.1 城乡基层法治教育宣传主体的普法活动开展情况
		3.2.2 城乡基层法治宣传教育内容的覆盖范围
	3.3 基层自治组织的依法自治情况	3.3.1 村、居民委员会承担的义务性政府事务
		3.3.2 村、居民委员会的自治职责性事务
	3.4 城乡基层公共法律服务体系的建设程度	3.4.1 城乡基层公共法律服务机构的建设程度
		3.4.2 城乡基层公共法律服务队伍的建设程度

五、基层社会治理法治化战略路径

（一）强化宪法在基层的宣传与实施

正如上文所述，规范至上系法治社会的首要基本内涵，而宪法作为“法律的法律”，关系到法治社会建设的规范依据中的根本性制度。特别是习近平总书记将法治社会与法治国家和法治政府作为平行地位提出，彰显了法治社会建设与宪法实施的重要逻辑关系。

1982年宪法将公民权利提到代表国家公权力的国家机构之前，贯彻了私权利优于公权力及包括执政党在内的一切社会主体尊重宪法和法律的理念，符合法治社会建设的内涵与目标。因此，必须要注重宪法在乡土社会的实施，夯实法治社会建设的宪法基础。"通过宪法法律确认和巩固国家根本制度、基本制度、重要制度。并运用国家强制力保证实施，保障国家治理体系的系统性、规范性、协调性、稳定性。实现国家治理现代化，必须推进国家治理的制度化、程序化、法治化，在宪法范围内和法治轨道上推进国家治理体系和治理能力现代化，充分实现国家和社会治理的有法可依、有法必依、执法必严、违法必究。"[1]

（二）完善法治社会建设，尤其是基层社会治理的基础性法律规范，架构科学的规范体系

基层社会治理要依靠人民，同时也要坚持"以人民为中心"的理念，将维护与保障公民权利贯彻于法治社会建设的始终。其一，应当以习近平法治思想为根本遵循，以《法治社会建设实施纲要（2020—2025年）》为契机，以公民基本权利维系和国家公权力规范及制约为重点，紧紧围绕包括以人民为中心等在内的基本内涵，全面加强对法治社会建设相关的社会治理等方面基础性法律规范的立法，减少直至消除权力对社会事务的不当干涉。其二，应当以基层社会治理法治化为抓手，强化对社会公共安全防控制度的建立完善，特别是要结合各地社会综合治理形势和经验，由各级人大和政府出

[1] 李林．习近平法治思想的核心要义［EB/OL］．(2020－11－23)［2021－06－27］．http：//www.china.com.cn/opinion2020/2020－11/23/content_76940601.shtml

台适合本地实际的社会公共安全防控配套基础性规范制度。一方面要避免政府部门之间因存在权责规定不清而导致出现“推诿扯皮”情形，无法有效开展关系到公民生命和财产安全等基本权利的社会公共安全防控工作。另一方面还要注重对涉嫌侵犯公民权利、有悖正当程序原则的社会公共安全防控领域的“恶法”进行清理，进而构架科学的规范体系。其三，完善包括社会保障等在内的基层民生方面的立法，确保关系到人民群众住房、养老、医疗等基本生活保障的制度能够平等地落实到每一位公民，并不受个别领导人意志的变化而有所差别，减少人治因素对基层民生事项的不当干涉。

（三）充分发挥党委、政府、社会组织和公民等的主体作用

1. 党委领导是根本

“党政军民学，东西南北中，党是领导一切的。”习近平总书记在党的十九大报告中再次强调党在中国特色社会主义中的领导核心地位，成为指导包括法治社会建设在内的中国特色社会主义事业的基本原则。要求各级党委要切实担负起推进辖区法治社会建设的第一责任人使命，带头遵守宪法法律，坚决摒弃人情、权力等对法治的践踏和破坏，不折不扣地以习近平新时代中国特色社会主义思想为指导，将以习近平同志为核心的党中央关于法治社会建设的系列重要部署贯彻于经济社会法治实践中，并积极引导政府、社会组织及公民等其他社会主体切实发挥法治社会建设的主体作用，形成合力，确保法治社会建设沿着符合中国特色社会主义发展方向的道路前进。

2. 政府主导是关键

在法治社会建设过程中，离不开政府这一重要参与主体的主导作用，特别是需要政府在党委的领导下，尽快建立健全关系到法治社会各以民为本等基本内涵维系与落实的社会保障制度、社会公共安全防控体系，并积极出台配套制度以引导、支持旨在实现民主自治的基层群众性自治组织能够在现实中享受“特别法人”的各项权利，从人财物等方面支持各类社会矛盾调解机构依法履行职责，尽快与依附于政府各部门的行业协会等社会组织和行业组织进行剥离，借助“有限政府”建设，减少政府对社会事务的过度干预，支持社会力量借助各类社会组织独立行使社会权力。

3. 社会协同是依托

追求以人为本、民主自治等价值的法治社会，在强调社会权力由公民等社会主体依法独立行使的同时，注重由公民等组成的行业协会、基层群众性组织等社会组织来代表公民独立行使社会权力和调整社会关系。一方面可以凝聚公民力量，防止单个公民难以对抗强大的公权力，另一方面还能够在降低社会权力行使成本的同时，提升社会权力运行的规范化和专业化水平，防止社会权力被滥用，无法达到法治社会建设旨在限制和规范国家公权力以保障公民私权利之目的。

4. 公众参与是基础

公众作为社会力量的重要组成，不应该是法治社会建设的被动受体，而应是法治社会建设的重要参与主体，应当在推动基层社会治理进程中起到应有的作用。一方面公民要严格遵守法律法规，依法理性地通过人民调解、诉讼等渠道解决矛盾纠纷，维护自己的权利，另一方面公民还要积极参与各类群众性自治组织或行业协会等社会组织，借助民主磋商机制和渠道，充分行使民主参与社会事务的决定权。

（四）不断提升基层司法公信力，增强社会主体的法治信心

注重司法的法律效果，确保各社会主体相信法律。强调司法机关在执法办案中要严格依据法律法规，特别是法院的裁判要严格适用现行法律法规，进而确保法律的权威性、确定性和统一性，能够定分止争，维护社会公平正义，并为人们的行为提供指引作用，同时不得僵硬地照搬硬套法律，以避免法律因其滞后性等局限而违背公平正义等价值追求。因此，必须要强化基层法院、检察院等司法机关严格司法办案，守住司法作为法治社会公平正义的最后一道防线。同时，追求司法的社会效果，确保让各社会主体相信司法。包括司法活动在内的法治建设是客观存在的实践活动，因此，在强化基层司法部门严格适用法律以做实司法的法律效果的同时，法治社会建设还强调注重和追求司法的社会效果，力求实现司法的法律效果与社会效果相统一。要切实贯彻“谁办案，谁普法”，加强法律文书的释法说理工作，避免当事人及群众因不理解相关法律法规而产生误解。要借助人民检察院案件信息公开网、中国裁判文书网等载体，充分利用“互联网 +”带来的便利条件，强化司法程序及相关法律文件的公开，特别是要逐步实现法院生效判决书和裁定书的全面公开，确保公民等社会主体对司法活动的知情权与监督权，防范因司法不透明而降低其应有的社会效果。

（五）弘扬社会主义法治文化，塑造基层法治建设的文化底蕴

坚持德治与法治并举，促进公民等社会主体内心拥护与真诚信仰法治。要结合各地创建文明城市等过程中的社会主义核心价值观培育工作，充分利用各类媒体，强化面向社会公众开展的法治、民主、公平等价值元素的宣传，在社会层面广泛形成崇德尚法的浓厚氛围，促进各社会主体初步提升法治意识和养成法治思维方式。还要引导、支持村、居民委员会及工会等基层群众性组织实现对涉及自身利益的社会事务的自我民主管理，促进村民、社区居民及职工等社会主体充分行使公民权利，并通过人民调解委员会、工会调解委员会等社会组织高效、低成本地解决社会成员间的矛盾纠纷，进而逐渐养成严格依法办事的习惯，最终从内心深处拥护法治和真诚地信仰法治。要注重规则至上这一重要理念与思维方式，确保法治社会建设进程中“事事依照规则”和“时时依照规则”，严格按照经过正当程序制定的法律法规及规范性文件办事，强调党委、政府等公权力主体带头遵守法律法规，进而带动公民、社会组织等各社会主体恪守规则并积极参与法治社会建设。各社会主体能够依照规则自主行使社会权力来化解社会矛盾纠纷及实现社会生活有序进行，需要注重行政权及司法权对社会权的兜底性制约与监督作用，防止公民等社会主体滥用社会自治权力而对法治及公民权利的破坏，避免法治社会建设陷入“新的人治”之局限。

参考文献

一、中文著作类

[1] 应松年，袁曙宏. 走向法治政府：依法行政与实证调查［M］. 北京：法律出版社，2001：1.

[2] 苏力. 道路通向城市：转型中国的法治［M］. 北京：法律出版社，2004：32.

[3] 费孝通. 乡土中国［M］. 上海：上海人民出版社，2013：56.

[4] 本书编写组. 党的十八届四中全会《决定》学习辅导百问［M］. 北京：党建读物出版社，学习出版社. 2014：10.

[5] 狄小华，杨建萍. 公职人员职业风险：自我认识、评估和调适［M］. 北京：光明日报出版社，2014：168.

[6] 中共中央文献研究室. 十八大以来重要文献选编：上［M］. 北京：中央文献出版社，2014：722.

[7] 章剑生. 现代行政法基本原理［M］. 北京：法律出版社，2014：125.

[8] 中共中央文献研究室. 习近平关于全面依法治国论述摘编［M］. 北京：中央文献出版社，2015：89.

[9] 陈天祥，等. 基层治理中的国家与社会：角色、动力与行为［M］. 广州：中山大学出版社，2015：138.

［10］俞可平. 走向善治［M］. 北京：中国文史出版社，2016：85－104.

［11］张树军. 十八大以来全面深化改革纪事［M］. 石家庄：河北人民出版社，2017：61.

［12］党的十九大报告学习辅导百问［M］. 北京：党建读物出版社、学习出版社，2017：209.

［13］中共中央文献研究室. 习近平关于社会主义社会建设论述摘编［M］. 北京. 中央文献出版社，2017：131.

［14］本书编写组. 党的十九大报告辅导读本［M］. 北京：人民出版社 2017：10.

［15］习近平. 决胜全面建成小康社会　夺取新时代中国特色社会主义伟大胜利：在中国共产党第十九次全国代表大会上的报告［M］. 北京：人民出版社，2017：11－49.

［16］习近平. 论坚持党对一切工作的领导［M］. 北京：中央文献出版社，2019：149.

［17］刘恒，徐武. 基层治理法治化与法律风险管理［M］. 北京：中国法制出版社，2019：31.

［18］李皋. 基层治理七十年［M］. 北京：中国民主法制出版社，2019：3.

二、外文译著、译文类

［1］全球治理委员会. 我们的全球伙伴关系［R］. 牛津大学出版社，1995：23.

［2］詹姆斯·N. 罗西瑙. 没有政府的治理：世界政治中的秩序与变革［M］. 张胜军，刘小林，等译. 南昌：江西人民出版社，2001：5.

［3］哈贝马斯. 在事实与规范之间［M］. 童世骏，译. 上海：上海三联书店，2003：1－15.

［4］托马斯·阿奎那. 阿奎那政治著作选［M］. 马清槐，译. 北京：商务印书

馆，2009：56.

[5] 查德威克. 互联网政治学：国家、公民与新传播技术 [M]. 任孟山，译. 北京：华夏出版社，2010：37.

[6] 娜嘉·亚历山大，王福华. 全球调解趋势 [M]. 北京：中国法制出版社，2011：1－17.

[7] 伯尔曼. 法律与宗教 [M]. 梁治平，译. 北京：商务印书馆，2012：31.

[8] 孟德斯鸠. 论法的精神：上 [M]. 许朋龙，译. 北京：商务印书馆，2013：358.

[9] 奥托·迈耶. 德国行政法 [M]. 刘飞，译. 北京：商务印书馆，2013：94.

[10] 大卫·戴岑豪斯. 合法性与正当性：魏玛时代的施米特、凯尔森与海勒 [M]. 刘毅，译. 北京：商务印书馆，2013：174.

[11] 史蒂夫·萨马蒂诺. 碎片化时代：重新定义互联网＋商业新常态 [M]. 念昕，译. 北京：中国人民大学出版社，2015：296.

[12] 莱斯特·M. 萨拉蒙. 政府工具：新治理指南 [M]. 肖娜，等译. 北京：北京大学出版社，2016：34.

[13] 克里斯多夫·库克里克. 微粒社会：数字化时代的社会模式 [M]. 黄昆，等译. 北京：中信出版集团，2018：I－VII.

三、外文文献类

[1] Ajala O. Human security in the Niger Delta: exploring the interplay of resource governance, community structure and conflicts [J]. Journal of Sustainable Development Law and Policy, 2016, 7 (2): 81.

[2] Kumar V. Democracy "only for the haves" in local self governance [J]. Journal of National Law University Delhi, 2018, 5 (1): 99－108.

四、期刊论文类

[1] 徐勇. 由能人到法治：中国农村基层治理模式转换：以若干个案为例兼析能人政治现象 [J]. 华中师范大学学报（人文社会科学版），1996（4）：1-8.

[2] 张中秋. 法治及其与德治关系论 [J]. 南京大学学报（哲学·人文科学·社会科学），2002（3）：237-244.

[3] R. A. W. 罗茨，杨雪冬. 新治理：没有政府的管理 [J]. 经济管理文摘，2005（14）：41-46.

[4] 曹康泰. 中国法治政府建设的理论与实践 [J]. 国家行政学院学报，2006（4）：15-17.

[5] 李林. 当代中国语境下的民主与法治 [J]. 法学研究，2007（5）：3-21.

[6] 周鹤，黄晶梅. 论法治政府的内涵 [J]. 长春理工大学学报（社会科学版），2008（2）：46-48.

[7] 李国兴. 超越"生存照顾"的给付行政：论给付行政的发展及对传统行政法理论的挑战 [J]. 中外法学，2009，21（6）：829.

[8] 任中平. 村级民主发展的路径、障碍及对策思考：以四川省为例 [J]. 探索，2010（1）：55.

[9] 房正宏. 村民自治的困境与现实路径 [J]. 华中师范大学学报（人文社会科学版），2011，50（5）：23-28.

[10] 田毅鹏，薛文龙. 城市管理"网格化"模式与社区自治关系刍议 [J]. 学海，2012（3）：24-30.

[11] 文军. 中国社会组织发展的角色困境及其出路 [J]. 江苏行政学院学报，2012（1）：57-61.

[12] 张成，刘衡. 试论社会矛盾冲突疏导机制构建 [J]. 人民论坛，2012

(14)：38－39.

[13] 姜明安. 论法治国家、法治政府、法治社会建设的相互关系 [J]. 法学杂志，2013，34 (6)：1－8.

[14] 江治强. 基层社会治理机制的构建设想和路径 [J]. 中国民政，2013 (9)：13－15.

[15] 肖北庚. 法治社会：法治演进的逻辑必然 [J]. 法制与社会发展，2013，19 (5)：39－40.

[16] 孙柏瑛. 开放性、社会建构与基层政府社会治理创新 [J]. 行政科学论坛，2014，1 (4)：10－15.

[17] 李立国. 加快向现代社会治理转变 [J]. 西部大开发，2014 (10)：62.

[18] 杨小军. 论法治政府新要求 [J]. 行政法学研究，2014 (1)：44.

[19] 李慧凤. 制度结构、行为主体与基层政府治理 [J]. 南京社会科学，2014 (2)：93－99.

[20] 夏周青. 基层社会治理存在的问题和解决思路 [J]. 中国党政干部论坛，2015，(12)：94－95.

[21] 姜明安. 法治中国建设中的法治社会建设 [J]. 北京大学学报（哲学社会科学版），2015，52 (6)：108－116.

[22] 郭星华，任建通. 基层纠纷社会治理的探索：从“枫桥经验”引发的思考 [J]. 山东社会科学，2015 (1)：65－69.

[23] 杨善华，孙飞宇. “社会底蕴”：田野经验与思考 [J]. 社会，2015，35 (1)：74－91.

[24] 张苏军. 推进法治社会建设 [J]. 中国司法，2015 (4)：7.

[25] 胡海，殷焕举. 协同化治理：社会治理创新的现实选择 [J]. 学术界，2015 (9)：149.

[26] 郁建兴，马斌. 社会治理重在法治化 [J]. 浙江人大，2015 (7)：26－28.

[27] 王晓滨，张旭. 创新立体化社会治安防控体系研究：以结构功能相关律为

关照［J］. 北方法学，2015（2）：50.

［28］郁建兴. 走向社会治理的新常态［J］. 探索与争鸣，2015（12）：4－8.

［29］徐晓军. 搭建社会治理研究新平台："社会治理研究"开栏引言［J］. 江汉大学学报（社会科学版）. 2015，32（1）：5.

［30］姜晓萍，焦艳. 从"网格化管理"到"网格化治理"的内涵式提升［J］. 理论探讨，2015（6）：139－143. PH

［31］方世南. 以法治型党组织建设推动基层治理法治化［J］. 学习论坛，2015，31（4）：18－21.

［32］汤玉权，徐勇. 回归自治：村民自治的新发展与新问题［J］. 社会科学研究，2015，（6）：62－68.

［33］唐皇凤. 中国法治政府建设的历程：困境与路径选择.［J］. 中共福建省委党校学报，2015（2）：16－23.

［34］郝亚光，徐勇. 让自治落地：厘清农村基层组织单元的划分标准［J］. 探索与争鸣，2015（9）：52－56.

［35］龙飞. 论国家治理视角下我国多元化纠纷解决机制建设［J］. 法律适用，2015（7）：11.

［36］赖明才. 社会治理创新新思维：社会化、法治化与信息化［J］. 重庆行政，2015，16（6）：53－55.

［37］赵延东. 培育应对特大型城市风险挑战的社会资本［J］. 探索与争鸣，2015（3）：28.

［38］魏礼群. 全面推进法治社会建设［J］. 社会治理，2015（2）：9.

［39］魏礼群. 提高社会治理水平 决胜全面小康社会：全面建成小康社会之时中国社会的景象特征及实现目标任务与路径选择［J］. 社会治理，2016（5）：10－20.

［40］青岛市中级人民法院课题组. 关于完善矛盾纠纷多元化解机制的实践探索［J］. 山东审判（山东法官培训学院学报），2016，32（6）：93－96.

[41] 刘柳，李毅弘. 农村社会治理中基层党组织功能发挥研究述评［J］. 领导科学，2016（20）：26.

[42] 韩伟. 社会治理需要遵循民主法治导向：对基层社区网格化社会治理的反思［J］. 理论导刊，2016（1）：49 -50

[43] 周铁涛. 基层政府主导农村法治化治理的困境与路径［J］. 湖湘论坛，2016（3）：126 -127.

[44] 梁平. 基层治理的践行困境及法治路径［J］. 山东社会科学，2016（10）：71 -76.

[45] 王春婷. 社会治理的共治范式与实现路径：以温州社会治理实践为例［J］. 江西社会科学，2016，36（1）：180 -184.

[46] 李占宾. 基层治理的现实困境及法治化路径［J］. 河南师范大学学报（哲学社会科学版），2016，43（1）：20.

[47] 李颖. 断裂与弥合："互联网 +"时代城市社区网格化治理的困境与再思考［J］. 山东社会科学，2016（11）：187 -192.

[48] 何瑞文. 网格化管理的实践困扰［J］. 苏州大学学报（哲学社会科学版），2016（1）：16 -22.

[49] 吴晓燕，关庆华. 从管理到治理：基层社会网格化管理的挑战与变革［J］. 理论探讨，2016，189（2）：151.

[50] 李晓辉. 基层法治政府建设的困境破解探究［J］. 石家庄铁道大学学报（社会科学版），2016（12）：81.

[51] 赵秀玲. 近年来中国基层治理创新趋向及其思考［J］. 福建论坛（人文社会科学版），2017（8）：133 -142.

[52] 李万钧. 关于创新基层社会治理的实践与思考［J］. 理论视野，2017，（9）：57 -58.

[53] 李冉，聂玉霞. 村庄合并后新型农村社区治理的行政化导向及其矫正［J］. 中国行政管理，2017（9）：49.

[54] 薛晓东，王灵垚，邢浩然. 城市社区治理中公民参与的困境研究［J］. 电子科技大学学报（社会科学版），2017，19（2）：4.

[55] 胡重明. 网格化社会治理：研究回顾与新的议程［J］. 行政论坛，2017，24（3）：112.

[56] 彭澎. 基层治理法治化的逻辑构成与结构范畴研究［J］. 政法论丛，2017（2）：67－75.

[57] 唐寿东，孙英. 全面依法治国视域下基层治理法治化研究［J］. 天津行政学院学报，2017，19（5）：39－47.

[58] 王银梅. 农村基层社会治理的困境与突破：以宁夏为样本的研究［J］. 西南民族大学学报（人文社科版），2017，38（12）：202.

[59] 梁平. 正式资源下沉基层的网格化治理：以河北"一乡一庭"建设为例［J］. 法学杂志，2017，38（5）：102.

[60] 颜玉凡. 城市社区公共文化服务的多元主体互动机制：制度理想与现实图景：基于对 N 市 JY 区的考察［J］. 南京社会科学，2017（10）：134－142.

[61] 何国强. 也谈法治中国下的法治社会建设［J］. 法治论坛，2017（2）：382.

[62] 赵丰. 基层司法的价值与功能定位：现代冤案的反思与启示［J］. 犯罪研究，2017（3）：23－30.

[63] 黄浩明. 建立自治法治德治的基层社会治理模式［J］. 行政管理改革，2018，（3）：39－44.

[64] 姬艳涛，杨昌军. 社会组织在基层治理法治化中的功能及其实现：基于"枫桥经验"的调查和思考［J］. 中国人民公安大学学报（社会科学版），2018，34（4）：118－126.

[65] 徐勇. 自治为体，法德两用，创造优质的乡村治理［J］. 治理研究，2018，34（6）：7－9.

[66] 童彬. 基层社会治理法治化：基本现状、主要问题和实践路径 [J]. 重庆行政：公共论坛，2018，19（4）：42.

[67] 汪玉凯. 智慧社会与国家治理现代化 [J]. 中共天津市委党校学报，2018，20（2）：63.

[68] 姬艳涛，杨昌军. 社会组织在基层治理法治化中的功能及其实现：基于“枫桥经验”的调查和思考 [J]. 中国人民公安大学学报（社会科学版），2018，34（4）：119.

[69] 张国磊，张新文. 基层社会治理的政社互动取向：共建、共治与共享 [J]. 内蒙古社会科学（汉文版），2018，39（3）：131－137.

[70] 郁建兴，任杰. 中国基层社会治理中的自治、法治与德治 [J]. 学术月刊，2018，50（12）：64－74.

[71] 马涛. 基层社区治理需注入法治化动能 [J]. 人民论坛，2018（13）：110－111.

[72] 张文显. 推进自治法治德治融合建设，创新基层社会治理：“三治融合”的桐乡经验具有独立价值 [J]. 治理研究，2018，34（6）：5－7.

[73] 郭声琨. 坚持和完善共建共治共享的社会治理制度 [J]. 长安，2019（12）：5.

[74] 郭祎，孟大川. 新时代基层法治政府建设理论定位与实践任务 [J]. 理论与现代化，2019（5）：109－120.

[75] 朱青. 基层党建与社会治理如何深度融合 [J]. 人民论坛，2019，624（07）：108－109.

[76] 李敏. 村规民约在基层情境治理中的法治功能分析 [J]. 广西民族大学学报（哲学社会科学版），2019，41（2）：108－114.

[77] 尤田甜，李兆友. “智慧中国”背景下基层政府治理的新特征与新途径 [J]. 领导科学，2019（8）：17.

[78] 李林. 推进新时代“枫桥经验”的法治化 [J]. 法学杂志，2019，40

(1)：9－16.

[79] 马长山. 智慧社会的基层网格治理法治化 [J]. 清华法学，2019，13(3)：22.

[80] 李春根，陈起风. 完善矛盾化解机制开创基层社会治理新局面 [J]. 中国行政管理，2019 (4)：14－15.

[81] 王思斌. 新中国70年国家治理格局下的社会治理和基层社会治理 [J]. 青海社会科学，2019，(6)：1－8.

[82] 张娟娟. 山东省公共法律服务体系建设研究 [J]. 科技视界，2019 (11)：96.

[83] 孙柏瑛，张继颖. 解决问题驱动的基层政府治理改革逻辑：北京市“吹哨报到”机制观察 [J]. 中国行政管理，2019 (4)：72－78.

[84] 张焕彬. 公共法律服务驻在式调研报告：以云南省昆明市为例 [J]. 中国司法，2019 (5)：59.

[85] 龚维斌. 加强和创新基层社会治理 [J]. 理论导报，2020 (9)：7－9.

[86] 王新亭. 管住基层公权力需开启监督“聚光灯”：关于健全完善党和国家基层监督体系的实践探索 [J]. 人民论坛，2020 (34)：52－53.

[87] 伊庆山. 新时代我国农村社区网格化服务管理创新研究：基于S省网格化政策实践调查 [J]. 兰州学刊，2020 (9)：174.

[88] 谢进杰. 基层司法改革存在的四大挑战及解决之道 [J]. 人民论坛，2020，(3)：107－109.

[89] 鄢一龙. 党的领导与中国式善治 [J]. 行政管理改革，2020 (1)：16－25.

[90] 布成良. 党建引领基层社会治理的逻辑与路径 [J]. 社会科学，2020 (6)：71－82.

[91] 张荣臣. 把党的领导落实到国家治理各环节 [J]. 人民论坛，2020 (S1)：121.

[92] 许晓东，当前基层治理存在的突出问题与治理路径 [J]. 国家治理，2020 (2)：9.

[93] 陈跃，余练. 社会主要矛盾转化与基层社会治理创新探析 [J]. 理论探索，2020 (4)：84.

[94] 桑玉成. 着力构建基层社会治理新格局 [J]. 新华月报，2020 (7)：53－55.

[95] 韩茹雪. 基层社会治理面临的现实挑战与时代选择 [J]. 经济研究导刊，2020 (27)：148－149.

[96] 胡杰成，银温泉. "十四五"时期完善城镇社区治理体制的思路与举措 [J]. 改革，2020 (7)：57.

[97] 金祖睿，金太军. 基层政府治理的碎片化困境及其消解 [J]. 江汉论坛，2020 (1)：48－53.

[98] 何晓斌，李政毅，卢春天. 大数据技术下的基层社会治理：路径，问题和思考 [J]. 西安交通大学学报（社会科学版），2020，40 (1)：97－105.

[99] 湛礼珠. 制度贫困、实践创新与农村基层治理转型：基于国内几种主要乡村治理模式的对比分析 [J]. 中共福建省委党校（福建行政学院）学报，2020 (6)：111－118.

[100] 尹彤. 推进基层治理法治化问题研究 [J]. 新西部，2020 (5)：96－97.

[101] 刘艳苹. 健全自治、法治、德治相结合的乡村治理体系 [J]. 新长征，2020 (2)：48－49.

[102] 祝灵君. 党领导基层社会治理的基本逻辑研究 [J]. 中共中央党校（国家行政学院）学报，2020，24 (4)：38－40.

[103] 张戈. 党建引领基层治理：逻辑机理，价值表征和实践进路 [J]. 云南社会科学，2020 (2)：17－21.

[104] 杨凯，张怡净. 论公共法律服务体系建构的法学理论构架基础 [J]. 南海法学，2020，8 (4)：1－14.

[105] 梅雪. 乡村振兴背景下“治理有效”的法治进路研究 [J]. 智库时代, 2020 (13): 8-9.

[106] 刘然. 并非只为试验: 重新审视试点的功能与价值 [J]. 中国行政管理, 2020 (12): 21-26.

[107] 朱岩. “新讼师”的出现及其角色退出 [J]. 人民论坛, 2020 (23): 110-112.

[108] 马丽. 党的领导与基层治理: 嵌入机制及其发展 [J]. 当代世界与社会主义, 2020 (1): 163-170.

[109] 王亚丰, 黄春蕾. 乡村公共法律服务体系建设的价值、困境与优化: 基于社会治理视角 [J]. 安徽行政学院学报, 2021 (1): 105-112.

[110] 李美茹, 曾盛聪. 党领导基层社会治理的逻辑理路与实现路径 [J]. 理论探讨, 2021 (2): 143-144.

[111] 马俊. 新时代基层治理法治化路径探讨: 基于对合肥市部分街道的调查 [J]. 行政与法, 2021 (4): 54-60.

[112] 李海龙, 夏琳璁. 疫情防控视域下基层治理法治化研究 [J]. 理论研究, 2021 (2): 65-68.

五、学位论文类

[1] 兰红燕. 我国乡村社会治理法治化研究 [D]. 石家庄: 河北师范大学, 2019: 151.

[2] 田玉军. 我国社会管理创新法治化研究 [D]. 武汉: 华中师范大学, 2013: 19-25.

[3] 陈焱光. 公民权利救济论 [D]. 武汉: 武汉大学, 2005: 73.